工科大学生素质修养导论

苗汝昌　林美玫　诸葛福民　主编

辽海出版社

本书系山东省高校人文社会科学研究计划（思想政治教育专题研究）项目"全员、全过程、全方位育人的机制与平台建设研究"（编号 J17ZZ25）研究成果。

编委会

主　编：苗汝昌　林美玫　诸葛福民
副主编：靳　凯　高　华　樊玉华　耿　倩　崔静怡
参　编：王明燕　陈京邦　郭　磊　张　钊
美　编：费兆灵

大学是立德树人、培养人才的地方，是青年人学习知识、增长才干、放飞梦想的地方。借此机会，我想就学校培养什么样的人、怎样培养人，同各位同学和老师交流一下看法。我先给一个明确答案，就是我们的教育要培养德智体美全面发展的社会主义建设者和接班人。

——习近平 2018 年 5 月 2 日《在北京大学师生座谈会上的讲话》

序

"大学之道,在明明德,在亲民,在止于至善。"《大学》的开篇之语阐述了大学的根本宗旨,那就是弘扬光明正大的品德,弃旧图新,达到最完善的境界。作为从事高校教学和科研工作六十余年的老教育工作者,历经了从山东矿院到山东科技大学的历史变迁,我们的学生越来越多,我们的校区越来越大,唯一不变的是我们矿院人一直以来对"惟真求新"的执着追求。

与时俱进、敏锐阔达。山东科技大学机电学院的一批同志撰写的这部《工科大学生素质修养导论》,我作为最早的读者,甚感高兴和欣慰。这些年来,高校思想素质教育和人文素质提升的氛围越来越浓郁,理论与实践的探究越来越深入,对科学和人文互动共生、相互促进、协同创新的共识越来越多。然而,我们也应该清醒地认识到,以培养具有实际应用能力的工程技术人才为目的的工科大学还是更多地偏重科学而忽视人文,这对新时代中国特色社会主义发展的人才需求还有差距。正所谓"风物长宜放眼量",提升新时代大学生的综合素质,不仅能够培养其终身发展需要的必备品格和主要技能,也是我国高等教育适应社会发展变化、提升核心竞争力的迫切需要。

2016年9月13日,中国学生发展核心素养研究成果发布会上正式发布的"中国学生发展核心素养"共分为文化基础、自主发展、社会参与三个方面,综合表现为人文底蕴(人文积淀、人文情怀、审美情趣),科学精神(理性思维、批判质疑、勇于探究),学会学习(乐学善学、勤于反思、信息意识),健康生活(珍爱生命、健全人格、自我管理),责任担当(社会责任、国家认同、国际理解),实践创新(劳动意识、问题解决、技术运用)六大素养。核心素养是党的教育方针的具体化,是连接宏观教育理念、培养目标与具体教育教学实践的中间环节,充分反映新时代社会发展对高校人才综合培养的新要求,全面体现先进的教育思想和教育理念。《工科大学生素质修养导论》一书的出版,可谓正当其时。

  铁肩担重任，妙手著文章。该书作者系山东科技大学的一线学生工作干部，他们执着于大学生素质教育规律的研究探讨，绝非一时心血来潮，而是基于"立德树人"的高度责任感和崇高使命感。他们立足于高校学生工作实际，探讨了工科院校实施素质教育的思路和方法。当前，世界范围内的科技竞争、经济竞争，尤其是人才的竞争日趋激烈，国力的强弱越来越取决于劳动者素质的高低，取决于各类人才的质量和数量。国运兴衰，系于教育，教育振兴，全民有责。我欣喜地看到，山东科技大学这些老师们正以自己不懈的努力，践行"大学精神"的真谛。

  更可喜的是该书作者结合工科大学生的自身实际，总结凝练了工科类高校多年来进行素质教育的成功经验，介绍了一些比较独特的想法和做法，使得该书既具有一定的普遍规律性的探讨，又有关于思想政治素养、人文素质修养、健康素质、创新创业能力、职业生涯规划、综合能力方面的理论和实践，都表现了一定的现代意识和实事求是、与时俱进的科学态度，不仅在体系上自成一统，而且倡导实践操作，非常值得肯定。

  诚如作者坦言，限于研究条件和水平，该书可能还存在一些不足之处。有些问题提出来了，如何付诸实践，较倚重于理论层面，而可操作的成分需要加强。

  但毕竟瑕不掩瑜，相信该书的出版，既能为工科大学生提高素质提供有效的参考，也能为素质教育的研究实践作出有益的贡献。我相信，这对于在高校中如何贯彻《国家中长期教育改革与发展规划纲要》提出的战略主题，"坚持以人为本，全面实施素质教育"，也会带来有益的启迪。

  谨为之序。

中国科学院院士
2018 年 4 月 20 日

前　言

新变革开启新时代，新时代孕育新思想，新思想引领新征程。在新时代中国特色社会主义飞速发展的今天，人类社会的进步不仅呼唤现代科学技术的腾飞，更加呼唤高扬的人文精神和素质修养的提升。《中庸》云："君子尊德行而道问学，致广大而尽精微，极高明而道中庸，温故而知新，敦厚以崇礼。"大学生作为人类文化知识的传承者和社会文明的建设者，是引导社会精神未来发展趋向的重要力量。因此，大学生素质教育研究成为高等教育界的重要课题。

为了适应我国社会发展对高校大学生素质修养的基本要求，探讨高校素质教育的一般规律和时代特色，应对工科大学生存在着的理想信念不坚定、人文素养缺失、素质修养有待提升的现状，探索素质教育在工科大学生中的实践举措，身为工科院校学生教育管理第一线的我们，不忘初心、牢记使命，萌发了研究指导工科高校大学生提升素质修养的念头，以期对于工科大学生在新时代人才培养中形成人人渴望成才、人人努力成才、人人皆可成才、人人尽展其才的良好局面，让各类人才的创造活力竞相迸发、聪明才智充分涌流。

全书分为思想政治素养、人文素质修养、健康素质、创新创业能力素养、职业生涯规划、综合能力六篇。第一篇包括理想信念和理性爱国、社会主义核心价值观、我国的公民基本道德；第二篇包括中国优秀传统文化、革命文化、中国特色社会主义先进文化；第三篇包括身体健康和心理健康；第四篇包括创新创业的背景及政策、创新创业能力的培养、创新创业途径和典型案例；第五篇包括学业规划、职业生涯规划、就业择业；第六篇包括人际沟通与交流能力、人际交往与协作能力、个人管理能力。

经过一年多的努力，《工科大学生素质修养导论》一书终于完稿。希望本书能够唤起工科类大学生乃至全国大学生提升素质修养重要性的认识，推动大学生素质教育的理论研究，促进高校素质教育实践的完善。

本书的撰写过程不仅是作者创作的过程，更是作者学习的过程。在整书成稿的过程中，从明确目的要求、确定立项选题，到梳理框架结构、编写写作提纲、讨论交流问题、最终通稿成书，都得到了大量的鼓励和帮助，特别是宋振骐院士对本书提出了宝贵的意见和建议并作序，在此特向宋振骐院士、有关学者、专家表示诚挚的感谢。在本书的写作过程中，作者参考、引用了大量相关资料，恕不赘述，谨表感谢。引用文献虽大多都一一注明，但恐仍有疏漏，敬请涵谅。另外，由于作者学识、能力与水平有限，加之工科大学生的素质修养导论本身就比较宽泛，在某些问题上作者仅仅做了一些有益的探索，因此期待同行专家和广大高校教育工作者提出批评，并致力于进一步的完善。

编 者

2018 年 4 月

目 录

第一篇　思想政治素养篇

第一章　理想信念和理性爱国 … 3
第一节　理想信念的内涵 … 4
第二节　大学生理性爱国的基本要求 … 11
第三节　工科大学生树立理想信念和理性爱国的主要途径 … 13

第二章　社会主义核心价值观 … 17
第一节　社会主义核心价值观的基本内涵 … 18
第二节　社会主义核心价值观的精髓 … 19
第三节　以社会主义核心价值观引领大学生成长的途径 … 21

第三章　我国公民的基本道德 … 25
第一节　我国公民基本道德规范 … 25
第二节　大学生基本行为规范的要求 … 33
第三节　工科大学生加强公民基本道德的途径 … 37

第二篇　人文素养篇

第四章　中国优秀传统文化 … 43
第一节　中国优秀传统文化的内涵 … 43
第二节　中国优秀传统文化的精髓 … 45
第三节　工科大学生提升中国优秀传统文化素养的途径 … 56

第五章　革命文化 …… 63

第一节　革命文化的内涵及构成 …… 63

第二节　革命文化的核心和精髓 …… 65

第三节　工科大学生提升革命文化素养的途径 …… 74

第六章　中国特色社会主义先进文化 …… 77

第一节　中国特色社会主义先进文化的基本内涵 …… 77

第二节　中国特色社会主义先进文化的核心和精髓 …… 78

第三节　工科大学生提升中国特色社会主义先进文化素养的途径… 89

第三篇　健康素质篇

第七章　身体健康和心理健康 …… 95

第一节　大学生身体和心理健康的标准 …… 95

第二节　工科大学生提高身体和心理素质的途径 …… 97

第四篇　创新创业能力素养篇

第八章　创新创业的背景及政策 …… 119

第一节　创新创业的背景 …… 119

第二节　创新创业政策 …… 121

第九章　创新创业能力培养 …… 127

第一节　创新创业能力的重要性 …… 127

第二节　创新创业活动的实施要素 …… 130

第十章　工科大学生提升创新创业能力的途径 ………………… 135

第一节　提升创新能力的途径 ……………………………… 135

第二节　创新创业案例分析 ………………………………… 148

第五篇　职业生涯规划篇

第十一章　学业规划 ……………………………………………… 155

第一节　学业规划的内涵 …………………………………… 155

第二节　学业规划重要性 …………………………………… 157

第三节　工科大学生如何做学业规划 ……………………… 158

第十二章　职业生涯规划 ………………………………………… 161

第一节　职业生涯规划的内涵 ……………………………… 161

第二节　职业生涯规划的重要性 …………………………… 164

第三节　工科大学生如何做职业生涯规划 ………………… 166

第十三章　就业择业 ……………………………………………… 191

第一节　就业形势与就业观 ………………………………… 191

第二节　就业准备 …………………………………………… 194

第六篇　综合能力篇

第十四章　人际沟通与交流能力 ………………………………… 201

第一节　人际沟通的内涵 …………………………………… 201

第二节　语言沟通能力 ……………………………………… 204

第三节　非语言沟通能力 …………………………………… 207

　　第四节　演讲与技巧 ………………………………………… 210

第十五章　人际交往与协作能力 …………………………………… 215

　　第一节　大学生人际交往能力 ……………………………… 215

　　第二节　团队沟通协作能力 ………………………………… 223

第十六章　个人管理能力 …………………………………………… 229

　　第一节　时间管理能力 ……………………………………… 229

　　第二节　学习管理能力 ……………………………………… 234

　　第三节　消费管理能力 ……………………………………… 241

附　录 ………………………………………………………………… 245

　　国家学生体质健康标准（2014） ………………………… 245

第一篇　思想政治素养篇

培养社会主义建设者和接班人，是我们党的教育方针，是我国各级各类学校的共同使命……古今中外，每个国家都是按照自己的政治要求来培养人的，世界一流大学都是在服务自己国家发展中成长起来的。我国社会主义教育就是要培养社会主义建设者和接班人。

——习近平2018年5月2日《在北京大学师生座谈会上的讲话》

思想政治素质是我们从事社会政治活动必需的基本条件和基本品质，是人的综合素质的核心。[①]思想政治素质的高低是衡量社会政治文明发展水平的重要标志。大学是人生中的黄金时期，经过多年的学校教育和全面的系统学习，大学生已经基本积累了一定的科学文化知识，但是他们的人生阅历还并不丰富，缺少广泛接触社会的机会，也没有深入地思考人生，不管对社会还是对自身的认识，都存在一定的片面性和局限性，往往容易被事物表面现象所迷惑。[②]所以，从思想政治素养方面加强对大学生的引导和教育就显得尤为重要。

高等教育学科、专业的不同，天然造就了学生培养的特质差异，工科类大学生是其中一类具有突出逻辑思维和实践能力的独特群体，随着我国高等教育的蓬勃快速发展，工科类学生培养不可规避的带来了"重理轻文"的偏向，尤其是聚焦单纯地重视专业能力的训练和教育，忽视思想政治教育和学生全面发展的重要性，没有科学、系统地围绕工科类大学生的思想现状实施有效的思想政治教育工作。因此，如何有效得提升工科类大学生的思想政治素养，是高校思想政治教育工作，尤其是学生管理教育工作者面临的一个亟待解决的现实问题。

培养良好的思想政治素质对于提高工科大学生的整体素质具有非常重要的意义，他们的思想政治素养影响社会政治生活的方方面面，对价值观的形成起到最基本的思想统领作用。因此，大学生必须加强自身思想政治素养，确立科学的世界观、人生观和价值观，才能为我国的社会主义现代化建设和中国梦的实现贡献自己的力量。

[①] 赵书英.论当前高校专职辅导员的必备素质[J].渭南师范学院学报,2013,28(04):142—145.

[②] 杨雪萍.网络舆情对高校大学生价值观的影响及对策研究[D].武汉工程大学,2013.

第一章 理想信念和理性爱国

理想信念是一种独特的精神追求，它包括人们对幸福生活的美好向往和对个人事业的不断追求，是人生的"总开关"，指导我们树立正确的世界观、人生观、价值观，制约并优化着人的价值选择和行为方式。理想信念不是"理想"和"信念"的简单相加，而是二者的有机融合。"理想"是一个人或者民族、国家对未来目标的设定，是人与奋斗目标之间的联系。"信念"则是人们对某件事的观点、看法和态度。理想信念既不是理想也不是信念，当理想作为一种信念时，就会对人的行为起到根本的鞭策和激励作用；当用信念的力量去启迪和推动"理想"的实现时，"理想"就会获得强大的动力。

"理想信念"的有机融合，更多强调了"信念"对人心的影响，强调人民对未来的奋斗目标深信不疑，产生一种精神动力和现实追求。理想信念具有历史性和现实性的双重属性，其历史性体现在立足于时代而具有的历史意识，现实性体现在为社会发展和个人发展提供了重要的价值导向。

2018年5月2日，习近平总书记在《在北京大学师生座谈会上的讲话》上指出："爱国，是人世间最深层、最持久的情感，是一个人立德之源、立功之本。……爱国，不能停留在口号上，而是要把自己的理想同祖国的前途、把自己的人生同民族的命运紧密联系在一起，扎根人民，奉献国家。"作为当代大学生，我们不能忘记革命先烈是如何爱国的，因为他们用行动谱写了一首爱国之歌。在当代社会，我们也要用实际行动表达我们的爱国情感，这是我们爱国主义的表现。自习近平总书记提出建设中国梦，建设富强、民主、文明、和谐的社会主义现代化国家就成为近现代以来无数人的伟大梦想，反映了国家、民族、人民的心声[1]，也是我们国家、民族、人民伟大的奋斗目标。新时代大学生要成为爱国主义

---

[1] 郑一强，杨冰玉，王莹，朱晶晶，丁斌斌.前进路上的期望与重托——全国劳模聆听总书记重要讲话备受鼓舞[J].中国职工教育，2015（06）：6，8.

的执行者、信仰者,就要努力践行爱国主义精神,把个人的成长与爱国主义融入到一起,时刻以民族与国家的荣耀激励鞭策自己。

第一节 理想信念的内涵

习近平总书记在第十八届中央政治局第一次集体会议学习的讲话时指出:"理想信念是共产党人精神上的'钙',没有理想信念,或者理想信念不坚定,精神上就会缺钙,就会得'软骨病'。"在日常学习生活中,要通过学习《习近平总书记系列重要讲话读本》,"内化于心,外化于行",虔诚执着。理想信念是聚民之"魂",是共产党人经受任何考验的精神支柱,我国不管是在革命战争年代,还是在和平建设的今天,中国共产党始终立足现实,把适应时代的理想目标细化成了阶段性目标。

理想决定人生方向,目标提供前进动力,正是因为有了理想信念,中国共产党才带领中华民族取得一次次的进步,也正是因为这一目标,中国共产党才得以增强其凝聚力和领导力,国家才能始终作为一个有机整体不断进步发展。正确掌握理想信念的本质含义,对我们继承和弘扬优良思想政治教育和加强新时代、新形势下的理想信念教育有着至关重要的指导意义。在中国共产党的思想政治传统教育中,理想信念,是指坚定的马克思主义和社会主义理想信念的科学信仰。

一、理想信念之中国梦

2017年10月18日,习近平总书记在党的十九大报告中指出:"实现中华民族伟大复兴是近代以来中华民族最伟大的梦想。……中国共产党一经成立,就把实现共产主义作为党的最高理想和最终目标,义无反顾肩负起实现中华民族伟大复兴的历史使命,团结带领人民进行了艰苦卓绝的斗争,谱写了气吞山河的壮丽史诗。"[①]这个梦想在中国共产党的领导下,在广大人民群众的努力下,在理想信念的支撑下,一定会实现。

---

① 习近平:决胜全面建成小康社会夺取新时代中国特色社会主义伟大胜利——在中国共产党第十九次全国代表大会上的报告.2017.10.18.

每个人都有属于自己的理想和追求,身为中华儿女,实现中华民族伟大复兴的中国梦凝聚了个人梦想,它把国家、民族和个人作为一个命运共同体,体现了中华民族的整体追求,也是身为每个中华儿女的美好憧憬。

理想信念推动着中国梦。理想信念是人们所信仰、向往、追求的奋斗目标,是人生目的的直接反应以及人生价值的客观表现。人们树立科学、崇高的理想信念,并为之实现而勇往直前、努力奋斗的思想、精神和行动,是我党在曲折发展的历史进程中取得胜利的重要因素之一。八十多年来,中国共产党正是用凝聚人心的理想信念战胜外敌,打击扰乱社会安定的破坏分子,从而带领全国人民克服艰难险阻,赢得了最后的胜利,带领人民逐步走入小康社会,并继续为实现中华民族的伟大复兴努力着。2013年1月5日,习近平同志发表了《关于坚持和发展中国特色社会主义的几个问题》的重要讲话,提出"革命理想高于天"的重要论述,将理想信念的重要性上升到前所未有的高度。"中国梦"来自社会主义核心价值体系,凝聚了中国人民对中华民族伟大复兴的憧憬,作为中国梦的参与者和缔造者,不断加强学习、提高综合素质、增强创新能力,为中华民族早日实现伟大复兴努力奋斗,是每一个中华儿女应尽的责任和义务。[1]

二、理想信念之中国特色社会主义

关于中国特色社会主义的理论,习近平主席在党的十九大报告中做了精彩而深刻的论述:改革开放之初,我们党发出了走自己的路、建设中国特色社会主义的伟大号召。从那时以来,我们党团结带领全国各族人民不懈奋斗,推动我国经济实力、科技实力、国防实力、综合国力进入世界前列,推动我国国际地位实现前所未有的提升。党的面貌、国家的面貌、人民的面貌、军队的面貌、中华民族的面貌发生了前所未有的变化,中华民族正以崭新姿态屹立于世界的东方。

经过长期努力,中国特色社会主义进入了新时代,这是我国发展新

---

[1] 王丽莎.中国梦对大学生思想政治教育的若干启示分析[J].佳木斯职业学院学报,2016(12):164.

的历史方位。中国特色社会主义进入新时代，意味着近代以来久经磨难的中华民族迎来了从站起来、富起来到强起来的伟大飞跃，迎来了实现中华民族伟大复兴的光明前景；意味着科学社会主义在二十一世纪的中国焕发出强大的生机活力，在世界上高高举起了中国特色社会主义伟大旗帜；意味着中国特色社会主义道路、理论、制度、文化不断发展，拓展了发展中国家走向现代化的途径，给世界上那些既希望加快发展又希望保持自身独立性的国家和民族提供了全新选择，为解决人类问题贡献了中国智慧和中国方案。

这个新时代，是承前启后、继往开来、在新的历史条件下继续夺取中国特色社会主义伟大胜利的时代，是决胜全面建成小康社会、进而全面建设社会主义现代化强国的时代，是全国各族人民团结奋斗、不断创造美好生活、逐步实现全体人民共同富裕的时代，是全体中华儿女勠力同心、奋力实现中华民族伟大复兴中国梦的时代，是我国日益走近世界舞台中央、不断为人类做出更大贡献的时代。

中国特色社会主义进入新时代，我国社会主要矛盾已经转化为人民日益增长的美好生活需要和不平衡不充分的发展之间的矛盾。我国稳定解决了十几亿人的温饱问题，总体上实现小康，不久将全面建成小康社会，人民美好生活需要日益广泛，不仅对物质文化生活提出了更高要求，而且在民主、法治、公平、正义、安全、环境等方面的要求日益增长。同时，我国社会生产力水平总体上显著提高，社会生产能力在很多方面进入世界前列，更加突出的问题是发展不平衡不充分，这已经成为满足人民日益增长的美好生活需要的主要制约因素。

必须认识到，我国社会主要矛盾的变化是关系全局的历史性变化，对党和国家工作提出了许多新要求。我们要在继续推动发展的基础上，着力解决好发展不平衡不充分问题，大力提升发展质量和效益，更好满足人民在经济、政治、文化、社会、生态等方面日益增长的需要，更好推动人的全面发展、社会全面进步。

必须认识到，我国社会主要矛盾的变化，没有改变我们对我国社会主义所处历史阶段的判断，我国仍处于并将长期处于社会主义初级阶段的基本国情没有变，我国是世界最大发展中国家的国际地位没有变。全党要牢牢把握社会主义初级阶段这个基本国情，牢牢立足社会主义初级阶段这个最大实际，牢牢坚持党的基本路线这个党和国家的生命线、人民的幸福线，领导和团结全国各族人民，以经济建设为中心，坚持四项基本原则，坚持改革开放，自力更生，艰苦创业，为把我国建设成为富强民主文明和谐美丽的社会主义现代化强国而奋斗。

中国特色社会主义进入新时代，在中华人民共和国发展史上、中华民族发展史上具有重大意义，在世界社会主义发展史上、人类社会发展史上也具有重大意义。全党要坚定信心、奋发有为，让中国特色社会主义展现出更加强大的生命力！

习近平总书记在十九大报告中强调："中国特色社会主义进入新时代，我国社会的主要矛盾已经转化为人民日益增长的美好生活需要和不平衡不充分的发展之间的矛盾。"我国经过长期不懈努力，在崇高的理想信念的支撑下，经济实力、科技实力、国防实力都进入世界前列，这意味着历经磨难的中华民族迎来了实现中华民族伟大复兴的曙光。习近平总书记强调："全党要牢牢把握社会主义初阶段这个基本国情，……领导团结各族人民，自力更生、艰苦奋斗，为把我国建设成富强民主文明和谐美丽的社会主义现代化强国而奋斗。"理想信念是提供努力奋斗，提高人们生活水平的强大精神支柱，这就需要全国人民在中国共产党的带领下继续坚定理想信念，团结奋斗、勠力同心，着力解决发展不平衡不充分问题，更好地满足人民经济、政治、文化水平发展的需要，更好地推动人和社会的全面发展和进步。

马克思主义揭示了共产主义是人类社会发展的客观规律的最终指向和必然趋势，中国特色社会主义共同理想是共产主义远大理想的有机组成部分，二者相互联系、内在统一。要实现共产主义的远大理想，需要"社会主义社会的充分发展和高度发达"，中国特色社会主义是社会主义在中国发展的初级阶段和特定时期，这是由中国进入社会主义建设的基础所决定的。

中国特色社会主义共同理想不单单是一个理想目标，而且包括追求和实现这个理想目标的道路和方式。道路就是中国特色社会主义道路，方式就是坚定不移地坚持中国共产党的领导，实现共同理想是一个需要脚踏实地的过程，是中国人民在中国共产党的领导下，沿着中国特色社会主义道路不断前进和逐步实现的过程。①

三、理想信念之共产主义

习近平总书记在党的十九大会议上提到："不忘初心，方得始终。"初心就是为中国人民谋幸福、为中华民族谋复兴，中国共产党始终把提高人们生活水平、实现人民过上美好生活作为奋斗目标和追求，始终保持奋勇向前、艰苦奋斗的姿态和永不退缩的精神状态，为实现中华民族的伟大复兴的宏伟目标披荆斩棘、奋勇前进。中国共产党一经成立，就把实现共产主义作为党的最终目标和最高理想，义无反顾地肩负起实现中华民族伟大复兴的历史使命。②

共产主义理想信念是共产党人所追求的崇高理想境界。共产党人之所以能够在任何艰难困苦的条件下都能做到精神不垮，是因为共产党人始终怀抱自己终身追求的、崇高的共产主义理想信念。斯大林同志在《致列宁》悼词里说道："共产党人是由特殊的材料制成的"，可以说，这个特殊材料就是共产主义理想信念。真正的共产党人，必定以共产主义理想信念为自己终身追求的精神支柱，同时也是共产主义理想信念的化身，中国共产党人始终做到前赴后继、舍生忘死，除了去实现英特纳尔一无所求。

共产主义理想信念是共产党人党性的集中体现，同时也是共产党人的守身底线。革命烈士夏明翰在临刑之前义无反顾地写下《就义诗》，"砍头不要紧，只要主义真。杀了夏明翰，还有后来人。"这首诗生动描述了什么是中国人的血性和骨气，什么是真正的共产党人。

中国共产党人是中国特色社会主义共同理想和共产主义远大理想的坚定信仰者，中国人民砥砺前行，为实现中华民族伟大复兴的中国梦，需要有一个良好的人生状态，只有给自己的思想奠定理想信念之基，用崇高的理想目标充实自己的精气神，才能提升我们的正能量，改正自己

---

①刘朝阳.中国共产党"三严三实"专题教育研究[D].中国地质大学，2016.

②本刊编辑部.新时代 新使命 新思想 新征程——聚焦党的十九大报告新看点 开启新时代新征程[J].新长征，2017（11）：40—64.

思想、工作中的缺点和不足。

四、理想信念之世界观、人生观和价值观

理想信念是人们人生观、世界观和价值观在奋斗目标上的集中体现，始终是作用于人类社会发展历程中的精神力量。一个人只有怀揣坚定的理想信念，才能做到执着追求、不懈奋斗；换言之，一个国家和民族只要有坚定的理想信念，才能做到披荆斩棘，奋勇向前。[①]

每个人都应该树立积极正确的人生观、价值观和世界观，因为这样才能有良好的心境，做出正确的决策；才能沿着正确的人生轨迹不断努力，砥砺前行；才能在人生迷惘的时候，拥有披荆斩棘的勇气，找到努力的方向。

人生观是一个人在实践过程中形成的人生目标、价值判断和生活态度，它包含三个方面的内容：人生价值、人生意义和人生目的。具体而言，人生观决定一个人对未来人生的看法和态度，也决定实践活动的人生意义和行为选择的价值取向。

价值观是一个人基于思维感官做出的认知、理解和判断，也是人认知事物善恶美丑、辨别事情是非曲直的思维取向和基本准则。这个基本准则将指导人们在工作生活中应该做什么，不应该做什么，应该怎么做。同时，价值观还是一个人世界观的核心，它影响并决定人的自我认知，对人的生活和工作具有导向作用，反映人们对客观世界的看法和真实需求。

世界观就是一个人处于什么样的位置、用什么样的眼光对待和分析事物，是对世界的根本的、总体的、本质上的看法和认识，它是在社会实践生活中产生的，具有明显的实践性。人的世界观是变化的，随着社会发展和个人成长不断更新、发展、优化。世界观与理想信念密切相关，世界观处于最高层次，对理想信念起到支撑导向作用。

一个人拥有怎样的世界观就会拥有怎样的人生观，拥有什么样的人生观就会拥有什么样的价值观，简而言之，人生观、价值观、世界观三

[①] 何江霞.以"中国梦"为引领深化高职院校大学生理想信念教育[J].时代教育，2016（18）：33.

者的关系是辩证而统一的：世界观决定你如何看待这个世界，它会在一定程度上影响自身的人生观；而人生观决定你如何看待自己，它直接影响自身的价值观；价值观决定你如何做出选择，直接影响你的整个人生，从而无限趋近你的人生观。所以说，每个人都应树立正确的、坚定的人生观、价值观和世界观，从而实现远大理想和抱负。

五、理想信念之文化自信

习近平总书记曾在多种场合提到文化自信，在庆祝中国共产党成立95周年大会的讲话上，习近平对文化自信特别加以阐释，指出："文化自信，是更基础、更广泛、更深厚的自信。"[1]文化自信包含对中国优秀传统文化的自信，中国特色社会主义文化有其深厚的文化渊源，是在有着5000多年悠久历史的中华优秀传统文化的基础上生长起来的。[2]通过对中国优秀传统文化的继承和发展、吸收与融合，不仅夯实了我们文化大厦的根基，也奠定了我们文化自信的强大底气。我们的文化自信，不仅来自于文化的沉淀、传承、创新、发展，来自于当代中国特色社会主义的发展成果和蓬勃生机，更来自于实现中华民族伟大复兴中国梦的光辉实践和光明前景。改革开放40年来，我们创造了举世瞩目的成就。国家兴旺，文化也必然繁荣，特别是党的十八大以来，我国坚持道路自信、理论自信、制度自信，最根本的就是文化自信，与此同时，中华民族文化正迎来前所未有的繁荣发展期。[3]优秀的文化、强大的国家、智慧的人民、坚强的党，是我们文化自信的强大底气，也是作为中国人的骨气和底气。

理想信念是对社会现实状态及其未来走向的内心认同和思想信任，表现为群体或个人对民族、国家、政党发展前景发自内心的一种崇敬追求、一种矢志不渝的意志坚守，是人们世界观、人生观和价值观在奋斗目标上的集中凝结与鲜明呈现。人们坚定的理想信念，就是对马克思主义的信仰、

---

[1] 赵银平. 文化自信——习近平提出的时代课题 [J]. 理论导报，2016（08）：7—9.
[2] 颜晓峰. 中国特色社会主义文化重要功能愈加凸显 [J]. 人民论坛，2017（07）：128—130.
[3] 赵银平. 文化自信——习近平提出的时代课题 [J]. 理论导报，2016（08）：7—9.

对社会主义和共产主义的信心、对中国特色社会主义发展道路的坚持。①

文化自信是坚定理想信念的内在动力。近代以来，面对西方文化的强烈冲击，一些人的理想信念有所动摇，片面求洋、全盘西化的错误文化观有所蔓延。追求私利、奢靡享乐、个人主义等西方价值观念有所增长，其根本原因在于对我们自身文化的不自信。2014年2月24日，习近平总书记在中央政治局第十三次集体学习时提出："要增强文化自信和价值观自信。"②文化自信就是不忘历史，中国传统文化是中国道路、理论的历史来源。文化自信是文化的主体对传统文化、传统思想价值体系的认同和尊崇，只有在肯定传统文化的基础上发展自身文化，并挖掘自身文化的合理价值和正能量，才能产生对传统文化和自身文化的认同感和尊崇感，进而能够在不同文化的价值比较中产生由衷的自豪感和自信，从而实现对中国传统文化的传承、超越与创新。

第二节 大学生理性爱国的基本要求

爱国主义作为中华民族的传统美德，是国家和民族赖以生存和发展的精神支柱，是中华民族的核心价值。爱国主义作为中华民族精神的核心，对于建设社会主义核心价值体系，促进中国特色社会主义的长远发展具有十分重要的作用。当代大学生应努力继承爱国主义精神，把民族传统、民族荣辱时刻放在心上。爱国主义的时代性，必须结合时代的发展变化，提高大学生对于爱国主义的认识和要求。

一、以维护国家利益为前提

爱国主义是维护祖国统一和民族团结的桥梁与纽带，是热爱祖国最重要的表现形式，它是国家利益的基本前提。我们的民族志士、英雄先烈在战争中牺牲他们的性命，为新中国的成立和人民的幸福英勇抗争，

---

①谭镜.以"干部清正"为抓手 加强廉洁政治建设[J].学理论，2013（24）：29—30.

②程仕波，谢守成.论习近平文化思想的四个特点[J].社会主义研究，2017（03）：18—25.

才换来了我们今天的美好生活。

二、以国家认同为核心

国家认同作为爱国主义教育的核心，同时也是爱国主义的重要组成部分。大学生应充分了解自己的身份和国家之间的关系，以情感的方式把自己融入到国家，以便更好地关心国家利益，维护国家利益。在国家文化受到歧视时，人的情感会受到伤害，我们应该为国家的发展担负起应有的责任。一个人若不对自己的国家认同，那么，他就与这个国家的发展没什么关系了。加强当代大学生对国家的认同感、归属感和使命感，是增强公民意识最基本的要求，更是在大学生中深入推进爱国主义教育的切实需要。

三、以坚持克己守法为保证

爱国必须要做到的是理智，在成熟的情感背后，必须有坚实的法律保障。大学生应当在合法范围内表达爱国热情和行动。爱国情感的表达不仅需要客观理性，而且还要以社会道德和国家法律等为准绳。大学生学习如何合理合法的表达爱国情感是必要的。爱国主义情感的抒发必须建立在维护社会稳定和维护国家形象的基础上，我们必须以国家和社会的根本利益和长远利益为根本出发点。大学生要掌握可持续分析的方法，全面思考，充分相信政府掌控大局、纵横捭阖的能力，给政府的外交活动留有足够的空间，要维护国家利益，在法律框架内理性表达爱国热情，养成一种负责、合法的表达方式。[1]

四、以实干兴邦为目标

大学生要把爱国的情感付诸行动，爱国也要脚踏实地。青年大学生要把眼光放长远，认清形势，将爱国情感转化为强大的学习热情。从小事做起，从细节做起，勤奋学习，努力提高报效国家的本领，展示新时代大学生的良好精神风貌。

---

[1]蔡邵.爱国主义精神历史传承和当代大学生爱国主义教育的思考[J].考试周刊，017（78）：131.

大学生要有积极的爱国情怀，更深刻地理解并热爱自己的国家，同时要注重情感上的理性以及科学的引导。爱国意识上，大学生应当树立正确的价值观念，培养符合时代发展的理性爱国意识，坚定习近平总书记提出的"三个自信"，为改革发展攻坚克难提供精神保障①。爱国行为上，必须脚踏实地，根据自己的学习与工作，将满腔爱国热情转化为爱国行为，为祖国的经济发展和繁荣稳定而努力。

第三节　工科大学生树立理想信念和理性爱国的主要途径

大学生爱国主义教育是思想政治教育的基础环节，在校学生即将走上社会，他们将是国家新一代的栋梁，大学生强烈的爱国情感影响着整个国家的爱国情感，影响着国家和民族的前途命运。因此，大学生树立理想信念和培养爱国情感任重而道远。

一、理想信念引领大学生成长成才

理想信念是生命的精神支柱和成就的动力。理想信念作为一种高层次的精神追求，对大学生具有指导意义：理想对人生方向具有指引作用，而信念对事业的成败具有决定作用。理想信念可以给一个人带来幸福的体验。苏格拉底曾经说过："世界上最快乐的事，莫过于为理想而奋斗。"②新时代大学生肩负着祖国富强和民族振兴的希望，铭记着家庭和亲人的叮嘱，怀揣着对未来幸福生活的向往。大学期间，学生不仅要学习专业知识技能，提高生活实践能力，还需要树立坚定的、崇高的理想信念，明确做人的标准、准则。总而言之，理想信念可以激励人们直面挑战、克服困难，给人们提供巨大的精神和动力支撑。

一个人的理想信念表达了社会和他人对个人成长发展的期许，一个人拥有什么理想信念，就表明他将会怎样回报社会，怎样规划自身发展

---

①孟祥钿.大学生理性爱国教育研究[D].东北农业大学，2016.
②张杨，谢榭.十八大以来中国共产党反腐倡廉建设的新进展[J].湖湘论坛，2017，30（06）：70—76.

和塑造自我。大学生要树立坚定且崇高的理想信念，才能在人生的重要发展阶段具有不辜负社会和他人的成就。坚定的、正确的理想信念可以指导大学生在大学阶段如何学、为什么学。对于他们来说，如何学和为什么学与今后走什么路和做什么人密切相关。大学阶段，学生面临重要选择，包括人生目标的确定、价值观念的形成、发展方向的选择，以及如何择友、择偶、克服困难、缓解压力等等，面对这些问题，大学生只有拥有坚定的理想信念和明确的目标追求，才能为未来扫清路障，披荆斩棘，不负韶华。当代大学生处于和平建设年代，虽然承担的历史使命发生改变，但是也会遇见各种各样的困难和挫折，这就要求他们必须树立崇高的、坚定的理想信念，培养克服困难、勇往直前的精神。

以理想信念引领大学生的成长成才要从以下几个方面入手：

第一，重在巩固科学理论，提高自身哲学素养。当代大学生要深入学习中国特色社会主义理论体系，正确认识社会主义建设法则以及人类社会发展规律，把中国特色社会主义理论体系和历史作为理想信念最好的营养剂。除此之外，大学生要时刻明白我国的基本国情——正处于社会主义初级阶段，从而通过树立创新而坚定的理想信念来把握战略性的发展机遇。

第二，重在高尚品格的涵养，要涵养修齐治平的家国情怀，涵养责任重于泰山的担当精神。[①]大学生应该有"天下兴亡、匹夫有责"的担当精神，视国家民族的命运高于自身命运，将自身的成就与国家社会的发展联系在一起，将自身的理想信念与实现中华民族伟大复兴的中国梦联系在一起。

第三，重在艰苦环境的磨砺，告诫当代大学生要"勇为、实干"。实践是精神的养料，只有到艰难环境中去埋头苦干，勇于担当责任，才能练就过硬的本事，只有磨炼自己吃苦耐劳的意志，树立崇高的、坚定的理想信念才能把个人的美好愿望变成现实。

第四，重在批判方式的自省，告诫青年大学生要"吾日三省吾身"。要将习总书记提出的"四个能否"当作自省的标准："能否坚持全心全

---

① 刘养卉，田发允. 甘肃省少数民族国家认同现状分析[J]. 山西高等学校社会科学学报，2015，27（10）：26—30.

意为人民服务的根本宗旨，能否吃苦在前、享受在后，能否勤奋工作、廉洁奉公，能否为理想而奋不顾身去奋斗、去拼搏、去献出自己的全部精力乃至生命。"[1]

第五，重在实践环境的优化。正所谓"实践出真知"，环境影响着一个人，特别是大学生的语言、行为习惯、做事方式、宗教信仰。要提高大学生辩证思维能力，坚定科学理想信念，就必须全力对大学生的实践环境加以优化，借助环境的优化，提升他们对理想信念的认同感与归属感，从而保证理想信念教育的实效。

二、培养大学生的爱国主义信仰

民族精神的伟大核心是爱国主义。不同时代的爱国主义内涵大不相同，社会发展的不同阶段内容各不相同。爱国主义与促进历史发展紧密联系在一起，与绝大多数人民的利益紧密联系在一起。爱国主义并不抽象，它体现在爱国情操、爱国思想和爱国行动上。因此，如何培养爱国主义信仰对当代大学生具有重要意义。

（一）发挥思想政治理论课在大学生爱国主义教育的主阵地作用

高校是开展大学生爱国主义教育的主要场所。必须充分发挥爱国主义教育对大学生的教育作用，深化教育改革。推进教学创新，提高思想政治理论课教师的素质和理论水平。提高大学辅导员的思想教育能力，给大学生开展丰富多彩的爱国主义活动，使他们在实践中提高自己的爱国主义情感。教师可以发挥课堂教学的主体地位，鼓励学生密切关注当前的政治问题和社会热点问题，培养大学生的自主思考能力，来提高政治课对大学生的吸引力。以此来帮助学生最终树立正确的世界观、人生观和价值观，大学生素质在各方面全面发展，增强他们对爱国主义的认知。

（二）运用现代传媒，扩展爱国主义的教育途径

随着近几年网络科技的不断发展，网络逐渐成了多个学科发展的载体，可以利用网络优势，把网络变为爱国主义教育的新载体。现在大部

---

[1] 言浩杰，李婧.习近平全面从严治党思想中的"自我革命"论[J].思想政治教育研究，2017，33（05）：131—134.

分大学生并不满足于课堂知识的讲授,教师可以在线下上课的同时,充分结合网络教学模式,通过网络途径来讲授各方面的知识。各大高校可以充分利用网络的优势,大力建设校园网站、高校贴吧等,宣传爱国主义教育,使网络充分发挥对大学生爱国主义教育的作用。

（三）优化教育环境

爱国主义教育的主场地是校园,它在爱国主义价值观中有着举足轻重的作用,一个爱国主义浓厚的校园氛围有利于培养爱国主义价值观。因此,要积极开展高校大学生爱国主义价值观活动,创造爱国主义教育氛围,使大学生在日常的学习和生活中感受到爱国主义思想的熏陶、影响,无形中接受爱国主义教育,增加爱国主义情怀。学校还可以建立爱国主义教育基地,定期组织学生进行参观,让这些基地真正发挥作用,让学生更加理解爱国主义的内涵。

（四）加强自我教育,做合格的爱国青年

大学生应当不断提高自身素质,以祖国的繁荣复兴为己任。在各方面实现爱国主义的提升,努力把自己锻炼成为"有理想、热爱祖国、追求真理、勇于创新、有勇有谋、全面发展、眼界宽广、胸怀天下、言行统一、扎实肯干的人"[1]。我们要充分认清我们国家的历史和现实,提高自己的爱国情感和建设祖国的强烈责任感,树立民族自尊心、自信心和自豪感。要实现这些伟大的目标,我们必须从现在开始,从我做起,从小事做起,为树立社会主义新风尚做出自己的贡献。

---

[1] 聂荣,叶新茹,邢艳霞.当代大学生社会主义核心价值体系认同教育及实现路径研究——以河北金融学院调研为例[J].散文百家（新语文活页）,2017（07）：249—250.

第二章　社会主义核心价值观

要坚持不懈培育和弘扬社会主义核心价值观，引导广大师生做社会主义核心价值观的坚定信仰者、积极传播者、模范践行者。

——习近平2016年12月7日至8日《在全国高校政治工作会议上的讲话》

以"倡导富强、民主、文明、和谐，自由、平等、公正、法治，爱国、敬业、诚信、友善"为基本内容的社会主义核心价值观，是以习近平同志为核心的党中央从新时代坚持和发展中国特色社会主义、实现中华民族伟大复兴的中国梦出发，提出的重大战略思想。习近平总书记在党的十九大报告中深刻阐述了社会主义核心价值观的丰富内涵和实践要求，对培育和践行社会主义核心价值观作出了许多新的重大部署。

早在2014年，习近平在《在北京大学师生座谈会上的讲话》中指出："核心价值观，承载着一个民族、一个国家的精神追求，体现着一个社会评判是非曲直的价值标准。……核心价值观，其实就是一种德，既是个人的德，也是一种大德，就是国家的德、社会的德。国无德不兴，人无德不立。如果一个民族、一个国家没有共同的核心价值观，莫衷一是，行无依归，那这个民族、这个国家就无法前进。"

同年，习近平总书记在《在文艺工作座谈会上的讲话》中再次强调："核心价值观是一个民族赖以维系的精神纽带，是一个国家共同的思想道德基础。如果没有共同的核心价值观，一个民族、一个国家就会魂无定所、行无依归。为什么中华民族能够在几千年的历史长河中生生不息、薪火相传、顽强发展呢？很重要的一个原因就是中华民族有一脉相承的精神追求、精神特质、精神脉络。"

新时代大学生在成长成才的道路上，也要以社会主义核心价值观为价值导向，积极树立和践行社会主义核心价值观，通过社会主义核心价值观的思想引领,努力成为中国特色社会主义的合格建设者和可靠接班人。

第一节　社会主义核心价值观的基本内涵

富强、民主、文明、和谐是国家层面的价值目标。这是我国建设社会主义现代化国家的目标[1],是中国人民、中华民族对国家的美好夙愿,是社会主义核心价值观中的最高层次。从它的内容来看:富强就是国家富裕、民族强大,是社会主义现代化国家所具备的应然状态,是全体中国人的梦想,也是国家兴旺发达、人民安居乐业的物质基础。民主指的是人民当家作主,这正是我们所追求的人民民主的实质和核心。人民代表大会制度是我国人民当家作主的根本途径和最高实现形式,也是人民安康幸福的政治保障[2]。文明是民族发展的精神力量,是振兴国家的文化之魂,也是一个国家进步和繁荣的标志。文明可以增强我们的凝聚力和民族自豪感,是中华民族伟大复兴的必然要求。和谐是中华民族的传统美德,使人民老有所养、病有所医、学有所教、劳有所得,保障着国家、民族和社会和谐稳定、持续健康发展。

自由、平等、公正、法治是社会层面的价值取向,也是我们对于美好社会的愿望。这些不但继承和发扬了中华民族优秀的传统美德,更是我党矢志不渝、始终坚守的核心价值观和理想信念。自由是指每个人的存在和发展的自由,不受外力影响,它不但是人性本质的体现,也是社会主义社会所追求的社会价值目标。平等是指独立的个体在法律面前的平等,人人都有平等发展和参与的机会与权力。它要求的是实现实质上的平等,逐渐缩小贫富差距,让每一个中国人都能过上好日子。公正,即社会公平、正义,指每个人的机会公正,权力公正,利益公正,是国家、社会的根本价值理念[3]。法制即根据法律治国理政,坚持依法治国,是实

---

[1]孙熙国.社会主义核心价值观是对时代问题的价值阐释[J].北大中国文化研,2015(00):49—60.

[2]吴汉民.人民代表大会制度是三者有机统一的根本制度安排[N].解放日,2015.07.09(011)

[3]吕燕妮.培育大学生社会主义核心价值观的必要性和路径探析[J].科教导刊(下旬),2015(11):3—4.

现国家治理体系的基本要求，也是实现每个人平等、公正的保障。

爱国、敬业、诚信、友善是现代公民的行为准则，也是对社会主义现代化国家公民的要求。它包含社会道德生活的每一个领域，是良好公民的价值理念，不仅影响着个人的发展，还体现了一个社会和国家乃至一个民族的风气和精神。爱国是热爱自己的祖国，是调节每一个公民与祖国关系的行为准则，也是增强民族凝聚力的纽带。爱国不仅是热爱祖国，也是爱社会主义。它要求每一个公民维护祖国统一与安全，推进民族团结，认真履行对国家的义务。敬业，是指热爱自己的工作，在自己的岗位默默奉献，要求公民忠于本职，兢兢业业，扎实奉献和服务社会。诚信即诚实守信，"人无信不立"，诚信历来是中华民族的传统美德，是社会主义道德建设的重要内容，它要求实事求是，诚实劳动，信守诺言，真诚待人。友善也是中华民族的传统美德，它要求彼此互相帮助，互相尊重，友好善良，为他人服务，为社会服务。

第二节 社会主义核心价值观的精髓

富强、民主、文明、和谐的价值理念是国家的至高追求，在国家生态文明建设中发挥着重要作用。富强的字面意义指富足而强盛，国家财富充裕意味着生产力发达，这样力量才会强大，所以富强是价值观之首，它对于国家的建设具有重要意义[1]。我国是人民当家作主的国家，人民拥有至高无上的权力，所以国家的建设必然是所有人民的事情。我们的民主是让人民当家作主，我国五十六个民族都是国家的主人，每个老百姓都应该得到自我发展的机会。同时，国家大事也需要每个公民的了解支持，也需要更好地激发国家公民的主人翁意识，增强凝聚力，促进个人的全面发展，促进社会的进步与稳定。文明是国家进步的标志，是国家发展的价值目标。衡量一个国家的进步程度如何，主要看它的文明程度如何。文明推动着国家的发展，一方面，文明成果可以为我们所用，促进我们的发展；另一方面，当我们用文明成果来发展我们自己，

---

[1] 姚云.论社会主义核心价值观的意义[J].北方工业大学学报，2017，29（04）：19—24.

我们将进一步创造灿烂的文明。和谐代表稳定、有序、平和，意味着良好的物质和精神生态环境。另外，国家建设需要和谐，如果不和谐，国家就要投入大量的人力、物力和财力来解决这种矛盾。在一个总是处于战争状态的国家，人民将没有时间和机会来建设和发展。因此，只有一个国家是和谐稳定的，人民才能和平地生活和工作，才能更好地发展自己。

自由、平等、公正、法治是维持社会平稳运行不可或缺的前提条件。自由是指确保每个公民具有基本的权利，一个社会只有充分保障和实现人民的基本自由，才会营造一个欣欣向荣，安居乐业的大环境，才会快速积累并且创造财富，才能创造和谐稳定的秩序，社会才会良性发展。反之，如果人民连基本的自由都没有，自由得不到保障，不能充分激发自己的潜能，发展自我，超越自我，从而创造物质和精神财富，这样的社会就不会得到有序的发展。平等代表着人们在社会大环境下基本权利和义务上的均等。它使每个公民都享有同样的发言权。它不仅使人人有权享受自己的权利，而且社会要创造条件，提供资源，使人人都能享有这一权利。我们不能在公共职能和公共资源的分配上搞特权和垄断，这样才能使更多的人参与到社会建设中来。给每个人机会，每个人都可以在充分的社会条件下运用这个机会发展自己的才能，才能推动社会进步与发展。公正代表同等问题同等分析，一视同仁，不同的问题得到不同的对待。我们现在所做的是效率和公平的原则，这大体上是公平的。只有公正的分配和利益的实现，才不会有严重的社会冲突，社会才能稳定，在稳定的基础上，社会才有发展。法律是社会的共同规则，它维护共同的利益，以便形成良好的社会秩序。法治是社会长期稳定和良性发展的保证。依法治国，社会得以稳定和谐，政府行为受法律约束，在一定程度上可以避免贪污腐败和搞特权等现象的发生。[①]因此，法治对社会发展非常重要。

爱国是每个公民的责任，同时也是个体发展的前提。首先我们要爱国，培养每个中国人的爱国情怀，让大家从内心深处把国家建设和发展

---

① 姚云.论社会主义核心价值观的意义[J].北方工业大学学报，2017，29（04）：19—24.

作为首要的工作动力。因为国家是每个人的国家，是每个人的意志体现。国家的发展进步为个体发展提供前提和保障。敬业为个人发展提供途径和保证，敬业所隐含的是一种高度的责任感，一个人的责任感关系着一个人的敬业程度。因此想要实现个人的人生价值和社会价值，拥有美好的生活，敬业精神是必不可少的。诚信则是人与人之间的基石，是社会安稳不可或缺的一环，它是人际关系的润滑剂，是构建友谊的桥梁。诚信包括两方面的含义，一方面根据儒家思想，交往的双方要体现其内在的真诚，表达其真实想法；另一方面，外在表现为对他人要讲求信用。个人发展离不开人际交往，交往又以诚信为基石。做一个诚实的人，就会有人愿意与你交流，才会有好的发展。友善是人际交往的良好条件，当一个人处于友善的环境中，他们才会感到安全。只有在一个安全、友善的环境中，大家才能更好地发展人类的精神文明文化。每个人应学会与他人分享快乐、分担痛苦。如果我们做不到积极地帮助他人，至少我们可以在事情发生时，切身考虑到他人的感受。任何时候都不要做损害他人利益的事情，这是每个人应有的做人底线。

第三节 以社会主义核心价值观引领大学生成长的途径

党的十八大强调，加强社会主义核心价值观建设，是为大学生思想政治教育的发展提供了理论依据。大学生在学习社会主义核心价值观基本内涵的基础上，要将其内化于心，并且不断将其外化到个人日常生活、学习当中去[1]。大学生是一个特殊的群体，他们是社会主义核心价值观所教育的对象，同时也是建设社会主义核心价值观的推动者和接班人。因此，必须在大学生思想政治教育中体现出社会主义意识形态的本质要求。在社会主义核心价值观融入过程中，其重点与难点就是方法的选择。只有明确大学生对自身的定位和期待，才能为选择和创新核心价值观的融入方法提供依据。解决思想文化问题的关键是思想政治教育的旗帜不动摇。

---

[1] 史久男.社会主义核心价值观引领大学生思想政治教育[J].改革与开放,2017(01):103—104.

大学生思想政治教育需要正确、符合时代发展要求的核心理论为依托。

一、加强环境教育

高校应定期组织文化教育活动，大力宣传爱国主义精神和思想，这不仅有利于大学生了解国家发展的进程，而且有助于加深民族认同感和自豪感，缩小大学生与国家的距离。此外，大学生也要珍惜今天的幸福生活，积极投身到社会主义现代化建设中来。

二、强化认同教育

思想政治课老师在教学过程中，首先要加强自身的思想政治观念，增强对社会主义核心价值观的认同感。只有老师严格要求自己，学生才能在接受知识的过程中逐步受到老师的影响。另外，老师要创新教学方法，坚持热点案例教学和多媒体教学，充分调动学生的学习积极性，巩固思想政治教育的基本知识。

三、加强自我教育

明确马克思主义在意识形态领域的指导地位，通过自我评价、自我监督、自我调整等方法，让大学生接受社会主流意识形态和社会主义核心价值观，逐步形成价值认同，最终使得思想政治教育取得良好效果[1]。为加强自我教育，必须做好大学生的日常教育工作，充分发挥大学生先进分子的积极作用，发挥大学生的主导作用，提高他们对社会主义核心价值观的认同感。

四、充分发挥社会实践的作用

要做到把社会主义核心价值观充分融入大学生思想政治教育中，必须发挥社会实践的教育功能。大学生参与的各种社会实践活动，可以使他们客观地看待社会，了解社会，提高道德意识，使大学生形成核心价值观。因此，高校必须坚持课堂内外相结合，充分利用学校与社会两种

---

[1] 肖璇.社会主义核心价值观融入大学生思想政治教育的探索[J].西部素质教育，2017，3（16）：29.

资源[1]。保障每一个学生都能在理论学习的同时,积极参加社会实践,这样才能达到大学生思想政治教育的目的。

---

[1] 李全海. 高校大学生如何培育和践行社会主义核心价值观[J]. 山东行政学院学报, 2014 (07): 30—33, 44.

第三章 我国公民的基本道德

中共中央《公民道德建设实施纲要》提出了"爱国守法、明礼诚信、团结友善、勤俭自强、敬业奉献"二十字的公民道德基本规范。[①]这一规范在表现道德先进性与广泛性的同时，也彰显了中华民族传统美德以及社会主义道德的统一。

第一节 我国公民基本道德规范

基本道德的规范、社会公德的规范、职业道德的规范、家庭美德的规范这几个主要部分构成了公民道德规范。涉及社会和生活各个部分和领域，同时也可以适用于社会的各个不同群体，是每一个中国公民都必须遵守的行为准则。

一、公民道德基本规范

"热爱国家、遵纪守法"是中国公民对国家最重要的道德义务。中国的公民首先应当热爱自己的国家、建设自己的国家、保卫自己的国家，维护自己国家的尊严，保守自己国家的机密，也应该敢于同一切危害自己国家的利益和安全行为作坚决斗争，也应当把对自己国家的所有义务和责任看成是自己的担当、自己的责任、自己的天职。遵纪守法是每个中国人民的道德的最低层次的要求。中国人民应当维护中国法律确定的最基本的政治秩序和社会秩序，中国人民尽法律所规定的一个公民应尽的义务[②]。同时，爱自己的祖国、拥护自己的祖国体现了社会主义的集体主义原则，中国人民也通过爱国、遵纪守法去实际践行中国集体主义的道德要求。

"文明讲礼，诚实可信"是公民如何对待他人的道德规范。在中国，

---

① 杨思奇. 社会主义核心价值观引领下的家风优化研究 [D]. 太原理工大学，2017.
② 郭芙蓉. 公民守法道德养成研究 [D]. 南京师范大学，2013.

无论何时何地何种事情，中国人民彼此之间都应该讲文明、讲礼貌、讲诚实、讲信用。中国自古就是世界闻名的礼仪之邦。在我国改革开放的大环境下，尤其是我国加入WTO后的时间里，我国的国际交往比以前增加了很多，中国人民自己的道德规范，尤其是文明讲礼，诚实可信，一定会关系到世界各地对中国形象的认知程度，所以"明礼"在我国有着重要的现实意义。诚实可信是人与人交往关系中最首要和基本的道德。无论是在经济活动和商贸活动还是人们在日常生活中都要做到诚实可信，一诺千金。

"团结一致，互助友善"是人与人之间如何相处融洽的基本规范。每个中国人不管民族、年龄、职业是否相同，都是中华民族的一员，大家相互之间就应该相互团结，彼此友爱，如此人民之间就建立起一种和睦与友善的社会关系。在现代生活中，只有对他人友善仁爱才会得到他人的友善与仁爱。团结是中国人民力量的源泉，团结、仁爱、友善、宽以待人，关系到一个人的未来，也关系到民族的未来、国家的未来。想要做到与人团结和友善，就得怀揣着对人友好的愿望，抱着相互平等的心理相互对待，就必须对自己严苛、对别人宽厚，就必须将心比心，思考自己的待人方式是否适合他人，"己所不欲，勿施于人。"当然，团结友善必须是在我国公民认知的正义原则之下的团结一致，互助友善。

"勤俭节约，自强自立"是公民对待自己的生活、对待自身的道德行为规范。作为一个中国的公民，有着劳动的权利，也有着劳动的义务。我国自古以来就喜爱辛苦劳作的精神，抵制自由散漫、懒惰。中国的公民应当厉行节约，坚决反对浪费奢侈和个人享乐主义的生活作风。在现代的社会生活中，中国的公民应当自强自立，不断努力进取，保持一种健康向上的精神风貌，事情尽量依靠自己，而不是去求助他人，依赖他人。

"敬岗爱业、无私奉献"是公民对待自己职业的道德规范。中国的每一个公民都要从事各自的职业，职业与工作是公民与社会联系的基本方式和重要途径。公民对待自己的职业、工作、事业，应该抱着严肃认真的工作态度，一丝不苟的职业精神，精益求精的事业要求，为人民、为社会、为祖国做出自己的有益贡献。[1]

---

[1] 弘扬中华民族的优良道德传统，润石斋《网络（http://blog.sina.com）》.

二、社会公德主要规范

社会公德是指在公共生活及社会交往中公民应该遵守的道德规范，主要包括以下几个方面：文明礼貌、助人为乐、爱护公物、保护环境、遵纪守法。

（一）文明礼貌，提倡人们互相尊重

逐渐解脱茹毛饮血的原始生活状态，是人类社会不断进步的一个标志，使得人与社会的文明程度和水平日益提高。在这个重大意义上，人类社会的文明进步基本趋势可以被定义为：由野蛮不断向文明的过渡，由一个野蛮人改变为一个越来越文明的人。因此，现代社会的公德一个最主要的内容就是人类社会行为文明的基本规范。[①]

人们的行为文明状况即社会公德的基本要求，它集中反映了社会成员的文明教养程度，而礼貌则是这种文明程度在人际交往中的外在表现形式。作为社会公德的一种基本规范，文明礼貌说明了一个人对别人的尊严和人格的尊重，是在人际交往中的一种道德信息。[②]

在人与人交往的过程中，要注重自己的个人仪表，具体而言，要做到衣物干净整洁，举止端庄大方，这是对别人的一种尊重。在社会的公共场合中，人们应该每时每刻注重自己的礼节，这也反映了一个人的文明程度。每个人际交往的过程中，一般都要通过对话和行为与对方交流彼此的想法和自己的感情，因为规划和行为是思想的最直观的体现。与之对应的是，在公共场合和在集体性的活动中，人人都应当自觉地遵守群众活动的规定，并且做到相互礼让，这对于维护大多数人的共同利益和保证集体生活的正常进行，是一个重要的条件。[③]

（二）助人为乐，发扬社会主义人道主义精神

助人为乐，发扬社会主义人道主义精神反映了社会主义社会关系的本质特征，作为社会公德在社会主义的人道主义道德的基本要求，助人为乐、发扬社会主义人道主义精神基本内容可以概括为：要尊重他人、

---

①程凯华.论中华传统美德的现实价值，邵阳学院学报.2003.08.25

②王尚臣.贯彻落实公民基本道德规范 大力推进教师职业道德建设[J].辽宁教育，2002（03）：20—21.

③晏友琼.公民道德规范读本[J].辽宁教育，2002.

要关心他人、要爱护他人。尤其需要注意的是，助人为乐要求我们尽全力保护儿童，尽全力尊重妇女，尽全力尊敬、关怀老年人，尽全力来尊重和爱护人才，尽全力关心帮助鳏寡孤独，多为他人着想，积极做社会公益事业，热心帮助有困难的人，积极维护世界公正。具体来说，发扬社会主义人道主义精神，主要应当做到如下几个方面：

第一，国家和社会对所有社会成员要进行无微不至的关怀，社会的成员之间都要彼此关爱，这是社会主义的人道主义精神的一个重要的道德要求；第二，社会主义的人道主义精神要求对所有社会成员的基本权利和人格给予充分的支持和保护；第三，社会主义的人道主义精神要求每个社会团体和所有社会成员对深陷困苦的人，给予一定物质和精神上的鼓励和支持；第四，社会主义的人道主义精神要求社会和所有社会的成员都要尊重科学、尊重知识、尊重人才，注重社会环境的质量，保证所有社会成员的发展基础；第五，在现代法治社会中，努力提高所有社会成员的文明水平，对那些有犯罪经历，但愿意接受改造的人员，要给予他们应当的人道待遇，不能随意践踏其人格，要给他们改过自新的机会。对正在被改造的犯人进行刑法审讯、逼迫招供及其他残忍的行事方式，都是社会主义的人道主义精神所坚决抵制的。

（三）爱护公物，增强社会主义社会主人翁的责任感

在中国特色社会主义社会，国家和社会的公共财物、集体的财产，是全体社会每个社会成员进行社会性的活动、实现大家共同利益的物质保证，同时也是满足社会中劳动者个人利益和社会成员当前利益的共同物质基础。因此，我们要肩负社会主人翁的责任感，努力保护和爱惜国家、集体的财产，爱护公物，这就是社会公德的最重要的要求。[1]对社会成员共同劳动成果的爱惜和保护，也是每个公民应该承担的社会责任和义务，这样既能显示出社会成员个人的道德修养水平和社会主义集体主义精神，也是整个社会文明水平的重要标志。

随着中国社会现代化程度的日新月异，社会的公共基础设施，例如公共教学设施、通信设施、卫生消防设施等等，能否受到妥善周全的保护，

---

[1] 曲滨，刘瑶．重视伦理道德修养 提升市民幸福指数．廊坊师范学院学报（社会科学版）．2011.10.15.

能否发挥它们应有的作用，都将关系到每个社会成员的切身利益。由此可知，这些公共设施中的任何一项遭到破坏，都会损害人民群众的利益，从而严重影响整个社会的稳定。所以，每个公民都应该有责任心和良心，决不可有意去破坏这些公共设施。相反地，应当像珍惜与爱护自己的东西一样，去精心保护这些公物。但是，在现实生活中我们会常常发现，有些人出于各种不同的动机，有意或无意地给公共设施造成了破坏，即使是无意的损坏行为，也是对人民的极大不负责任。从道德的角度来说，是缺社会公德的这个"德"的。同样道理，能不能爱护这些公用设施，也是对人民群众的感情问题。[①]在这里还应当指出的是，有些人为了自己的利益，满足个人欲望，而牺牲公众的利益，这是很可耻的行为，除了要受到社会舆论的谴责之外，还应当受到法律的严厉制裁。

（四）保护环境，强化生态伦理观念

我们在正确处理自然环境的发展与人类自身的发展之间关系问题上要有科学的态度，这是人们遵循环境道德规范的实质。这方面的一个问题首先是如何确立起正确对待自然环境的价值观。这里所说的价值观念，指的是物质方面与精神方面的价值。我们从人类社会的生活经验中获知，良好的自然生态环境对培养人们高尚的道德情操，丰富人们的精神生活和保持健康的生活水平有着十分重要的价值。现代社会环境道德的一个基本要求是人们基于对自然生态环境的特殊精神价值的认识。人们要爱护自然生态环境，把维护自然生态平衡作为自己的道德责任。

（五）遵纪守法，自觉维护公共秩序

中国的现代社会是一个健全的法治社会，所有公民都必须具备很强的法制意识，储备基本的法律常识，积极维护法律的权威，坚决执行法律规定的各项法令、法规。在正常的情况下，现代社会文明教养（社会公德）的基本要求是：自觉遵守和服从法律及有明确的法制观念。换句话说，在中国现代社会中的公民，如果不具备基本的法律知识，不遵守法律，也没有维护宪法的尊严，那就只能说该社会公民是一个没有文明和没有道德的人。道德之间的关系决定了是否会出现这种情况。

[①] 陶一丁. 新世纪以来中学教师职业道德现状分析及建设路径研究[D]. 中国矿业大学（北京），2013.

对于所有的中国公民来讲，除了遵守法律和法规，积极维持和保护社会的秩序，还有一个特别的要求：在社会的公共秩序受到损坏、国家安全受到威胁的时候，公民应当挺身而出，坚决地与破坏公共秩序和国家安全的行为进行斗争。在当前的中国社会情况下，这个特殊的道德要求是有重要的现实意义的。因此，有些地区，政府对见义勇为的人给予褒奖，并且用法律的方式把它规定下来。这不仅说明中国人民法制意识的增强，也反映了中国社会文明程度的不断提高。

三、职业道德的主要规范

2001年9月20日中共中央发布并实施了《公民道德建设实施纲要》（以下简称《纲要》）。《纲要》指出"要大力倡导以爱岗敬业、诚实守信、办事公道、服务群众、奉献社会为主要内容的职业道德，鼓励人们在工作中做一个好建设者"。[①]《纲要》针对职业道德做出的该项规定，总结了目前社会主义市场经济条件下各种职业道德的特点，同时体现了社会主义现代化建设时期的鲜明特征。因此，它对于社会上各行各业的职业道德要求具有普遍适用性。

（一）爱岗敬业

爱岗与敬业是两个不可分割的概念。敬业需以爱岗作为前提，其次爱岗又是对敬业的升华，是对职业责任和荣誉的深刻理解。做不到爱岗的人，很难做到敬业；做不到敬业的人，也谈不上真正的爱岗。因此，无论从事任何工作，只要踏实肯干、认真负责、不怕困难、精益求精，就达到了爱岗敬业的要求。[②]一般说来，环境好、较轻松、工资优渥的职业是比较容易做到爱岗敬业的。相对来说，环境差、工作艰苦、工资不高的职业想要做到爱岗敬业就难上加难。那些在艰苦环境下从事着低收入、繁重的工作却依然能够做好本职工作的人是值得我们尊敬的。在社会主义社会里，任何职业都有其存在的必要性，所以总要有人去干。

在中国，农民在田地里辛勤地劳动，工人在沙漠或高山峻岭里艰苦

---

①王淑侠.构建和谐社会与家庭和公民的责任.西北水力发电，2005.12.30.
②何根海.践行"三严三实"做高校管理的明白人.池州学院学报，2015.10.28

奉献，人民子弟兵在祖国的边疆站岗驻守，清洁工人为城市清扫垃圾，还有人民教师、科研人员在埋头教学与科研等，正是因为他们在各自岗位上的不懈努力与无私奉献，社会主义现代化建设才能够取得如此伟大的成就，我们今天才能够过上幸福的生活。

一个人的价值取决于他为祖国、为社会做出的贡献。此外，改革开放以来，就业机会大幅增加，选择的方式也越来越多样化，这就可以更大程度地让人们选择并从事自己喜爱的职业，也为人们热爱自己的岗位打下了坚实的基础。同时我们必须要看到，爱岗敬业是社会主义市场经济发展的必然要求。市场经济的特征在于其自主性、平等性、竞争性、开放性、有序性。一个人如果想在激烈的社会竞争中生存并有所发展，实现个人的价值，就必须要做到爱岗敬业，否则，一个不履行职责的人终将被单位或企业淘汰。

（二）诚实守信

待人真诚、恪守诺言是中华民族传统美德的重要内容，同时诚实守信也是生而为人的一项基本处世准则，更是社会道德和职业道德的一个基本规范。儒家思想将诚实守信视为"立政之本""立人之本""进德修业之本"，子曰："民无信不立。"如果一个国家失信于百姓，就必然失去民心；只有对老百姓信守承诺，才能够树立起国家的"威信"。孔子将诚信摆到了关乎国家兴衰的重要位置，《纲要》将诚实守信列为社会主义职业道德的一项基本内容，真可谓顺应天意，合乎民心。

诚实就是忠诚老实，要做到不自欺、不欺人。对自己，要光明磊落，坚守"勿以善小而不为，勿以恶小而为之"的本心；对他人，要开诚布公，不为不可告人的目的而欺瞒别人。简而言之，诚实就是要做到表里如一，说老实话，办老实事，做老实人。守信就是讲信用，讲信誉，信守承诺，忠实于自己承担的义务，答应了别人的事一定要去做。诚实和守信是密切联系的，诚实是守信的思想基础，守信是诚实的外在表现。"诚实守信"对人与人之间正常交往、社会生活能够稳定、经济秩序得以保持和发展起到了重要作用。如果人与人都缺乏诚信，人与人之间的交往将难以进行，整个社会就会陷入混乱之中。

(三) 办事公道

办事公道是指对人对事的一种态度,也是千百年来一直为人称道的一种职业道德。它要求人们在待人处世方面做到公正、公平。做到公正、公平不应该从个人角度出发,应该以大众为基础,因为从个人角度出发难以维持公正、公平。同时,公正、公平中也应该做到一视同仁,人人生而平等。

(四) 服务群众

服务群众即为人民服务。在社会生活中,每一个人都是被服务的对象,每一个人又都需要为他人服务。服务群众作为职业道德的一种基本规范,不仅是对党和国家机关干部、公务员提出的要求,也是对社会上所有从业者提出的要求。

在社会主义现代化建设的大背景下,要真正做到为人民群众服务,首先要始终把人民群众的根本利益放在首位,时刻把群众放心中;其次需要对人民群众的人格以及尊严给予充分的尊重;再次,尽己所能为群众提供方便。

(五) 奉献社会

奉献精神就是人们不管从事什么工作,都不仅仅是为了个人和家庭,而是为了有助于他人、有助于社会和国家。正因如此,社会主义职业道德的本质特征也就是奉献社会。在私有制社会里,统治阶级的利益和广大人民的利益是相互对立的。尽管统治阶级也提倡职业道德,但其出发点和最终目的却不是为了广大人民群众,而是为了少数剥削阶级的私利。社会主义的基本经济制度是以公有制为主体的,人民当家作主。所以,社会上所有从业者必须把奉献社会作为自己最重要的道德规范和根本的职业目的。

四、家庭美德的主要规范

家庭美德属于家庭道德素养的范畴,涵盖了夫妻、长幼、邻里之间的关系,是指家庭成员在处理家庭事务、维护和谐家庭、邻里关系时应当遵循的道德规范,也是评价人们在恋爱、婚姻、家庭、邻里之间交往中的行为是非、善恶的标准,其主要内容包括尊老爱幼、男女平等、夫妻和睦、勤俭持家、邻里团结等。①

（一）尊老爱幼

尊老爱幼是中华民族传统的家庭美德，也是社会主义家庭美德的重要规范。

（二）男女平等

坚持男女平等的美德，是指既要反对"大男子主义"，也不赞同"夫人专政"或"妻管严"。

（三）夫妻和睦

平等对待，相敬如宾，是夫妻和睦的关键，也是建立美满幸福家庭生活的关键。

（四）勤俭持家

勤俭持家是我国传统道德中传播最久的美德之一，我们提倡婚丧嫁娶要从简，并不是淡漠人情，违背道德良心，而是弘扬淳朴、善良、勤俭节约、艰苦奋斗的美德。

（五）邻里团结

搞好邻里团结重要的是互相尊重。邻里之间应该以礼相待、互谅、互让、互帮、互助，团结友爱。②

第二节　大学生基本行为规范的要求

礼仪，是中华古代文化的精髓。作为人才聚集场所的高等院校，是建设社会主义精神文明的阵地，更应该成为讲文明、懂礼仪的楷模。通过大学生基本行为规范的制定，不仅有助于形成良好的风气，而且有利于培养大学生的优良品德。

本节参考了部分高校大学生行为规范的具体要求和规定，在此基础上进行了分类和整理。

---

①夏亮.试论道德模范典型教育在思想政治教育中的运用.科教导刊（上旬刊），2013.12.05.

②曲滨，刘瑶.重视伦理道德修养 提升市民幸福指数.廊坊师范学院学报（社会科学版），2011.10.15.

一、大学生校园行为规范

（一）室外行为规范

1. 学生平时要做到仪表整洁、举止有礼。见到老师时，应主动问好，如"老师好""您好"，并行礼。每日初次见到同学时，也要以礼相待，互相打招呼问好。

2. 走路时，要注意行走姿势，并遵循安全行走规则。遇到老师，应让老师先行。遇到年老体弱的教师主动上前帮助做较重的体力劳动。

3. 要爱护公共财物，爱护学校的花草树木，不随意折花，不踩踏草坪，自觉维护校园绿化、美化、香化、净化。

4. 过健康的业余文化生活，不得通过任何途径介绍、买借、传阅带有反动和淫秽内容的书籍、刊物、图片、音像制品等。遵循有关规定，使用校园网络文明上网。

5. 保持校内环境的安静，举行文体活动时避开宿舍区、教研区和办公区，以免影响师生的工作、学习和休息。宿舍及教学场所，不得在午休、晚自习和上课时间举办舞会。

6. 要珍视爱护学校荣誉，有损学校荣誉的事不去做。在校期间要爱护已毕业校友留下的纪念标志，毕业离校时，要为母校留下珍贵的纪念。

（二）教学场所行为规范

1. 学生应在上课铃响之前进入教室，做好课前准备，保持教室安静，等待老师前来上课。迟到时，应在教室门口向老师行礼，轻声报告，得到上课老师允许后方可进入教室。上课教师宣布开始上课，全体同学起立，行礼问好。

2. 上课时专心听讲，不做与课程学习无关的事，对课堂内容产生疑惑时，不得随意打断老师的讲授过程，可先记录有关疑点，待老师讲授告一段落后，再举手提问，亦可等待在课后或辅导课时向老师请教。

3. 上课期间应保持仪容整洁，衣着大方，天气炎热时，不得穿背心、三角裤头、拖鞋等过于暴露的衣物进入教室，衣冠不整者不得进入教室。

4. 倍加爱护教室内教具、设备、墙壁、门窗等物品，不得轻易挪动或污染损害。爱护教室里的照明设备，离开教室时应随手关灯，做到节约用电。保持教室内外干净整洁，做到不随地吐痰，不乱扔果皮、纸屑等杂物。

5.上下课期间走动，移动桌椅时要做到动作轻柔，避免发出嘈杂声，影响其他班级学习。

6.进办公室应先敲门或打招呼，获得老师允许后方可入内。办公室内办公桌上的东西不得随意翻阅。如有翻看有关书刊的需要，应先获得老师或办公室相关工作人员的同意。

（三）图书馆行为规范

1.图书馆开放期间，有秩序地进馆，天气炎热时不得穿背心、三角裤头等过于暴露的衣物，衣冠不整者不得进阅览室，如果皮鞋底硬或钉有铁掌，脚步声要尽量放轻，以免影响他人。

2.借阅时，不要乱翻乱扔图书，阅后放回原有位置。

3.不替他人代占座位，也不要强占暂时离开的读者的座位。取阅完阅览室里的书刊后应及时将书籍插回原处，一人不可同时占用多本杂志，以免影响其他同学借阅。

4.取阅的书刊时，不得在上面随意涂鸦、乱写乱画，更不得拆撕毁坏图书杂志。

（四）会场行为规范

1.参加会议要准时，不得迟到早退或无故缺席。

2.遵守会场纪律，自觉维护会场秩序，服从会议统一指挥。会议过程中，要尊重讲话人、报告人的劳动成果，不做与会议内容无关的事情。

3.会议期间爱护公共设施。避免食用带果壳的食物，不随地乱吐乱扔，保持会场干净卫生。

4.因故迟到或中途出场时，要放轻动作，不弄响座椅，避免发出嘈杂声以影响他人。

5.会议结束后，按秩序有规律的离开会场，不要争抢、推搡、拥挤，避免造成混乱局面和意外事故的发生。

（五）运动场行为规范

1.参观比赛期间，要遵守有关运动规则。

2.文明观赛，自觉遵守运动规则并维护运动场内的秩序。在观看球赛或其他比赛时,要尊重场内裁判和工作人员,为比赛双方的精彩表现加油鼓劲,不要鼓倒掌、喝倒彩。

(六)就餐行为规范

1.遵守食堂就餐时间,按规定时间到食堂就餐,取餐时自觉排队,不插队和拥挤。

2.注意就餐时的仪表,不得将脚跷在凳子上。保持食堂清洁卫生,爱护食堂公物,不在桌凳上乱涂乱划。要爱惜粮食,剩菜剩饭不得随便乱倒,须倒入泔水桶。不要私自将饭菜端回宿舍食用。

3.尊重老师,不到教工餐厅用餐,不在教工窗口排队。

4.尊重餐厅工作人员的努力劳动,平时遇见餐厅工人要热情地打招呼,遵守食堂有关规定,配合和协助工人师傅搞好食堂工作。

(七)宿舍行为规范

1.自觉遵守宿舍管理的各项规章制度,服从有关人员管理,检查时做到主动配合。遇到停水停电等突发状况时要保持镇静,及时向学生干部或管理、值班人员反映或了解情况,解决问题,期间严禁起哄闹事,谨防发生意外。

2.加强团结宿舍内成员,做到互相关心、爱护,互相帮助,与相邻宿舍的同学交往时做到互相尊重、友好友爱。

3.按时起床,按时就寝,严格遵循作息制度,晚间迟归的人员要主动进行登记。在寝室自习或别人休息时,做到动作轻柔,不得在宿舍区喧闹,打电话时控制通话时间和音量,降低录音机、收音机等设备的音量,严禁偷听敌台,严禁看"黄"。

4.宿舍内谈话时注意语言美,不口出脏话、粗话,易燃、易爆物品严禁带回宿舍,不得私自留宿他人。宿舍内严禁明火,不得烧酒精炉、煤油炉、点蜡烛,严禁使用电炉、电烙铁等电热设备,严禁私接电源。不得抽烟、酗酒。

5.增强自我防范意识,防火防盗。提高警惕,休息或离开寝室时要关锁好门、窗,发现玻璃损坏要及时报修。发现可疑人员要立即上前询问、报告,以保证宿舍治安安全。

6.注意公共区域和宿舍的卫生,起床后要及时整理好床铺,注意床上干净清洁，鞋子在床下码放整齐。不要随地乱吐，随地小便，不乱抛果皮纸屑等废弃物，更不得将生活垃圾随意倒在洗漱池里、室内外、公共通道里，垃圾一律倒入垃圾篓。保持宿舍打扫卫生的值日工作。

二、大学生网络行为规范

1. 遵守宪法的基本原则和相关法律法规的要求，不散播谣言，不浏览、发布不良信息。

2. 遵守网络道德规范，弘扬民族优秀文化，交流时做到诚实友好，不侮辱、欺诈和诋毁他人，维护他人的合法权利。

3. 自觉维护公共信息安全，自觉维护网络秩序和公共网络安全，不制作、散播计算机病毒，不非法入侵计算机信息系统。

4. 正确运用网络资源，利用网络学习，不沉溺于虚拟时空浪费时间，不在网上进行色情活动，保持身心健康。

5. 有足够的自我保护意识，个人资料不随意在网上公开，不随意约见网友，杜绝无益身心健康的网络活动。

第三节　工科大学生加强公民基本道德的途径

高校是社会主义精神文明建设和宣传的重要场所。当代大学生普遍具有较高的科学文化素质，也应该承担起践行以及维护和宣传社会道德的重要责任。公民基本道德在人们的日常公共生活实践中发挥着重要的作用。大学生不管是现在还是未来都是社会公民的重要组成部分，因此，培养大学生的社会道德意识，积极践行和传播公民基本道德，对社会发展进步具有重要意义。

一、善行是道德的文明之窗

在我们日常生活中就有那么一群人，对世间万物心怀善意，言行豁达，以助人为乐不求索取，不计回报，一直默默无闻地工作，为城市建设打开了一扇文明之窗。

一个人的善行也许不能造福万物，倘若社会的每一个人日行一善，在这无穷力量的推动下，将会给社会很大的贡献。这不仅会让个人在道德层面得到满足感，更重要的是这种善心会传递，从而带动更多的人向善行善，人与人之间相互关爱，这样社会就会更温暖。对大学生来说，与同学和睦相处，互助互爱，不仅能收获珍贵的同学友情，同时对建设和谐校园和和谐社会都具有重要的意义。

二、践行是道德建设的基石

随着社会的不断发展，文明的不断前进，道德作为现在文明的基石作用就愈发重要。自觉遵守法律法规，履行文明公约，不仅是道德方面的要求，同时也是做好现代文明人的基本要求。

当代大学生应该在积极参与各种社会活动的实践过程中培养社会道德意识和责任意识。大学生了解社会和拓展实际工作能力的一个重要途径就是参加志愿者服务等公益事业和社会实践活动，这些对提升大学生的社会责任感有很大的作用。大学生培养社会道德意识的实践活动的具体方式包括参加社会道德的宣传活动、普及社会道德规范、传播文明新风，也包括结合自身的专业特点服务社会、回报社会的相关活动。参与社会道德实践活动对大学生来说既是一种学习，也能从实践中体会到某种具体言行是否符合社会道德规范，并在实践活动中不断提高自身的社会公德素养，从而带动他人，影响社会。

三、奉献是孕育道德之花

奉献是职业道德中的至高境界，同时也是做人的至高境界。例如田间耕作的农民，工地忙碌的民工，医院救死扶伤的医生，学校传授知识的教师，他们在不同的岗位，践行着不同的价值，正是这些不同的价值取向凝聚成了社会发展的一种力量。在校大学生应该提前了解奉献意识和奉献精神，为以后踏入工作岗位做好良好的铺垫。

四、明礼知耻是筑牢道德的防线

我们在现实生活中会经常见到一些人不讲规矩，比如乱扔垃圾、违反纪律、无礼无知等违背自身基本素养的现象，因此，大学生首先要有知耻之心。知耻之心能使人在内心深处建立起善恶、是非、美丑的标准,并在此基础上形成良好的道德品质;并能对自己的错误行为感到羞辱,从而使人改过自新,自觉地履行社会义务,不做有损社会公德和个人人格的事情。

第二篇　人文素养篇

文化是一个国家、一个民族的灵魂。文化兴国运兴，文化强民族强。没有高度的文化自信，没有文化的繁荣兴盛，就没有中华民族伟大复兴。

——习近平2017年10月18日《在中国共产党第十九次全国代表大会上的报告》

新时代高校大学生应具备的人文素养，主要指一个人成为"人"和"人才"的内在精神品格，也就是一个人的文化素质和人文知识的系统内化。新时代高校大学生是国家未来的主人，他们的人文素养水平关乎国家的价值取向和民族的精神塑造，同时，良好的人文素养有利于形成健康的心理和健全的人格。

人文素养在内容上十分庞杂，很难明确其具体内容。本篇主要从中国优秀传统文化、革命文化和中国特色社会主义先进文化三个方面指导工科大学生在人文素养层面有效提升。习近平总书记在党的十九大报告中指出："中国特色社会主义文化，源自于中华民族五千多年文明历史所孕育的中华优秀传统文化，熔铸于党领导人民在革命、建设、改革中创造的革命文化和社会主义先进文化，植根于中国特色社会主义伟大实践。"[1]

工科大学生作为未来我们党和国家特色社会主义事业建设的中坚力量，对于有效提升我国在世界上的核心竞争力和中国特色社会主义现代化建设的实现有着重要的作用。随着经济社会的深入发展，人文社会环境的巨大变化，人文与科技相结合的素质教育已经成为当今人才的实际需求。因此，要想改善目前工科大学生人文素养偏低的现实问题，需要从根本上转变教育理念，完善工科大学生的知识结构和人格修养。

---

[1]张大帅.工科大学生人文素养提升的思考.戏剧之家，2017.07.08.

第四章 中国优秀传统文化

中国优秀传统文化源远流长、博大精深，包含了中华民族宝贵的精神品格，培育了中华民族崇高的价值追求，是保障中华民族生生不息、薪火相传的精神力量，是实现中华民族伟大复兴中国梦的强大精神动力。中国优秀传统文化是习近平总书记十八大以来治国理念的重要来源。习近平多次强调中华传统文化的历史影响和重要意义，赋予其新的时代内涵。

新时代大学生是中国特色社会主义事业的建设者和接班人，是最终实现中华民族伟大复兴中国梦的中流砥柱。当代大学生对中国优秀传统文化的学习和领悟，在优秀传统文化的传承与发展过程中发挥着重要的作用，关系到中华民族伟大复兴中国梦的顺利推进和国家文化传承。因此，提高大学生的中国优秀传统文化素养，有利于提高整个中华民族的价值自信和文化自信，有利于提高国家文化软实力，为实现中华民族伟大复兴和中国梦提供强大的精神支柱。

第一节 中国优秀传统文化的内涵

传统文化是一个民族的历史记录与精神家园，也是该民族创造新文化的前提条件。传统文化历经千年变迁，形成了思想上的大智、伦理上的大善、艺术上的大美、科学上的大真，源远流长、博大精深。中国——作为传承至今的四大文明古国之一，其中华民族传统文化更是有着雄厚的底蕴，在数千年的历史实践中不断地产生、发展和完善，逐渐形成被广泛认同、信仰和推崇的道德风貌、价值取向、思维方式、心理状态、审美情趣等较为稳定的民族精神特征，但同时中国传统文化具有一定的双面性，其中不仅仅包括对现今具有极大积极推动、内涵感化的中国优秀传统文化，还存在着封建俗化、家长主义等腐朽文化。在传承过程中，我们需要时刻谨记"取其精华，去其糟粕"，"推陈出新，革故鼎新"

这十六字箴言。

中国传统文化博大精深，内涵丰富，至于如何界定中国传统文化，学界和党中央文件也无法给出相同的观点。例如：金涛在《中国传统文化新编》中对中国传统文化的界定是，中国传统文化是指"中华民族在长期历史发展过程中形成和发展起来的、具有相对稳定形态的，至今仍对中国人具有重要影响力的文化"[①]；而教育部印发的《完善中华优秀传统文化教育指导纲要》[②]中对中国优秀传统文化的进一步界定是："中华优秀传统文化是中华民族语言习惯、文化传统、思想观念、情感认同的集中体现，凝聚着中华民族普遍认同和广泛接受的道德规范、思想品格和价值取向，具有极为丰富的思想内涵"[③]。如今，我们可以从几个方面完整认识中国优秀传统文化：首先，中国优秀传统文化本身具有厚重的历史感，兼容并蓄、博大精深，承载着中华民族源远流长的民族记忆；其次，中国优秀传统文化是一脉相承发展而来，通过不断继承与创新演变积累形成的；最后，中国优秀传统文化对民族的影响是深远持久的，始终发挥着以文化人的作用，对民族性格的形成和民族情感的涵养有着独特的价值，这种影响持续至今，在当下，对中华民族的发展仍具有不可替代的作用和无法估量的价值。

中国优秀传统文化是中国传统文化中的精髓部分，是中国传统文化中"闪光"的部分，亦是我们今天需要不断传承和创新的内容。中国优秀传统文化内容深厚，包罗万象，"包括爱国主义传统、自强不息及厚德载物传统、民本主义传统以及向往和谐的传统等"[④]以及"'天人合一''以人为本''刚健自强''以和为贵'[⑤]"等等。张岱年先生曾说"文化的基本精神必须具有两个特点：一是具有广泛的影响，为大多数人民所接受领会，对于广大人民起了熏陶作用。二是具有进步、促进发展的积极作用"[⑥]。

[①] 金涛.中国传统文化新编[M].杭州：浙江人民出版社，2005.
[②] 新华网.教育部印发《完善中华优秀传统文化教育指导纲要》
[③] 杨瑞森.弘扬中华民族优秀传统四题——学习习近平同志关于弘扬中华优秀传统文化重要论述的几点体会[J].思想理论教育导刊，2014，（10）.
[④] 金涛.中国传统文化新编[M].杭州：浙江人民出版社，2005.
[⑤] 张岱年.论中国文化的基本精神.（论文）
[⑥] 张岱年.论中国文化的基本精神.（论文）

在此看来，这两点同样适用于中国优秀传统文化的基本特点。中国优秀传统文化的意义深远，无论对国家和民族的繁荣昌盛，还是对个人的成长都具有积极的导向作用，从内在的推动力以及外在的发展性，均为现在社会带来无限的推动与发展的内在本源。但是，中国的传统文化源于封建社会，不可避免地存在一些封建糟粕，包括"男尊女卑""三从四德"思想等。经过历史碾压，这些文化依然具有一定的消极影响作用，墨守成规，不合乎规律，忽视创新与发展，束缚人民思想，限制了人们的行为，对社会的正常发展具有阻碍作用。

中国优秀的传统文化，是中国传统文化的精华，是中国传统文化的精神支撑，是中国传统文化的勇气所在，是思想文化的主体，体现着民族精神的力量。中国文化的发展和继承依靠中国传统文化，仍然有着合理的价值，拥有积极的推动社会进步和民族发展作用。总之，有着优秀中国传统文化的中华民族，在漫长的历史发展过程中始终发挥着积极的作用，拥有重要的文化价值。作为新时代工科大学生，我们要强化辨别意识，提高辩证思维、分析思维，以及独立思考的能力，提高应对本领，争做新时代优秀传统文化的守卫者与传承者。

第二节　中国优秀传统文化的精髓

中国优秀传统文化，历史悠久、博大精深、源远流长，这是我们民族的骄傲和财富。只有把握中国优秀传统文化的精髓，才能把握中国传统文化的真貌。人文历史、文学艺术、民俗文化等，它们都是中国优秀传统文化现代化的宝贵资源。

一、人文历史

中国优秀传统文化博大精深，人文历史之中纷繁复杂，各大思想体系应时而生。在历史发展之中，百家争鸣层出不穷，但是对于现今的思想文化熏陶，道德意识深层影响当属儒释道三家，侧重礼教道德的儒家文化，侧重因果轮回的佛教，侧重养生调息的道教，三家文化相互包容，相互吸收，促进了中国历史道路的传承与创新，带给人民潜移默化的深刻影响。因此,对于中国优秀传统文化的人文历史方面主要讲述儒家文化、佛家文化以及道家文化。

（一）儒家文化

在礼崩乐坏的春秋战国时期,社会动荡、文化结构以及当时民间生活矛盾迭出,面临调整。当时学士们聚集研讨,儒家学派主张克己复礼、天下归仁,具备较强的道德准则,在众多学派中新颖而出。经过历史的洗刷以及儒家学派后生大师的丰富与完善,逐渐形成了完整的儒家文化。儒家思想以孔子为先师；以《周易》《尚书》《诗经》《礼记》《左传》等书为经典；在思想上形成了仁与礼的一种张力结构；由内圣而外王,通过内体心性成就外王事功之学；注重人与人之间伦理关系,并将之运用到政治实践中。孔老夫子将自己的文化主张传递给君主,"复礼"为主体,将治国理政的理念目的定义为治国安邦。在基础的个人修养上,孝悌忠信仁义礼仪廉耻等涵养,进而促进国家治理。

儒家经典主要有儒学十三经。儒家有六经:《诗经》《尚书》《仪礼》《乐经》《周易》《春秋》,秦始皇"焚书坑儒",据说经秦火一炬,《乐经》从此失传；东汉在此基础上加上《论语》《孝经》,共七经；唐时加上《周礼》《礼记》《春秋公羊传》《春秋谷梁传》《尔雅》,共十二经；宋时加《孟子》,后有宋刻《十三经注疏》传世。

儒家的思想文化,不仅是道德的哲学,教育的哲学,生活的哲学,也是政治的哲学。重要的体现就是"仁政"主张和民本思想,主张"轻刑薄税""听政于国人""与民同乐"等。众所周知,"和"是儒家的重要思想文化的精髓,"和"不仅是一种政治手段,还是一种政治目的。儒家理想中和谐、团结、和平的社会,这与时下建设和谐社会很有相似之处,其"大同思想"及"和"的主张,也是儒家文化走向世界的一个重要因素。

儒家学说在中国文化史上占有重要地位。经两千多年封建社会的发展,儒家文化的地位得以加强和巩固,"罢黜百家,独尊儒术"的提出,为儒家形成大一统的思想格局打下了牢固的基础。儒家经典不仅是思想统治工具,同时也是中国封建文化的主体,保存了丰富的民族文化遗产。随着时代发展,儒家文化不断被拓展、被丰富,与社会的契合度也得到了不断提升，仁义礼仪、尊卑等观念对封建社会的百姓以及现代人民均产生较深影响。

(二) 佛家文化

中国传统文化博大精深，荟萃经典，其中有一个重要的组成部分——中国佛家文化，即佛教文化。在长期的发展过程中，它和儒家、道家等一起构成了足以支撑国民精神的稳定的信仰体系，渗透于中国国民社会生活的各个方面。在中国文化史上，虽先秦出现诸子百家盛景，但汉魏以来最为活跃的主要是儒、释、道三家。其中，只有佛教属于外来文化，它在流入中国的千年里和中国已有的传统文化水乳交融，以其丰厚的思想义理深深影响着国人，与源自中国的儒道二教呈鼎立之势，成为中国文化的重要组成部分。

佛教于汉朝正式传入中国，由于佛教的宗教文化与中国当时的东方文化吻合，魏晋南北朝时期逐渐在民间传来。在唐朝，玄奘大师，即我国四大名著之《西游记》中的唐僧，前往印度留学学习吸收佛教的文化经典，其后被唐太宗重视，促使佛教在当时再次广泛传播，直至现今。佛家文化的主要内容可大致分为两大方面：一是关于因果与修行的理论方面，这是佛家文化的实践、宗教、道德说教的综述。二是关于生命和宇宙的真相方面，这是佛家文化的理论方面、哲学方面、辩证思维方面综述。在佛家文化中，因果律占有主导地位。一切事物皆由因果法则支配之，有因必有果，有果必有因，即常说的"已作不失，未作不得"，"众生重果，菩萨重因。"《地藏轮经》云："拔无因果，断灭善根"。若否认这种因果之理的存在，则称"拔无因果"。佛教认为，众生的行为能引生异时之因果，善之业因必有善之果报，恶之业因必有恶之果报，即称善因善果、恶因恶果。这种因果之理，俨然不乱，称为因果业报。若从实践修行上论因果关系，则由修行之因能招感成佛之果。《因果经》云："欲知过去因者，见其现在果；欲知未来果者，见其现在因"。要指出的是，佛教虽然强调因果法则是普遍的宇宙规律，但并不承认宿命论。佛教在肯定业力的同时，也充分强调心力的作用。认为心能造业，心也能转业，业力与心力是相互作用的。《优婆塞戒经·业品》云："遇善知识，修道修善，是人能转后世重罪现世轻受"。

佛教文化在我们现在的社会生活中更偏向于宗教文化。正确认识理解佛教理念不仅使我们对中国传统文化有全面深入的了解，而且帮助我们从另一个视角认识生命真相，明白宇宙规律之中的因果法则，将现实生活的快节奏理清，业力与心力互相交织，一定程度上能够解决问题，净化心灵，陶冶情操。

（三）道家文化

道家文化，也是我国传统文化中的重要支柱之一。鲁迅先生曾经说过："中国根砥全在道教"。[1]这是指道家文化是后来演变成中国文化的雄厚根基。英国科技史专家李约瑟博士说："中国人的特性中，很多最引人的地方，都是来自道家传统，中国如果没有道家，就像大树没有根一样"。[2]这些内容均反映了道家文化对中国文化传统的发展意义以及它的本身现代价值。道家文化的地位、历史贡献以及在当今社会主义现代化建设中的探究，以求教于宇内方家。

道家文化和儒家文化一样，具有悠久的历史与传统。它们的思想学说都起源于春秋战国学术下私人之际，即《汉志》所云："皆起于王道既微，诸侯力政，时君世主，好恶殊方，是以九家之术，蜂出并作，各引一端，崇其所善，以此驰说，取合诸侯"。[3]其中所谓"九家之术"，即包括儒、道两家在内。儒家归本于伦理，道家归本于自然，皆自成体系，独立为家。它们相互斗争，相互吸收，在两千多年的历史长河中，始终都占有重要的位置。

道家的艺术哲学和审美情趣，为文艺创作开辟了新的境界，为文学带来了新的繁荣，留下了不朽的作品。楚辞所表现的浪漫主义的艺术手法和欲为而不可为的忧伤悲愤的思想内容，成为一个时代的文学标志和后世景仰模拟的对象，后来唐诗中的王（维）、孟（浩然）、韦（应物）、柳（宗元）把道家的"幽人空山"，"明漪绝底"，"神

---

[1]余明光,谭建辉.道家文化的现代意义.湘潭大学学报(哲学社会科学版),1997.06.30.

[2]余明光,谭建辉.道家文化的现代意义.湘潭大学学报(哲学社会科学版),1997.06.30.

[3]余明光,谭建辉.道家文化的现代意义.湘潭大学学报(哲学社会科学版),1997.06.30.

出古异，淡不可收"的阴柔美发展到一个新高峰，成为唐诗中的佼佼者。同样，在绘画和音乐上，我们看到道家那种寄予离奇的幻境和超尘脱俗的飞升，表现出对人生的超脱。如举世瞩目的楚国帛画，它所表现的那种人兽合一，人神合一，如醉如狂的炽热虔诚的生命赞歌，那种狂放的意绪和无羁的想象，没有丝毫的儒家伦理道德观念的束缚，那种无拘无束的道家思想在艺术上得到了充分的表现。时至今日，画坛仍然倡导静美的理论和风格，主张"清在神、秀在骨、妍在质、淡在味、适在韵、灵在境"的"冲和淡远"。可见这一优秀的文化传统，一直为后世所沿用。

（四）其他文化

中华传统文化是以老子道德文化为本体，以儒家、庄子、墨子的思想等多元文化融通和谐包容的实体系。此外，还包括伊斯兰教、天主教、基督教，兼有少数其他宗教和多种民间信仰。中华传统文化还包含思想、文字、语言，之后是六艺，也就是礼、乐、射、御、书、数，之后是生活富足之后衍生出来的书法、音乐、武术、曲艺、棋类、节日、民俗等。中国还具有自身特色的传统节日（均按农历），例如，正月初一春节、正月十五元宵节、四月五日清明节、八月十五中秋节、腊月三十除夕以及各种民俗活动等，包括传统历法在内的中国古代自然科学以及生活在中国的各地区、各少数民族的传统文化也是中华传统文化的组成部分。

传统文化是我们生活中息息相关的，融入生活的，我们享受它而不自知的东西，传统文化在中国历经千百年的风雨，儒家思想、佛家思想、道家思想一起，汇聚经典，开创先河，共同为中国传统思想文化史谱写了瑰丽篇章。

二、文学艺术

文化是一个国家、一个民族的灵魂。文化兴国运兴，文化强民族强。文学艺术是文化的重要组成部分，进步的文学艺术，对教育人、改造人、推动历史前进起着重要作用。一定社会历史阶段文学艺术的发展状况，是该时代精神文明发展水平的标志之一。

（一）文学的体现

中国文学源远流长，其起源的年代已无法确定。中国传统文学主要指从公元前11世纪，即中国第一部诗歌总集《诗经》中最早的诗篇出现起，直至1919年"五四"新文化运动以前的中国古代（含近代）文学。在我国特有的思想文化背景下，传统文学在数千年的发展中，形成了具有民族特色的思想传统和艺术传统。

1."风""骚"与现实主义、浪漫主义传统

在中国文学史上，人们常常将"风"与"骚"并称。"风"指《诗经》中的《国风》，"骚"指《楚辞》中的《离骚》。《诗经》与《楚辞》各以其卓越的思想、艺术成就，显著文笔和鲜明的特色成为我国传统文学现实主义与浪漫主义的典范，影响深远。

汉代，首先继承屈"骚"传统的是贾谊。汉末建安时代曹植的创作浪漫主义倾向突出。曹魏正始时代阮籍的《咏怀诗》、西晋左思的《咏史》、六朝鲍照的《拟行路难》、北朝民歌《木兰诗》、南朝民歌《神弦曲》都是有名的浪漫主义作品。唐代许多诗人都能自觉地继承屈原的传统，盛唐浪漫主义诗人李白"笔落惊风雨，诗成泣鬼神"[1]，是屈原之后浪漫主义诗歌创作的突出代表。中唐的李贺，杜牧《李贺集序》称之为"'骚'之苗裔"[2]。宋代的苏轼、辛弃疾的豪放词，或高旷清雄，或雄奇悲壮，对浪漫主义各有发展。元、明、清时期，浪漫主义主要体现于戏剧、小说，尤其是吴承恩《西游记》神魔世界的幻想和蒲松龄《聊斋志异》花妖狐魅的奇思，代表了浪漫主义文学发展的新阶段。

2."诗言志""诗缘情"与重表现、重抒情的传统

与西方文学重"再现"相比，中国传统文学具有明显地重"表现"的特征。"诗言志"说最早出现于《尚书·尧典》，朱自清《诗言志辨·序》认为这是中国文论的"开山的纲领"[3]。先秦时期，"志"的内涵一般指政治上的理想抱负，但战国中期以后，"志"的含义已经有所泛化，思想、意愿与感情等，均可用"志"来包括。儒家诗论中，特别注重

---

[1] 杨伦.杜诗镜铨[M].上海：上海古籍出版社，1980.
[2] 郭绍虞，等.中国历代文论选：第2册[C].上海：上海古籍出版社，1979.
[3] 朱自清.诗言志辨[M].桂林：广西师范大学出版社，2004.

"言志",并与政治教化相结合,如《荀子·儒效》说:"《诗》言是,其志也。"[1]汉儒《毛诗序》讲:"诗者,志之所之也,在心为志,发言为诗。"[2]"诗缘情"于晋朝开始,抛开了儒家中诗歌具有的政教作用,只强调诗歌的审美特征。追求诗歌的情感表述,讲求诗歌具有的美好意义,这是文学独立性的表现。"诗缘情"使诗歌的抒怀不受"止乎礼节"约束的重要作用,诗因情而产生的提出是中国诗学的重要理论之一。

"诗言志""诗缘情"之说,既反映了中国诗歌创作的实际,又促进了中国传统文学重"表现"、重"抒情"的总体特征的形成,促进中国文学不断发展与变化。

3. 文学形象创造的"形神兼备"传统

"形神兼备",即精确描绘外在的形貌和充分展现内在的精神,这是中国传统文学艺术形象创造的独特原则。历史上较早谈论形神问题的是庄子,他所说的形、神是指事物的精神实质和表现形式。在庄子看来,一个人其形体是存是灭、是美是丑,都无所谓,关键是其精神能否与道合一,达到自然无为,所以人应当做到"外其形骸",而不拘泥于物[3]。因此,文学的形神兼备思想促使我国传统艺术创造更加注重表现其作品的内涵,不在单纯描绘外形或自我内心想法。

4. 文学形式的多样性传统

现代文学理论将文学体裁大致分为四类,即诗歌、散文、小说与戏剧。中国传统文学体裁的多样性,不仅表现在四类体裁俱全,并都蔚为壮观,而且表现在各种体裁均形成具有中国特色的特征。

最早产生的文学样式是诗歌。从原始人的以二言为主的歌谣,到以《诗经》为代表的四言诗的出现,是中国诗歌的一大飞跃。《诗经》作为我国第一部诗歌总集,其回环复沓的结构形式、赋比兴的表现手法、和谐的诗歌韵律等,都对后世产生深刻影响。

散文的萌芽可追溯到殷商时代的甲骨文。我国最早的成篇散文保留

---

[1]郭绍虞,等.中国历代文论选:第1册[C].上海:上海古籍出版社,1979.
[2]郭绍虞,等.中国历代文论选:第1册[C].上海:上海古籍出版社,1979.
[3]曹础基.庄子浅注[M].北京:中华书局,1982.

在《尚书》（即《书经》）中，它的出现标志着我国散文的形成。春秋战国时代，伴随着百家争鸣，散文创作出现第一次高潮。这一时期的散文可大致分两类：一是以说理、议论为主的诸子散文；一是以描述历史人物、记述历史事件为主的历史散文。后代的散文虽体式繁多，但论说与记叙一直占据重要地位。汉代以后散文逐步骈化，出现了骈文。魏晋南北朝骈文占据文坛主体地位。其中，汉代出现的赋，是一种特殊的文体。从汉初的骚体赋，到汉大赋，再到东汉后期的小赋，乃至魏晋南北朝的骈赋，唐朝的律赋，宋朝的文赋等，赋这种文体形成了独特的演进过程。

小说虽可溯源于上古神话，而文学史家多以魏晋南北朝志怪、志人小说作为中国小说的开端。这时的小说正如鲁迅所说大多"粗陈梗概"[①]，简单记述。唐代传奇的出现标志着中国小说进入成熟阶段。唐传奇"篇幅曼长，记叙委曲"[②]，在人物描写、结构布局、情节安排等方面都有很高成就。

中国古代戏剧因素出现较早，而元杂剧则标志着古典戏曲的成熟。元杂剧的基本结构是四折一楔子，主要由曲词、宾白组成，形成了韵、散结合，结构完整的文学剧本，奠定了中国戏曲的基本模式。元末杂剧衰微而南戏逐渐定型，高明的《琵琶记》标志着南戏的成熟。明代南戏演化为传奇，成为明清时代的主要戏曲形式。

（二）艺术的体现

"文艺是时代前进的号角，最能代表一个时代的风貌，最能引领一个时代的风气。"中国当代艺术从1979年"星星画展"到1985年的"新潮美术运动"，从1989年的现代艺术大展到90年代艺术观念的多元化和艺术语言的日趋成熟，中国当代艺术从开始到今天已经走过30多年，经历了曲折的发展历程，今天，当代艺术借用中国传统的文化资源进一步彰显了"中国梦"的文化底蕴。

"在国内整个当代艺术生态中，通过对中国传统文化代表元素、符号以及美学精神的借用、转换进行当代艺术观念的再表达，似乎使当代艺术这种对'传统'的'重叙'已然成为一种艺术经验或方法论。事实上，

---

① 鲁迅. 鲁迅全集：第9卷[M]. 北京：人民文学出版社，1981：70.
② 鲁迅. 鲁迅全集：第9卷[M]. 北京：人民文学出版社，1981：70.

当代艺术对于传统文化的回归在某种程度上已成为一种发展趋势，在国内我们可以看到诸多当代艺术家对传统文化的发掘与转换，而放眼整个国际当代艺术圈，它也在悄悄地发生变化，出现了一种回归的趋势。[①]

蜂巢当代艺术中心馆长夏季风举例："比如故宫传统建筑，我们讨论的不仅是其物体本身，更多的是物体内部传统文化的延续。传统艺术中有很多优秀传统文化知识，如何运用到自身的创作，其实还是看艺术家本身的文化修养。"

在中国的传统文化中，文字与书法是中国文化得以传承的重要载体，而水墨和剪纸艺术是中国传统艺术的典型代表。这些传统的文化元素通过当代艺术家的借用转换成新的观念作品进入了我们的视野。

三、民俗文化

民俗文化虽然在外界看来最为草根，最为朴素，实则不然。民俗文化的内涵格外厚重，它是在历史之中的人民生活的瑰宝，依靠在最平实的生活之中。民俗文化主要从区分传统文化、民俗文化的种类、民俗文化的价值体现三大方面进行描述，共赏中国优秀传统文化之中的民俗文化。

（一）民俗文化与传统文化

民俗文化是传统文化的下位概念，它不仅仅是传统文化的重要组成部分，也还是传统文化的基础，是由劳动人民所创造并享有的大众文化，是一种植根于基层的文化。民俗文化是传统文化的奠基石，如果没有民俗文化，传统文化也就无从谈起了，更无法将二者进行明确的区分。传统文化是社会各阶级所创造出来的文化，包含上层阶级、中层阶级以及下层民众所创造的文化，而民俗文化则是社会中下层民众所创造出来的大众文化。大家所熟知的儒、道、释文化构成了我国传统文化的主干，然而作为传统文化组成部分的儒家、道家和佛教文化则又与民俗文化极为不同。传统文化中的各个部分与民俗文化之间既相互联系又存在一定差异，比如说，儒家思想不仅影响了各民族的民俗文化，而且也渗透于

---

①传统文化如何在当代艺术中体现？.搜狐网.搜狐文化.《网（http://www.sohu.com/a/215568860_100003101）》

各民族民俗文化之中，而各民族的民俗文化则又是儒家文化得以存在和发展的基础。民俗文化是镌刻着人类智慧光芒的"活化石"，也是我国部分传统文化外在的具体表现形式。

（二）民俗文化的分类

民俗文化是劳动人民所创造并享有的大众文化，是一种基层的文化事象，是镌刻着人类智慧光芒的"活化石"。民俗文化产生并传承于民间、是世代相袭的文化事项，是在普通人民（相对于官方）的生产生活过程中所形成的一系列物质的、精神的文化现象。有学者将中国的文化分成两类：一类是精英文化，也就是典籍文化，又被叫作父亲文化；另一类就是民俗文化，它是在生活里的，不坐正堂的文化，对人会产生内生性的影响力，具有基础性、广泛性的渗透和影响，又被叫作母亲文化。民俗文化如同血液一般，对一方人民的滋养具有潜在性。民俗文化大致包含六个层面：物质民俗文化、社会民俗文化、精神民俗文化、岁时民俗文化、礼仪民俗文化、语言民俗文化。

1. 物质民俗

物质民俗是指在人们的日常生活中可以直接感触到的产品。比如居住房屋、服饰装配、饮食习惯、生产民俗、交通民俗、工艺制作等文化。桃花源式的皖南"徽州古民居"、记载苗族文化变迁的"苗族衣饰"、名扬四海的"海南椰子宴"、独具古老的"黄河泗渡"、技艺精湛的"杭州织锦"、尽美尽善的"东阳木雕"、精美古朴的"山西面塑"、建造讲求的"北京皮影"以及河南朱仙镇的版画、开封的汴绣、开封的小吃等等都是物质民俗。这些物质民俗文化代表了浓郁的东方民族特色、寄托着人们的希望和理想、是人们追究幸福、向往美好生活的象征。物质民俗是文化遗产中的一部分，大部分是我们通常所讲到的物质文化遗产，但是像饮食、工艺等民俗同样是非物质文化遗产。

2. 社会民俗

社会民俗就是社会组织民间文化，是指与家族、社会集团有关的民间文化，是维系人与人之间相互关系的重要纽带，也是一种集体的行为方式。富有集体意识的"村落共同体"是典型的社会民间文化，如现如今存在于一些少数民族中的家族、行会、帮会等也是社会民俗的遗留之迹。

3. 精神民俗

精神民俗一般包含了民间信仰、民间巫术、民间哲学伦理道德。汇聚中华民族千年心血象征美好的"福禄寿"、藏传佛教信仰者心中的神日喀则"十世班禅灵塔"、极具系统性和整体性的"中国藏学"以及蕴涵中国哲学精髓的"永年太极拳"等都是我国的精神民俗。它不仅代表着中华民族的传统文化、蕴涵中华民族的哲学精髓、反映中国各族人民的精神信仰，而且也是规范人生的重要的依据。

4. 岁时民俗

岁时民俗是指一年之中，伴随着四季变换，在民众生活中逐渐演变而来的不同民俗习惯。如各族人民齐度的春节、元宵节、端午节、中秋节、清明节、重阳节等节日；以及不同民族的拥有自己独特的节日，譬如傣族泼水节，彝族火把节，蒙古族那达慕大会等。这些节日有些起源于对某件事物的纪念或者保护，有些起源于最初的农业习惯，是累积的农业文明带来的产物。深刻意识是对于自然规律的认识、尊敬以及纪念，是自然与人类和谐关系的体现，对我们现代生活依然具有认识意义。

5. 礼仪民俗

人生礼仪是每一个人在外界对其本身的角色以及地位的一种印象以及认同，是指每一个人在每一个年龄阶段的生活里经历的礼节，进而对人本身的个人魅力与人格规范的约束。因此个体生命的每一个阶段里均具有较为规范的社会化标志，比如诞生仪礼、成年礼、婚姻礼、葬礼等，无分他人自己。我国传统文化中的民俗文化具有独有的几种人生礼仪，例如独树一帜的"基诺族的成年礼"，烂漫温馨的"雪山下的婚礼"等等。

6. 语言民俗

语言民俗是在历史印记中代代相传的古人智慧经验的总结，它不仅是对民众生活习惯、感情经历、思想概况等美好记忆的传递，同时也为我国传统文学带来较大影响，例如民间俗语、神话、谜语、传说、故事、民歌等。这类民间俗话在我国古代尤为丰富，上有四大神话——"女娲补天""共工触山""羿日除害""嫦娥奔月"，下有四大传说——"牛郎织女""孟姜女哭长城""梁山伯与祝英台""白蛇传"，外加上中国具有各个民族特色的民间文学、风格迥异的民歌、深入浅出的谚语等。

在教育不发达的社会里,这种民间语言长期沿袭着比较纯粹的口语传统,很少受书面语的影响,更能反映我国人民的生活习惯。另外民间语言不仅本身是一种民俗,而且它还记载和传承着其他的民俗事象。

(三)民俗文化的价值体现

民俗文化凭借悠久的历史、深厚的内涵和特有的作用,在民间广为流传。民俗文化现象的当代价值是不可估量的,主要体现在文化、经济、社会等多个领域。

文化价值:文化的结构有两个层面,一是包括物质财富创造,分别有社会组织制度、政治制度、政治组织、类似的人际关系、规定性行为以及宗教组织和因宗教信仰形成的人际关系、风俗习惯的外显层面,二是主要由人的感情趋向和价值观念构成的内隐层面,这是文化的核心、深层,它决定着外显层面的变化,同时民俗文化的文化价值主要来源于内隐层面。

经济价值:市场经济被公认为是一种理性化、规范化和制度化的经济,社会文化观念、价值取向是市场经济产生和发展的精神条件。因此,我们需要把宝贵的文化资源挖掘出来,将民俗文化的经济价值展现出来。

社会价值:民俗文化作为一种文化形式,其内蕴并宣传的价值观念是反复演示、不断传播而且是集体遵从的,在一定程度上具有形成民族性格、塑造民族精神,维系民族团结、增强民族认同感等功能。通过价值的持续影响,可以提高人类生活质量以及民俗文化的本身价值。

总之,民俗文化孕育着基本的自然规律以及内涵规则,并不是散乱无规律的,同时也不是低俗无内涵的。民俗文化本身具有的六大民俗是相互联系,彼此共存,无法分割的整体,正伴随社会共同进步发展。

第三节 工科大学生提升
中国优秀传统文化素养的途径

"人的本质不是单个人所固有的抽象物,在其现实性上,它是一切社会关系的总和。"[1]在马克思看来,人是拥有能动性、自主性、社会性

---

[1]马恩选集第一卷.中共中央马克思恩格斯列宁斯大林著作编译局,1995:56.

等多种基本属性的活动主体。同时人具备的主体性相当于人在认识世界、改造世界过程中所表现出来的能动性、创造性和积极性，这对人的实践活动有重要的内在推动力和提升力。

在提高工科大学生中国传统文化素养的过程中，必须要关注的就是工科大学生的主体作用。中国传统文化素养的主体是当代机敏的工科大学生，他们必须灵活调动在工科学习之中的能动性、积极性和创造性，充分发挥自己的主体意识，提高自我涵养。工科大学生群体思想比较活跃，独立意识较强，科技方面自我想法较多，要想有效地提高工科大学生的传统文化素养，必须调动大学生的主观能动性，将传统文化素养提高的过程转化成工科大学生主动参与的过程，并将所学知识转化为实践和行动。

一、加深认知度

工科大学生群体整体上对传统文化的认知度是比较高的，但是仍然存在着不少的问题，比如在传统文化精华和糟粕的区分方面、认识的深度方面、对传统文化价值的把握等方面有失偏颇，对中国传统文化的感悟方面缺少一定主动性。对此，当代工科大学生必须首先提高对中国优秀传统文化的认知，准确分清，积极传承，进而提高自身的传统文化素养。

（一）深入理解中国传统文化的内容

中国传统文化博大精深、源远流长，工科大学生要想提高自身的传统文化素养，就必须全面了解中国传统文化的广博内容。中国传统文化不仅包括家国情怀、社会情谊，需要人担负"天下兴亡、匹夫有责"的责任，做到"仁爱共济，立己达人"，而且包含着人格修养、内涵提升等内容，希望人达成"正心笃志、崇德弘毅"。工科大学生应该注重提高自身了解和学习传统文化知识的主动性，自觉地在了解和接触中国优秀传统文化的过程中汲取其精髓，提高自身的知识储备和人文素养，以适应发展着的社会对全面素养人才的需要。

同时，取其精华，去其糟粕。工科大学生要提高自身区分传统文化之精华和糟粕的能力。中国传统文化的内容既有精华也有糟粕，而且随着时代的发展，许多内容已经过时。张岱年在谈到批判与继承传统文化时指出："文化传统具有两个方面的意义和作用，一方面它是一种精神财富，是继续前进的基础；一方面它是一种沉重的包袱，是前进的障碍"[①]。工科大学生在学习传统文化的过程中，要坚持科学精神，准确把握辩证思维、分析思维，应该正确区分传统文化中的精华与糟粕，看到不同的内容所承担的不同价值，不能一概而论。当代工科大学生的机敏程度自然无需多言，在本身分析问题的辩证思维上，需要进一步提高自身的辨证能力和准确"取其精华，去其糟粕"的自觉能力。

（二）充分认识中国传统文化的价值

培育当代工科大学生的中国传统文化素养，调动当代工科大学生的主观能动性，必须保证当代工科大学生群体能够全面科学地认识中国传统文化对中华民族、对工科大学生个体的重要价值。

站在国家和民族的高度，当代工科大学生要认识到中国传统文化对中华民族发展的重要意义，特别是目前中国传统文化对于凝聚社会主义核心价值观，实现中华民族伟大复兴的深刻意义。中国传统文化是中华民族几千年历史文明的凝结，其博大精深的文化内涵赋予中华民族深厚的文化底蕴，是凝聚民族共识、增强民族凝聚力的重要精神依托，是实现中华民族伟大复兴中国梦的文化支撑和精神之基。

从自身的角度来讲，工科大学生要认识到中国传统文化对自身素质的发展具有重要价值。当代工科大学生本身具有机敏的反应能力、思维灵活，善于研究问题的特点，但是，对于中国传统文化研究大部分不够充分。中国传统文化历来注重人的道德修养，强调人的修为，这能够涵养工科大学生的品性，具有广泛的"育人"的作用。《大学》里有"自天子以至于庶人，一是皆以修身为本。其本乱而末治者，否矣。其所厚者薄，而其所薄者厚，未之有也"[②]，强调修身的重要性；儒家"仁者，爱人""己所不欲，勿施于人""敬业乐群"等观念对于构建和谐的人际关系、实现人的价值具有积极的意义。

当代工科大学生只有在充分意识到中国传统文化对整个民族发展的

[①] 张岱年.中国文化的历史传统及其更新.张岱年哲学文选（上）[M].北京：中国广播出版社，1999.

[②] （战国）孟子等著.四书五经中华经典普及文库[M].上海：中华书局，2009.

价值以及对个人成长成才的价值,才能充分激发他们学习传统文化的积极性和热情,推动其传统文化的内化和文化素养的提高。

二、增强主动性

当代工科大学生在学习传统文化的过程中要充分认识到自身的主体地位和主体价值,积极发挥自身的主体能力。认识到自身肩负的历史使命,在提高自我科技素养的同时自觉提高自身的学习兴趣和对传统文化的热情,提高对传统文化内化的自觉,进行自我内涵的提升。

(一)培养学习中国传统文化的兴趣

所谓兴趣是最好的老师,只有学生对中国传统文化产生了兴趣,才能更好地驱动他们学习的动力,才会激发他们学习中国优秀传统文化的主动性和积极性。当代工科大学生想要提高自身的传统文化素养,必须充分发挥自身的积极性,提高自己对科技的敏锐能力,进而调动对传统文化的兴趣,提高自身的学习能力。

培养和调动当代大学生自主学习中国传统文化的兴趣。部分大学生难以直接进行深度学习,可以从自身感兴趣的传统文化出发,比如一些传统技艺,像书法、绘画、传统乐器等,既可以陶冶情操,又可以通过这些传统技艺的学习,感受中国传统文化的独特魅力。通过学习和感悟这些容易激发兴趣的传统文化内容,激发当代工科大学生更加全面深入地学习中国传统文化的愿望,拓展除却工科的第二方面,从而实现在学习过程中提高工科大学生中国传统文化素养的目的。

但是,对当代工科大学生传统文化素养的培育,不能仅仅局限于对传统技艺的学习。工科大学生应以传统技艺作为培养传统文化兴趣的起点,在此基础上,更加全面深刻地学习和接受中国传统文化,特别是感悟中国传统文化思想的丰富内涵,提高自身将传统文化思想内化为自己的传统文化素养以及外化为道德行为的积极性。

(二)提高传承中国传统文化使命感

当代大学生作为一个国家和民族的精英群体,在文化的传承中发挥着举足轻重的作用。工科大学生在大学生中占的比重较大,当代工科大学生应该自觉地承担起为民族和国家发展作出贡献的历史使命,为实现中华民族伟大复兴中国梦贡献自己的力量。

当代工科大学生有较高的文化水平，以及较强的科技创新能力和逻辑推理能力，与文科学生的浪漫情怀相比更注重于现实主义化，尊重事实，尊重科学，对传统文化有更高的理解和分析能力。当代工科大学生一方面应该注重自身传统文化素养的提高，注意在日常生活中自觉按照传统道德来约束自己的行为，用传统文化中的科学思想方法指导认识和改造世界；另一方面，当代工科大学生要利用自身文化素养较高的优势，自觉承担继承和创新传统文化的使命，继承传统文化的精髓，同时不断创新，利用创新性、创造性来进行传统文化的改变提升。

三、提高道德修养

当代大学生可以在自身所掌握知识的基础上合理运用中国优秀传统文化的精髓内容，进而全面提高大学生的思想道德和科学文化素质。尤其是在中国优秀传统文化中体现着中华民族的伟大精神，它对于提高大学生的道德修养，构建大学生道德价值观有很大的启迪作用。

当代工科大学生要善于运用中国传统道德中"自省"与"知行统一"的观念规约自己的行为，并以此为指导来提高个人的道德修养，在个人修养的过程中不断深化对传统文化的内化，进而强化素养的养成。只有注重道德修养，通过个人的刻苦努力，人才有可能达到一个较高的道德境界，实现人格的完美。

立足于中国优秀传统文化精髓，加强工科大学生道德修养已是刻不容缓。中国优秀的传统文化通过其本身具有的旺盛生命力和感召力，通过道德层面来提升人的自我精神境界，认识到自己对于社会自然他人的高度责任感，进而创造出人与自然、人与人之间和谐、协调的关系。中国传统文化同时教导人们要"淡泊明志，宁静致远"，要"海纳百川，壁立千仞"，特别是其定义道德的"格物、致知、正心、诚意、修身、齐家、治国、平天下"，对当代工科大学生以及其他课程的大学生的道德修养建设均具有极为重要的指导作用。

总而言之，在21世纪的中国，大学生肩负着建设富强、民主、文明、和谐的社会主义现代化国家的重要使命，大学生科技素质高低直接影响到国家现代化建设的质量,而大学生的文化素质和道德素质好坏,将直接关系到中华民族的命运和前途。作为新时代的工科大学生,不仅仅需要提高自己的科技素养、思维想法,同时需要提高中国优秀传统文化的迫切性、机敏性以及自我辨别能力。因此,一定要大力弘扬中国优秀的传统文化,从优秀的传统文化中得到精神的升华,进而为加速现代化进程、全面建设小康社会贡献自己的全部力量。

四、培养实践能力

实践是人认识的唯一来源和最终归宿,文化离开了实践,就失去了真正的育人力量。人的素养作为一种认识的养成也需要在实践中来培养。当代工科大学生以事理为主,对自然科学的热衷大于社会科学,拥有清晰的理论逻辑思维,机械性较强,对其他感性东西的思考能力较低,对事物的认知有理有据,理性情感较多,相信科学真理。这在一定程度上导致当代工科大学生在日常生活中对学过的书法、绘画等传统技艺的应用普遍较低,而且部分工科大学生不能很好地用传统道德观念来指导自己的品德和行为。提高传统文化素养,大学生要注重培养自身对优秀传统文化的实践能力。工科大学生要积极主动地参与与优秀传统文化相关的文化实践及工作实习,自觉接受优秀传统文化和历史教育。通过参加优秀传统文化相关实践活动,将内化的品质和道德,外化为文化实践行动,通过文化活动的实践来增强巩固文化素养及自我涵养。因此,需要不断提高工科大学生的实践能力,让工科大学生不仅仅局限于科技创新的动手能力和理性逻辑思考,还能将我国优秀传统文化运用到实际生活之中。

在学习优秀传统文化的过程中,不能流于形式,而应引导工科大学生对传统文化进行综合归纳,在实践中不断运用和创新。引导学生以优秀的传统文化为基础,进行一些实践性活动,如在组建、管理学生科创活动时,运用和谐、协调的管理理念,认真处理团队中的各种关系,在平日的实验试验和生活中学会主动关心他人;在校园里,还可以结合青年人的身心特点,开展一些富含传统文化气息的文娱节目,如通过歌咏比赛、诗词朗诵、课外阅读、集体讨论等吸引工科大学生。这样,传统文化就会走出书斋,在现实生活中发生效力,同时也切实进入工科大学生的头脑，并成为他们行动的理念，使他们在今后的生活中，主动运用传统文化的精神食粮，作为不竭的动力源泉。

总之，工科大学生是国家建设的主力军之一，当代工科大学生对于传统文化的掌握程度，直接影响到中国传统文化的传承和渗透，我们有必要对提升工科大学生中国传统文化素养进行思考，找寻有效途径与方法，为我国传统文化的延续与深入奠定基础，提供动力。

"文化是一个民族的灵魂和血脉，是人民的精神家园。"[①]中国传统文化是贯穿中华民族五千年文明发展史的血脉，中国传统文化中的很多精华内容在实现中华民族伟大复兴的今天仍然具有重要的指导意义，需要我们不断地传承和创新。文化的传承和创新离不开新生代力量，工科大学生作为今天和明天社会主义事业建设的智囊团和生力军，承担着重要的文化传承和创新的使命。中国传统文化是民族和国家发展不可或缺的内生力量，中国传统文化素养是每一个社会成员应该习得的重要修为，提高每一个大学生中国传统文化素养的必要性毋庸置疑。

---

①胡锦涛.坚定不移沿着中国特色社会主义道路前进为全面建成小康社会而奋斗——在中国共产党第十八次全国代表大会上的报告[C]. 北京：人民出版社，2012.

第五章 革命文化

革命文化是中国共产党和中国人民的宝贵财富,也是我们的传家宝,在传播马克思主义、共产主义理想、革命精神等方面发挥着不可替代的作用。革命文化的传承是建设中国社会主义先进文化的前提,是提升国家文化软实力的需要,是提升国民素质的重要途径。在弘扬社会主义主旋律、坚持走中国特色社会主义道路的新时代,大学生充分认识和了解革命文化,对提升当代大学生的人文素养不可或缺。

第一节 革命文化的内涵及构成

革命文化是以爱国主义为核心的民族精神、革命精神和时代精神相统一的凝结,是马克思主义中国化、时代化、大众化的载体,是中国共产党和中国人民极其宝贵的精神财富,是中华民族共有的精神家园。[①]

革命文化是人民群众在新民主主义革命、社会主义革命与建设、改革的实践中共同创造出来的各种物质和精神财富的总和。因此,革命文化不是与天俱来的,而是汲取了不同文化的营养并不断发展,是历史与革命、建设与改革实践的高度理论抽象,是马克思主义和中华民族优秀文化的有机结合,是中华民族的瑰宝。

革命文化包括物质、精神和制度三方面,三者相互联系、相互渗透、相互作用,是一个统一的有机整体。其中,革命物质文化是革命文化产生、存续和建设、发展的物质基础,是革命文化的基本元素,是革命文化精神层面的物化形式。革命制度文化是革命文化物质形态的深化发展形成的,是革命文化发展的必然结果,是繁荣与发展革命文化的根本管理力量和制度保障。革命精神文化是革命文化发展的源泉和动力,为革命文化的传承和发展提供了精神动力和智力支持,离开了精神,革命文化将失去赖以生存的骨血与活的灵魂。

[①] 李平. 弘扬红色文化,抵制"三俗". 光明日报,2010.9.9.

第一，革命物质文化。革命物质文化也叫革命文化的物质形态，是革命文化主体参与革命和建设、改革实践活动的外在显性部分，构成了精神的客观载体。革命物质文化是指在中国共产党领导的革命建设、改革时期留存下来的文本文献、场地场所、组织机构、设施设备等。如文献、报刊、标语、遗迹、遗址、遗物、人物塑像、墓碑、纪念地、纪念馆（堂）、纪念碑（塔）等实物。

第二，革命精神文化。革命精神文化是革命文化的精神形态，是对革命文化深层结构中的内容和精神的高度凝练，集中体现为革命文化的物质和革命文化制度所承载的主体精神状态和风貌。革命精神文化是中国共产党领导全国人民在革命、建设、改革时期创造出来的精神财富，指的是政治信仰、理论知识、价值取向、道德观念等，通过文学、艺术、戏剧、歌曲等形式表现出来。如红船精神、苏区精神、长征精神、西柏坡精神、大庆精神、北大荒精神、雷锋精神、"两弹一星"精神、1998抗洪精神、航天精神，等等。这些革命文化精神通过文学、艺术等形式表现出来，容易被人民所铭记。如反映井冈山精神的小说《浴血井冈山》，反映长征精神的小说《长征》，反映北大荒精神的小说《北大荒》，反映1998抗洪精神的小说《"98抗洪"》，革命影视剧《建党大业》等等。

第三，革命制度文化。革命制度文化也是革命文化的制度形态，是革命文化精神的集中反映，是在革命精神文化和物质文化基础上形成的。革命文化制度是指理论、纲领、路线、方针、政策等一系列规范体系和行为模式，包括创建、推行、保护物质形态革命文化和精神层面革命文化的各种规章制度、政策法规等规范。革命制度文化的实质就是中国共产党以中国特色社会主义制度的力量，传承、引导、教化、发展革命文化的理想、信念的精神。[1]如《中国共产党章程》《论持久战》《井冈山土地法》《三大纪律八项注意》《中国共产党纪律处分条例》《八路军政治工作条例》《中国人民解放军军官服役条例》《人民警察纪律条令》等。

---

[1] 白锡能，任祥贵.红色文化与中国发展道路论文集.中国社会科学出版社，2015：41.

第二节 革命文化的核心和精髓

在革命文化的形成、发展、传播过程中,革命精神是凝聚中国共产党人理想、追求、信念、信仰的精神力量,这种精神力量如同巨大的磁场,吸引着千千万万的先进分子、普通大众,为中国革命和建设倾情付出。革命精神及其文化资源就是革命文化的核心和精髓。

一、革命精神文化

革命精神是党领导人民进行中国革命和建设所积累的精神财富的结晶,它渊源于中华民族精神的优良传统,具有民族性、时代性、实践性和先进性等特征,包含了中国共产党在革命、建设、改革开放新时期形成的各类精神形态。中国共产党不断结合时代和社会发展的要求以及革命的需要,弘扬伟大的民族精神,锻造了红船精神、井冈山精神、长征精神、延安精神、西柏坡精神、沂蒙精神、雷锋精神、大庆精神、抗震精神等革命精神,它们一脉相承。中国革命精神推动中国革命在艰难曲折中前进并走向胜利,形成了党的历史发展中丰富的精神力量。

(一)红船精神

红船精神的出现与中国共产党的建立息息相关。中共一大在嘉兴南湖的顺利落幕宣告了中国共产党的诞生。南湖上的红船,也因为见证了在近代中国革命史上具有划时代里程碑意义的大事变,见证了"没有中国共产党就没有新中国"的史实,成了中国革命源头的象征,成了先进思想和文化的辐射地,形成了独特的红船精神。2005年6月21日,习近平同志在《光明日报》发表了《弘扬"红船精神"走在时代前列》的文章,高度概括了红船精神的深刻内涵:开天辟地、敢为人先的首创精神;坚定理想、百折不挠的奋斗精神;立党为公、忠诚为民的奉献精神。他用"一个大党诞生于一条小船"这一极具想象力和美感的语言,阐释了红船精神是中国革命精神之源和党的先进性之源,将红船精神作为中国共产党的建党精神。[1]

---

[1] 金延锋.弘扬革命精神与保持发展党的先进性和纯洁性.观察与思考.2012.10.15

(二) 井冈山精神

1927年10月，毛泽东、朱德、陈毅、彭德怀等老一辈无产阶级革命家率领中国工农红军来到井冈山，创建了中国第一个农村革命根据地——井冈山革命根据地，开辟了具有中国特色的"以农村包围城市，武装夺取政权"革命道路。井冈山革命根据地孕育了井冈山革命精神，它是我们党的共产主义理想、信念的集中反映，是我们党的性质、宗旨的生动体现，是我们党的光荣传统和优良作风的高度凝结，为中国革命精神的形成和发展奠定了坚实的基础。井冈山精神是中国革命精神的源头，江泽民同志将井冈山精神的内涵概括为六句话、二十四字：坚定信念、艰苦奋斗，实事求是、敢闯新路，依靠群众、勇于胜利。[1]

(三) 长征精神

1935年1月15至17日，中共中央在遵义召开了政治局扩大会议，会议的主要议题就是总结第五次反"围剿"失败的经验教训。遵义会议清算了"左"倾路线在军事指挥上的错误，确立了毛泽东在中央和红军的领导地位，是中国革命的一个历史转折点，标志着中国共产党在政治上开始走向成熟。遵义会议以后，在毛泽东的正确领导和指挥下，采用灵活机动的战略战术，四渡赤水河，巧渡金沙江，强渡大渡河，飞夺泸定桥，击退上百万穷凶极恶的追兵阻敌，征服空气稀薄的冰山雪岭，穿越渺无人烟的沼泽草地，纵横十余省，中央红军用自己的双脚走完了二万五千里，于1935年10月到达陕北，胜利地完成了长征。

长征的伟大胜利有重要的历史意义。毛泽东高度评价了长征的历史作用。他说："长征是历史纪录上的第一次，长征是宣言书，长征是宣传队，长征是播种机。"[2]长征，是历史上无与伦比的革命壮举，是中国共产党及其领导的工农红军创造的人间奇迹，也给党和人民留下了伟大的长征精神："就是把全国人民和中华民族的根本利益看得高于一切，坚定革命的理想和信念，坚信正义事业必然胜利的精神；就是为了救国救民，不怕任何艰难险阻，不惜付出一切牺牲的精神；就是坚持独立自主、

---

[1] 邢云文.中国共产党精神建设的历史实践与价值意蕴.当代世界与社会主义，2011.08.20

[2] 《毛泽东选集》第1卷，人民出版社：1991，149—150.

实事求是,一切从实际出发的精神;就是顾全大局、严守纪律、紧密团结的精神;就是仅仅依靠人民群众,同人民群众生死相依、患难与共、艰苦奋斗的精神。"[1]

(四)延安精神

1935年10月,中国工农红军经过长征胜利到达陕北。从此,延安和陕甘宁边区成了党中央、毛主席的所在地。1945年,中国共产党第七次全国代表大会在延安举行。延安时期在中国革命史和中共党史上具有极其重要的地位,它是中国革命走向胜利的新起点。在以毛泽东为核心的党中央倡导和培育下,全党、全军和边区人民继承和发扬了井冈山精神、长征精神,并创造了延安精神。延安精神是马克思主义与中国革命实践相结合的产物,总体可以概括为:"解放思想,勇于创新;调查研究,实事求是;自力更生,艰苦奋斗;依靠群众,服务群众。"[2] 2007年8月,习近平同志曾指出:"在中国革命史上,延安具有特殊重要的意义。她象征着团结和力量,凝聚着理想和信念,孕育了智慧和真理,纯洁了队伍和思想,为新中国诞生奠定了坚实基础。延安是中华民族的重要发祥地和中国革命圣地,培育了光照千秋的延安精神,我们要不断学习弘扬延安精神。"

(五)西柏坡精神

1948年5月,毛泽东同志率领中共中央和人民解放军总部机关来到西柏坡。从此,这个小山村成了当时中国革命的领导中心。中共中央在西柏坡指挥了著名的三大战役,召开了七届二中全会,实现了党的工作重心从农村到城市、从战争到建设的转变,是中国革命的伟大历史转折时期。党中央在西柏坡时期的辉煌历史和成功经验,铸就了伟大的西柏坡精神:"敢于斗争、敢于胜利的进取精神;坚持依靠群众、坚持依靠人民参政民主精神;善于破坏旧世界,善于建设新世界的科学精神;务必使同志们继续地保持谦虚、谨慎、不骄、不躁的作风,务必使同志们继续地保持艰苦奋斗的作风的创业精神。"这些内容贯穿于党中央在西柏坡期间革命斗争的全过程,并且互相辉映,相得益彰,成为战胜困难、

---

[1]《毛泽东选集》第1卷,人民出版社:1991,149—150.
[2] 冯思淇.中国特色社会主义的文化底蕴研究.中共中央党校博士论文.2015.06.01.

实现转变，夺取胜利、迎接解放的强大精神支柱。2011年6月16日，时任中共中央政治局常委、中央书记处书记、国家副主席的习近平同志在《建党以来重要文献选编（一九二一——一九四九）》出版座谈会上发表了重要讲话："我们党在长期革命斗争实践中形成了理论联系实际、密切联系群众、批评与自我批评等优良作风。……形成了井冈山精神、长征精神、延安精神、西柏坡精神。"[①]

（六）沂蒙精神

沂蒙山区是山东建党最早的地区之一。抗日战争和解放战争期间，沂蒙山区是中国共产党领导创立的全国著名的革命根据地之一和最重要的战略基地之一。在关系中华民族生死存亡的决战中，神圣的沂蒙大地承载着历史赋予的光荣而又特殊的使命。在血与火的革命战争年代，我党我军与人民群众心心相印，血肉相连。党和人民军队出生入死，拯救民众于水火之中。人民群众舍生忘死，支援革命。夺取中国革命胜利的伟大实践，逐渐锻造和形成了"爱党爱军、开拓奋进、艰苦创业、无私奉献"为主要内容的沂蒙精神。沂蒙精神的内涵非常丰富，主要包括："爱党爱军的政治立场；开拓奋进的思想意识；艰苦创业的精神风貌；无私奉献的价值取向"。沂蒙精神是中国革命精神的重要组成部分。它与中国共产党在革命和建设的不同时期创立的伟大的井冈山精神、长征精神、延安精神、西柏坡精神等革命精神一样，在本质上都是中华民族革命精神的具体体现，都闪耀着共产主义的思想光芒。

（七）雷锋精神

雷锋，原名雷正兴（1940年12月18日——1962年8月15日），出生于湖南省长沙望城县简家塘一个贫苦农民家庭，7岁成了孤儿，生活窘迫。新中国成立后，被送到学校读书，1956年毕业后在乡政府参加工作，1960年，雷锋参加中国人民解放军。入伍后，他刻苦学习，克己奉公，无私奉献。1960年11月8日，雷锋加入中国共产党，次年升任班长，入伍不到三年，先后荣立二等功一次，三等功三次，被评为"节约标兵"和"模范共青团员"，并光荣当选抚顺市人大代表。1962年8月15日，雷锋同志不幸因公殉职。雷锋同志的模范事迹和崇高思想在军内外产生

---

① 金延锋.弘扬革命精神与保持发展党的先进性和纯洁性.观察与思考，2012.10.15.

了巨大影响,国防部命名他生前所在班为"雷锋班"。

雷锋精神,是对雷锋事迹所表现出来的先进思想、道德观念和崇高品质的理论概括和总结。它既是马列主义时代精神的具体体现,又是对我党我军优良传统的继承和发扬,也是对中华民族传统美德的继承和升华。雷锋精神的内容十分广泛,主要表现在:"一心向着党、向着社会主义的坚定的政治立场;全心全意为人民服务、无私奉献的崇高品质;甘当革命'螺丝钉'的爱岗敬业精神;刻苦学习、钻研理论的'钉子'精神;勤俭节约、艰苦奋斗的优良作风。"雷锋说:"人的生命是有限的,可是,为人民服务是无限的,我要把有限的生命,投入到无限的为人民服务之中去。"这就是雷锋精神的实质。雷锋精神,已经成为我们这个时代精神文明的同义语、先进文化的表征,这种伟大精神过去、现在和将来都是教育和激励人们前进的宝贵精神财富。

(八)大庆精神

20世纪60年代,"铁人"王进喜是家喻户晓的。以王进喜为代表的老一代石油工人在震惊中外的大庆石油大会战、职工艰苦卓绝的创业实践过程中,形成了以"爱国、创业、求实、奉献"为基本内涵的大庆精神。大庆人以铁人为榜样,无论领导干部还是普通工人,工作中没有人讲条件、怕困难、谈报酬,人人都以奉献为荣。铁人的事迹和精神,激励着大庆人万众一心,顽强拼搏,形成万马奔腾之势,造就了大庆油田的辉煌。大庆精神内涵丰富,是以爱国主义为核心的民族精神和以改革创新为核心的时代精神的结合,包括"为国争光、为民族争光的爱国主义精神;独立自主、自力更生的艰苦创业精神;讲究科学和实践、"三老四严"的求实精神;胸怀全局、为国分忧的奉献精神。"大庆精神是由许多优秀的精神要素构成的,其来源宽泛,根基深厚,吸古今中外文化精华,兼容并蓄,内涵丰富,品质优秀,跨越时空,充满活力,反映着社会全面发展和人的文明进步的现代追求,具有显著的时代价值。

(九)抗震精神

抗震精神特指中国人民在抗击地震带来的灾难性破坏过程中所形成或凸显出来的优秀思想品格、价值取向和道德规范的总和。1976年7月28日,中国河北省唐山、丰南一带发生7.8级强烈地震,2008年5月12日,中国四川汶川地区发生里氏8级特大地震，面对巨大灾难，党领导全国人民坚强奋起，发扬"一方有难、八方支援"的传统，齐心协力抗震救灾，谱写了一曲曲惊天动地，气势磅礴的时代壮歌，一次次创造了人类救灾史上的奇迹。正是全民抗震救灾的行动中诞生了一种足以彪炳史册、流芳千古的新的民族精神——抗震精神。抗震精神的内涵包括："众志成城、无坚不摧；以人为本，生命至上；自强不息，奋发图强；风雨同舟，患难与共；不怕牺牲，百折不挠；守望相助，无私奉献；科学理性，公开自信。"伟大的抗震精神是砥砺前行的强大力量。从唐山到汶川，中华民族之所以能够从灾难中奋起，在困难面前挺立，伟大的抗震精神是强大的精神支撑。抗震精神具有永恒的时代价值。

二、革命文化资源

革命文化资源，指革命文化中的物质化方面，即前述物化形态的革命文化部分。革命文化资源也可以理解为以物化的形态存在、呈现的革命文化。革命文化资源具体表现为三大类型：遗址踪迹、历史文物、重要文艺作品，也可以从组织机构、场地场所、设施设备、文本文献四种状态来解读。从物质形式角度考察革命文化的产生、存在、分布、作用发挥等方面，对革命文化进行深入剖析，可以更加全面、翔实、客观地了解和认识革命文化。

（一）遗址踪迹类革命文化资源

遗址踪迹类革命文化资源专指共产党领导人民在进行革命、建设和改革开放历程中所形成的历史文化遗产，主要包括革命遗址、遗迹、旧址及各类纪念设施，如故居旧址、纪念场馆、陵园墓地、碑匾亭阁、塑像造像、战地战场等。这种资源遍布全国城乡各地，是数量最多、规模最大、最为引人注目的革命文化资源。

革命战争年代的遗址踪迹类革命文化资源，最为集中、最具有代表性的有五大革命圣地：井冈山、瑞金、遵义、延安和西柏坡，也因此形成了与之对应的革命文化资源遗址踪迹类五大集群。在遗址遗迹中，往往有一些重要的建筑，人物塑像。塑像是最常见的革命文化资源，往往树立于故居、纪念馆、陈列室、广场、公园、校园及其他与该革命人物相关的有纪念价值的场所。塑像的造型是体现人物精神和事迹的主要方面，并在塑像的尺度上体现着该人物生平的一些重要历史时刻。这些塑像大都出自名家之手，具有较高的文物价值和纪念意义。

此外，在长期的革命、建设和改革开放进程中，孕育了一大批杰出的人物，他们为国家独立、民族解放和社会进步做出了非凡的贡献，甚至献出了自己的生命。为了缅怀他们的光辉业绩、弘扬他们的爱国主义精神，在其出生地、战斗地或牺牲地、主要事迹发生地等，相继设置或建立了一些以他们的名字命名的组织机构、场地场所、设施设备等，这也是遗址遗迹类革命文化资源的一种。

（二）建筑设施与纪念文物类革命文化资源

中国各省市区，特别是革命老区，有着丰富的建筑设施类革命文化资源，主要以革命烈士墓地、革命纪念馆为代表。在吉林的延边朝鲜族自治州，流传着"山山金达莱，村村烈士碑"的说法。在湖南湘潭市，就有许多革命伟人、将帅故居，如韶山毛泽东故居、宁乡县刘少奇故居、湘潭县朱德、周恩来、彭德怀、邓小平故居等。在江西赣南，就有"中华工农兵苏维埃第一次全国代表大会"大会堂、瑞金中央造币厂旧址、上犹营前烈士陵园等。

纪念文物类革命文化资源，主要是指在革命、建设和改革开放过程中形成并流传下来的，证明并象征革命文化历史、富含革命文化精神的各种遗存物，包括与人物、事件有关的各种设施设备、用品用具、文本资料等。例如军衔、帽徽、军帽、腰带、水壶、挎包、干粮袋、冲锋号、枪套等用品用具，如桥梁、道路、码头、函隧、水库、港口等设施，汽车、机车、飞机、自行车、手推车、牛马车、厂房、机器等设备，县、乡、镇、村、街道、路等可识别性点位或形象物体等，以及文件、奖状、地图、书籍等。这一部分的革命文化资源存在范围更为广阔，具体形式更为多样化。比如，毛泽东号机车，小平小道，第一辆解放牌汽车，第一台东方红拖拉机，志丹县，贺龙体育馆，八一勋章，志愿军军服，《纪念白求恩》，连环画《邱少云》，土地证等。

（三）文艺作品类革命文化资源

中国共产党在领导中国革命、建设和改革开放的伟大征程中，为了发动群众、鼓舞群众、宣传真理、凝聚共识，创作了无数的文艺作品，具体题材和形式十分多样，小说、歌曲、顺口溜、杂文、快板书、民谣、话剧、戏曲、诗歌、绘画、美术、电影、电视、动漫等，表达了对信仰的坚守，对革命的赤诚，对新时代、新生活的渴望与追求，呈现出党群之间、军民之间守望相助和鱼水深情，记录了中国人民为了实现人民解放、民族复兴而寻梦、逐梦、圆梦的辉煌历程和丰功伟绩。这些可以触摸、感知的物化革命文化，也是革命文化资源重要的一部分。

革命文艺作品作为主旋律作品的一种，一直在用正确的价值观传承革命精神，用科学的历史观反映社会发展规律，用丰富的表现形式激发时代发展力量。（1）戏剧歌舞。在中央苏区，瞿秋白、李伯钊等创建组织领导了蓝衫剧团、工农剧社等戏剧团体，运用了话剧、戏曲、歌舞等表演形式，深入贯彻党的革命斗争方针，创作演出了《送郎当红军》《活捉张辉瓒》《茶篮灯》等多部思想性、艺术性都较好的经典剧目，以艺术的形式，形象生动地反映了革命区域的崭新风貌。（2）革命报刊。革命报刊是中国共产党创建的向工农兵进行新闻宣传的报刊。苏区临时中央政府的机关报《革命中华》和中央革命军事委员会的机关报《红星》同时创刊。随后，团中央机关报《青年实话》也创刊了。1933年5月1日，《革命中华》开辟文艺副嗣《赤焰》。革命报刊是团结群众、教育群众、打击敌人的有力武器，对革命斗争和苏维埃运动起到了重大的推进作用。（3）革命诗词。老一辈无产阶级革命家在赣南艰苦斗争的岁月里，以无产阶级革命家特有的豪迈情怀和革命浪漫主义，创作并留下了许多著名的诗词，如毛泽东的《菩萨蛮·大柏地》《清平乐·会昌》等，陈毅创作了《赣南游击词》《梅岭三章》等十余首充满革命英雄主义和浪漫主义的佳作。（4）革命歌谣、小说、戏剧等。革命根据地的歌谣如《死为人民心也甘》《我为穷人打天下》《上前线》等，是理直气壮地正面歌唱革命、歌唱斗争、歌唱胜利。小说有赵树理的《小二黑结婚》《李有才板话》《李家庄的变迁》，丁玲的《太阳照在桑干河上》，周立波的《暴风骤雨》等，有秧歌剧《兄妹开荒》，新歌剧有贺敬之、丁毅执笔的《白毛女》，战斗剧社的《刘胡兰》，傅铎编剧的《王秀鸾》等。革命文艺创作的成就是巨大的，它将与中国人民反对帝国主义、封建主义、官僚资本主义的艰苦卓绝的斗争一起，一道载人中华民族的光辉史册。

（四）制度文化类革命文化资源

在艰苦的革命奋斗历程中，为巩固工农民主新生政权、为加强党和军队建设、为推翻压迫在人民头上的三座大山，中国共产党加强了革命理论、纲领、路线、方针、政策的研究和探讨，因地制宜、因时制宜地出台了许多至今仍然具有重要借鉴意义的革命理论、纲领、路线、方针、政策，加强了制度文化建设，并取得了可喜的成绩。

1921—1949 年，中共方针政策大致可归纳如下：（1）中共成立初期（1921—1923 年）。中共三大确定革命统一战线的方针，共产党以个人身份加入国民党，改组国民党为工人阶级、农民阶级、民族资产阶级、小资产阶级的联盟政党。（2）国民革命时期（1924—1927 年）。中共的政策是联合国民党开展国民革命运动；领导工农运动，进行北伐战争；基本推翻北洋军阀统治，打击帝国主义。（3）国共对峙时期（1927—1937 年）。中共由反蒋到联蒋抗日；八七会议确定开展土地革命和武装反抗国民党的总方针；总方针指明继续斗争的目标，中国革命开始由大革命失败向土地革命运动兴起的历史性转变，之后中共走上了"工农武装割据"的道路；在根据地实行依靠贫雇农、联合中农、限制富农，消灭地主阶级的土地路线。这促使农民积极参军参战，生产得到发展，根据地得以巩固。瓦窑堡会议确定了抗日民族统一战线的方针，在这一方针的指导下，中共促成了西安事变的和平解决，国共再次合作共同抗日。（4）抗日战争时期（1937—1945 年）。中共在洛川会议上确定了抗日战争的政治总路线即全面抗战路线（广泛动员一切民众全面抗战）；确定了开辟抗日根据地进行游击战的战略战术；确定了持久战的战略总方针。这坚定了人民争取抗战胜利的信心和决心，指明了抗战胜利的正确道路；中共还在根据地实行地主减租减息、农民交租交息的土地政策，有利于团结农民、地主一致抗日。（5）争取和平民主斗争时期（1945—1946 年）。中共提出"和平、民主、团结"三大口号，参加重庆谈判签订"双十协定"，争取了民心，赢得了政治主动权。（6）解放战争时期（1946—1949 年）。中共七届二中全会制定了革命胜利后由新民主主义革命转变为社会主义革命的路线（党工作重心由农村转移到城市；中国由农业国转变为工业国的目标），成为新民主主义革命即将取得全国胜利的指导方针，解决了新中国成立后革命转变的重大问题。

第三节　工科大学生提升革命文化素养的途径

新时代对人才提出了更高的要求，当代大学生必须不断适应社会发展变化的新形势，努力提高自身素质，在各个方面做到全面发展。针对工科大学生提升革命文化素养，主要从以下几种途径出发：

一、沐浴文化环境的"陶冶渗透法"

党的十八大以来，文化自信活跃了文化市场，一大批具有代表性的以革命文化为主题的电影、电视、戏剧、舞蹈、小说、诗歌等文艺作品相继问世，将革命时代的革命历史、感人事迹、英雄人物生动地再现在文艺作品中。作为工科大学生，应该主动接受这些生动的文学艺术带来的感染、激励和教育，接受良好的文化艺术熏陶。

目前，越来越多的高校重视抓好校园文化建设，尤其是革命文化的"三进"工作：进教材、进课堂、进头脑，紧密联系青年大学生的思想实际，充分运用各种理论传播载体和社会实践活动方式，在革命文化进社团和革命文化进公寓方面开展了一系列卓有成效的工作，如打造品牌社团，办好宣传栏、学生活动室、公共阅览室等。工科学生要充分利用这些富含革命文化基因的校园活动，在潜移默化的陶冶渗透中，了解认识革命文化的精髓，提升个人素养。

二、剖析革命先辈的"参照学习法"

在伟大的革命斗争实践中，存在着一大批先进人物，他们有伟大的无产阶级革命家、为新中国立下汗马功劳的开国将帅、有做出突出贡献的英雄模范人物，他们身上所呈现出来的高贵品质、革命精神、坚强意志，永远不会过时，是新时代青年大学生学习的榜样。

在全面决胜小康社会的今天，工科大学生应深入剖析榜样，结合自身实际，运用"参照学习法"，在思想、言语和行动上加以对照比较，在比较中发现问题、找出差距、改正不足，从而认真学习。由于榜样的思想行为具有先进性、超越性和突破性，作为学习者的青年大学生与榜样在这方面存在着一定的差距，面对差距要有效激发迎头赶上的欲望，将自身与榜样相比较，寻找两者之间的共性，寻找理想信念、价值观、行为规范等方面的契合点，从而不断激励自我、完善自我、提升自我，不断克服学习工作中的困难，不断坚定中国特色社会主义理想信念，不断增强责任意识和担当精神。

在学习过程中，还可以将反面典型与正面典型相比较，恰当运用好反面教材，如"左"倾路线的代表——王明、李德，分裂党、分裂红军的将领——张国焘，背叛革命、贪生怕死的第六届中央委员会总书记——向忠发等等，他们因理想信念不坚定、革命意志薄弱而遭到人民的唾弃，大学生要从中汲取深刻教训，认识真善美，辨别假恶丑，树立和践行社会主义核心价值观，始终做到自警、自醒、自重，始终做到慎欲、慎行、慎独，全面提升工科大学生的思想素质和道德文化素质。

三、参与红色旅游的"角色体验法"

近些年来，我国高度重视重点革命文化景区和精品革命旅游线路的建设，红色旅游的内涵得到深化和拓展。随着红色旅游的深入推进，各地不断调整红色旅游发展方式，积极探索红色旅游科学发展新路径，推动大学生红色旅游，由过去旧址参观的单一模式向融瞻仰教育、休闲体验于一体的复合模式转变，红色旅游新形态不断涌现，产业规模不断发展壮大。许多高校也主动与革命景区加强联系，将革命景区确定为自己的爱国主义教育基地，将课堂搬到爱国主义教育基地。

工科大学生可以有效借助红色旅游资源，积极参加红色旅游活动，通过角色体验深入了解革命文化带来的洗礼和震撼。充分运用红色旅游的"角色体验法"，牢牢把握爱国主义和革命传统教育的主题，身临其境地感受浴血奋斗的中国革命史；通过红色旅游景区景点，了解中国革命的艰难困苦，培养爱国情感和培育民族精神；通过处理好旅游体验与专业学习的关系，处理好红色旅游与其他旅游的关系，处理好旅游体验与思想道德教育的关系，增强红色旅游体验的积极性。内涵丰厚、形式多样的红色旅游,吸引着越来越多的青年大学生热情参与,在重温"革命岁月"中加深了对革命历史的认知,在体验"革命文化"中接受了生动的革命传统教育,在缅怀先烈英模中传承了艰苦奋斗、英勇拼搏的精神。

四、知行合一的"主动实践法"

"纸上得来终觉浅,绝知此事要躬行。"青年大学生在社会实践中可以了解社会、认识国情、增长才干、服务社会、锤炼品格。提升工科大学生的革命文化素养,就是要知行合一、身体力行,运用"主动实践法",通过开展有目的、有计划、有组织的假期社会实践活动,到革命纪念地、爱国主义教育基地、改革开放前沿和经济社会发展成效显著的地方调查学习,在深入了解中国革命、建设和改革开放的伟大历史成就的同时,既深厚对中国共产党的感情,又加深对中国特色社会主义的热爱。

这种"主动实践法"主要有:一是社会服务。青年大学生通过学习先进典型,自觉地把自己所学到的知识和技能,服务于社会大众,从我做起,从身边做起,从小事做起,为需要帮助的人提供力所能及的帮助,让自身在服务中体会到"奉献"的快乐,不断提升自己的社会责任感和社会参与意识;二是劳动实践。青年大学生利用寒暑假到农村去、到工厂去、到火热的社会生活中去,特别是到贫困的革命老区、到艰苦的基层去,参加劳动实践,体会劳动人民的艰辛,从而切身感受到劳动成果的来之不易,体会到革命战争年代一边打仗一边搞生产的艰难,使广大青年大学生更加珍惜劳动成果,更加珍惜今天的幸福生活,进一步增进与广大劳动人民群众的感情;三是革命主题教育活动。开展革命主题鲜明、系统性针对性较强的教育活动形式,结合重大节庆日和纪念日,特别是国庆节、建军节、中国共产党诞辰日、中国人民抗日战争胜利纪念日、南京大屠杀死难者公祭日等,主动接受并积极参与其中,通过身体力行的实践锻炼,提升革命文化素养。

第六章　中国特色社会主义先进文化

中国特色社会主义先进文化是在马克思主义的指导下,将社会主义核心价值观作为灵魂,以培育有理想、有道德、有文化、有纪律的社会主义公民为目标,面向现代化、面向世界、面向未来的,民族的、科学的、大众的文化。①在新的时代条件下,我们应当通过大力弘扬社会主义先进文化,坚定文化自信,这是进行伟大斗争、建设伟大工程、推进伟大事业、实现伟大梦想的精神支撑。当今时代的大学生更应顺应时代潮流,积极主动地去理解中国特色社会主义先进文化,增强对中国特色社会主义先进文化的认同感,努力提升个人的人文素养。

第一节　中国特色社会主义先进文化的基本内涵

文化是人类在社会历史发展过程中所创造的物质财富和精神财富的总和,是在人类社会历史发展过程中沉淀的一种产物。它不仅仅是作为一种社会生活方式在日常生活中对人产生潜移默化的影响,同时还是一种精神价值体系,是人类文明进步的结晶。

中国特色社会主义先进文化,是从中华民族五千多年的历史发展过程中孕育出来的,以各种先进的重要思想为指导,不断把握社会主义的前进方向,以实现中华民族伟大理想为核心目标,经过不断发展和完善,形成的代表中华民族整体利益,代表社会主义前进方向的先进文化。

马克思列宁主义揭示了人类历史发展的规律,不但为全世界无产阶级指明了正确的道路,而且为各门科学的发展提供了锐利的武器,尤其是对中国特色社会主义文化在中国的形成打下了坚实的基础。②

毛泽东思想是在中国革命的实践中,通过对马列主义理论的运用,

---

① 中国共产党领导核心的先进文化思想研究. 河北大学, 2011.
② 《论社会主义荣辱观在社会主义核心价值体系中的基础地位》《中央社会主义学院学报》2010 年 3 期

不断总结经验，使其与中国革命的具体情况有机结合起来而形成的产物，为中国特色社会主义先进文化的形成奠定了坚实的理论基础。

邓小平理论摆脱了苏联建设社会主义的固有经验。根据对毛泽东思想的继承与发展，根据当时的中国国情与马列主义进行了有机的结合，总结出一个符合当时中国社会主义建设的具有中国特色的理论体系。加快了我国社会主义先进文化建设的速度，促进了我国社会主义先进文化建设的良性发展。

"三个代表"重要思想是马克思列宁主义中国化的一个重要体现，它不仅是对毛泽东思想与邓小平理论的继承与发展，更是一个与时俱进的科学体系。是全党全国人民弘扬和发展社会主义先进文化的根本指针。

科学发展观是以邓小平理论和"三个代表"重要思想为指导，根据新的发展要求，在对传统发展观的弊端进行深刻分析的同时，提出了社会主义先进文化建设的要求，对发展社会主义的先进文化进行了极大的补充与丰富。

党的十八大以来，以习近平为代表的中国共产党人，顺应时代的发展，把中国特色社会主义理论与实践相结合，通过融合社会主义核心价值体系、创立了习近平新时代中国特色社会主义思想，坚定文化自信，提出了推动社会主义先进文化的繁荣兴盛举措，同时提出了一系列具有代表性的社会主义先进文化思想，为我国繁荣社会主义先进文化指明了正确的方向。①

第二节　中国特色社会主义先进文化的核心和精髓

自新中国成立以来，中共中央根据国家发展不同阶段的具体情况，制定了不同的方针政策，这一系列不同的方针政策，成为中国特色社会主义文化的灵魂，是其形成、传播、发展的土壤。

一、新民主主义向社会主义过渡阶段

毛泽东吸取中国革命和建设的领导经验，发现只有通过实践，从实

---

①先进文化：中国特色社会主义的灵魂. 未来英才，2017（15）.

际国情出发,才能走出一条适合本国发展的道路。因此对马克思主义文化理论进行了丰富,结合当时的中国国情对马克思主义进行了中国化。他指出一定的观念形态文化在映射经济社会发展状况的同时,还能够对经济社会产生影响,既可以消极,也可以积极,反映时代进步就是起到积极作用,阻碍时代发展就会产生消极作用。同样,政治的基础是经济,政治也可以反映经济。战争时期,毛泽东在《新民主主义政治与新民主主义文化》中指出了应当掌握文化的"科学性"特征,即批判继承民族优秀文化遗产,科学对待西方思想文化。

以毛泽东为代表的中国共产党人接触到新民主主义文化,解放思想,摆脱传统思想的束缚,否定了"西方文化奴役中国"的封建错误观点,推动了马克思主义中国化的历史进程,建立了符合人民大众精神的新民主主义和社会主义新文化。他们在实践中总结经验,指导先进文化建设,正确处理文化建设中古今中外的关系,坚持古为今用,洋为中用,从实际出发,吸收国外进步文化,发展民族优秀文化,剔除中国灿烂古文化中的糟粕,吸收精华,为发展社会主义中国新文化做出了突出贡献。

(一)新民主主义文化

新民主主义革命后,中国人民反帝反封建的文化成为新民主主义革命后的经济与政治的表现。新民主主义文化反对帝国主义,维护中华民族独立,具有民族性。新民主主义文化通过传统文化和西方文化的辩证分析,以共产主义思想为指导,运用马克思主义观点方法,批判继承古今中外文化积极因素,使新文化建设方向正确,具有科学性。新民主主义文化对传统文化进行扬弃,以人民喜闻乐见的形式阐述理论,指导实践,具有大众性。毛泽东熟悉传统文化,有许多政策都通过传统文化中的成语典故和通俗用语进行表达。毛泽东结合当时的中国国情,将马克思列宁主义与传统文化精髓相融合,突出体现了文化的"民族性"特征、文化的"科学性"特征与文化的"大众性"特征,是共产主义思想文化的重要体现。

新民主主义文化是那一时期的先进文化。[1]毛泽东指出,建设新民主主义文化,必须从中外文化中汲取精华,中国文化须具有自己的民族特点。

---

[1]论毛泽东新民主主义文化观.湘潭大学,2012.

文化"民族性"、文化"科学性"和文化"大众性"是中华民族新文化的三个特征。

（二）社会主义先进文化

从新中国成立到改革开放前，毛泽东根据社会主义建设实践，强调文化对经济政治影响重大，将文化发展纳入中国社会发展规划，从而完成了对社会主义先进文化建设的初步探索。提出百花齐放、百家争鸣、推陈出新、古为今用、洋为中用的方针，鼓励科学发展和艺术进步为无产阶级政治服务。同时通过对国外先进科学技术的借鉴学习，以及对中国传统文化精粹的吸收，进一步丰富了马克思主义文化理论。社会主义先进文化建设为广大人民服务，以全心全意为人民服务为宗旨，要求文艺反映社会主义生产生活实践，坚持政治标准和艺术标准统一。这一系列举措，对我国社会主义先进文化建设起到了极大的促进作用。

二、改革开放及社会主义现代化建设新时期

如果说社会主义从无到有，离不开马克思和恩格斯的不懈努力，社会主义从理论到实践，离不开列宁的不断探索，那么，中国特色社会主义的初步形成，离不开毛泽东和邓小平实事求是的精神。正是由于这些共产党人的不断努力，才使得中国特色社会主义从传统走向现代。党的十一届三中全会的胜利召开，标志着转变正式开始。改革开放以来，中国共产党始终坚持带领全国各族人民解放思想，以实事求是的精神不断探索，最终促使中国特色社会主义文化体系得以形成。

（一）邓小平先进文化思想

以邓小平为核心的第二代领导集体以发展社会主义精神文明和先进文化为己任，丰富和发展了马克思主义理论。"精神文明"的概念，首次由邓小平提出。社会主义建设，既要建设物质文明，也要建设精神文明，不但要努力发展生产，提供给人民丰富的生产生活资料，还要促进人民的科学技术教育水平，供给人民精彩先进的文化。邓小平提出社会主义精神文明是要使人民成为四有人民，即成为有理想、有道德、有文化、有纪律的人民。1986年，十二届六中全会胜利召开，党中央对精神文明建设方针进行研究，审议通过了其指导方针，并且对精神文明建设理论进行了系统总结，这标志着以社会主义精神文明为中心的中国特色社会主义先进文化思想基本形成。

1. 作为第一生产力的先进科技文化

邓小平非常重视我国科学技术的发展，提出了科学技术是第一生产力的重要论断。产业的迅速发展依靠科学技术的不断进步。他通过占领科技制高点，尽快缩短差距，抓住有利时机加快发展。1995年，党中央召开全国科技大会，首次正式提出科教兴国战略，将科学技术置于国家战略的高度之上。1997年，邓小平指出，我们要实现现代化，关键是科学技术要能上去。[①]随着科教兴国战略的首次提出，使得科学技术立即位于国家战略的新高度上。科学技术是实现现代化的关键，教育在科学技术建设中占有重要作用。我们要培养大批人才，依靠科学技术知识的力量进行社会主义建设。他强调指出，我们要提高科学技术的普及程度，大力进行教育，提高国家的科学技术发展水平，提升国家的教育总体水平，科学不仅含有自然科学，科学当然还包括社会科学。科学技术不仅仅是生产力，更是第一生产力。[②]

2. 解放思想，改革开放精神的哲学文化

邓小平的哲学思想体现了对改革开放和社会主义建设实践的科学总结。在社会主义建设新时期，他从中国实际出发，从宏观角度上进行辩证思考。根据时代发展以及建设社会主义的具体需要，着眼于世界未来发展趋势，努力跟随科学技术发展的潮流，确定了以经济建设为中心，坚持改革开放，坚持四项基本原则的我国经济社会建设的基本路线，指导中国改革开放具体实践。虽然邓小平没有进行社会主义建设发展的专门著作的理论论述，但其思想却含有丰富的哲学内容，反映着时代发展的精神。邓小平的哲学思想扎根于马克思主义哲学和毛泽东思想，在分析问题解决问题的过程中，坚持实事求是，一切从实际出发，清醒认识国情，从自身条件能力出发，确立改革和开放的基本政策，积极发展生产力，充分显示了中国人民改变落后状况的决心和信心。邓小平哲学思想是中国人民的宝贵财富，是改革开放时代精神的精华，是中华民族和

---

① 浅论邓小平哲学思想. 华中师范大学, 2002.
② 邓小平新时期思想道德建设理论研究. 西南大学, 2006.

社会主义精神文明的鲜活体现，是先进文化的精髓。

3. 市场经济条件下的"五爱"先进道德文化

邓小平在中国文艺工作者大会上指出，在进行的社会主义建设，不能仅仅关注经济建设，还要注重文化建设，从而让人民的文化生活变得丰富起来。社会主义道德和共产主义道德在精神文明中占有重要地位，在社会主义政治经济发展中具有重大作用。应当正确认识道德在精神文明建设中的重要作用与地位。

邓小平强调加强道德建设，坚持以马克思列宁主义、毛泽东思想做指导思想，对党和人民进行教育。社会主义五爱教育即：爱祖国，对祖国忠诚，为祖国繁荣富强而努力奋斗；爱人民，尊重爱护人民；爱劳动，树立正确劳动观，发挥自身力量为祖国为人民为社会主义服务；爱科学，努力学习掌握科学技术；爱社会主义，积极推进社会主义事业建设。五爱是我国社会的共同道德标准，是我国每个公民应具备的思想道德品质，是人们自觉追求的社会主义行为规范，是我国先进文化的重要体现。

（二）江泽民先进文化思想

江泽民将文化发展摆到中华民族发展、党的事业和国家前途的战略高度来认识，将党的建设和先进文化发展紧密相连，提出代表先进文化的前进方向。党和国家的前途是否光明、中华民族能否屹立于世界民族之林的关键在于社会主义精神文明。他指出社会主义先进文化是综合国力的重要体现，物质文明、精神文明和政治文明应当共同发展。

1. 人类精神创造的先进文艺文化

看待国外文化，要辩证批判地分析鉴别。同时，我们要积极进行社会主义文化建设，发展社会主义文学艺术，进一步宣传社会主义共产主义思想，大力提高文艺吸引感染力。在进行文化创作的同时，要提升自身各个方面的素质，为更好地创作做好充分准备，力争创作出优秀的作品，体现中国特色，紧跟时代步伐，与时俱进，大力进行文化创新，发挥社会主义先进文化的巨大号召力和影响力。

广大文艺工作者要潜心钻研，努力提高自己的水平，为我们伟大的时代呈现伟大的作品，我们的时代需要伟大的作品，因为伟大的作品，能够更好地去反映出时代的建设与发展，为我们积极进行社会主义建设供给精神能量。

2. 与时俱进的哲学文化

江泽民全面深刻阐述哲学社会科学的正确方针、政策和措施，体现了对哲学社会科学的高度重视。中共以马克思主义为指导思想，解放思想，实事求是，开拓创新，把握人类社会发展规律，总结党的实践经验，针对时代特点与党面临的任务，集中论述了加强哲学社会科学研究的重要性。

创新是时代精神的精华，是先进文化的内在特质。先进文化是随着生产力发展而不断创新的文化，凸显了创新的本质。[①]追求文化创新，是我党永恒不变的主题。经过几十年的发展可以看出，马克思主义中国化是一项正确而又伟大的创新。因此，我们要更加坚定地高举中国特色社会主义伟大旗帜，坚定不移地走自己的特色道路。江泽民指出，理论要以实践为基础，接受实践的检验，在实践中丰富发展，更好地指导实践。

3. 科教兴国的先进教育文化

要想实行科教兴国的基本国策和可持续发展战略，就必须满足弘扬科学精神这一基本条件。以马克思主义科学原理为指导，增强分析问题与解决问题的能力。好好学习马克思主义为我们指出的良好方法，积极运用于社会主义实践，根据具体情况，正确运用马克思主义理论。教育发展需要先进文化中的科学技术提供力量，而发展科学技术也是教育本身的内在要求。

江泽民在1999年6月全国教育工作会议上指出，贯彻教育方针，为社会主义和人民服务，要坚持教育与社会实践相结合。[②]我们要鼓励学生自觉把知识运用于社会主义实践中去。唯有坚持科教兴国战略，才能培养一批批高素质人才，逐步提高全民族思想道德文化水平；才能使我国综合国力与国际竞争力不断增强，展现具有我国特色的社会主义先进文化。

4. 先进的科技文化

科学技术，是对精神文明建设的重要支持，二者具有重要联系，缺

[①] "三个代表"重要思想基层读本．湖北人民出版社，2004.06.30.
[②] 教育、实践、创新：高职高专学生思想政治教育研究．2009.6.1.

一不可。时至今日，众所周知，科学技术是第一生产力，牵引着生产发展。但是一个国家发展科学技术水平，不仅要提高经济企业科研水平，而且要提高全社会科技文化水平。[①]当代大学生应当积极主动、勇于承担起弘扬科学精神，提高全民族科学素质的重任。

（三）胡锦涛先进文化思想

随着社会主义建设的发展，文化的建设越来越体现出国家综合国力。我们建设文化，现在更进一步弘扬文化，人民在文化建设中陶冶精神，更好地投身经济社会发展建设。科学发展观不仅反映出人类文明优秀传统，更反映出马克思主义的中国化，是我国进行经济政治文化社会建设的根本。人民群众的物质文化需求日益增长，人民群众科学文化素质有待提高。我们抓紧建设文化，提升文化在经济社会中的重视程度，让人民都积极参加文化建设，为文化发展出力。营造出文化渐浓的氛围。[②]

1. 繁荣文艺建设先进文化

胡锦涛深刻阐述文艺工作的重要性，明确指出现阶段广大文艺工作者的庄严使命。文艺工作是党和人民事业的重要组成，它能及时反映出人民群众的生活、社会建设的成果，是社会中不可或缺的角色。积极学习科学理论，用社会主义先进文化引领文艺工作，这是时代赋予文艺工作者的神圣使命。

2. 科学发展的哲学文化

哲学社会科学研究和成果拥有重要意义，它不仅是综合国力文化精神的重要标志，也是社会主义精神文明建设的重要构成部分。自然科学与哲学社会科学一同发展，不断扩大中国特色社会主义理论体系普及范围，有利于人民了解党的方针政策。

科学发展观反映了当今世界发展趋势，具有时代的先进性，符合中国历史和国情，继承弘扬中国传统文化，体现鲜明中国气派，这是中国共产党人丰富马克思主义内涵、推动马克思主义创新发展的突出贡献。

3. 科技战略先进文化

如今是我国经济社会发展的重要战略时期，我们要坚定不移地走创

[①] 形势与政策. 辽宁教育出版社，2010.05.01.
[②] 政治理论干部学习读本. 中共中央党校出版社，2008.05.01.

新之路，国家发展要靠科技创新，文化发展也要依靠创新，我们要大力建设创新型国家。

中国有许多文化传统。传统中包含积极的文化，还有消极落后的文化。我们不能片面认为是传统的就是落后的。对待文化，我们应当辩证地去看待，取其精华去其糟粕。现在的经济文化建设依然需要传统优秀文化的支持。在进行继承传统时，我们要在马克思主义指导下，提高分析辨别能力，批判辩证地去对待。同时努力营造鼓励科技人员创新的有利条件，高度重视全民族科技文化水平提高，坚持以人为本，着眼于人民群众的根本需求，开发人力资源，增加人力资源财富。

（四）社会主义核心价值体系

社会主义核心价值体系通过对社会主义制度内在精神的揭示，清晰地体现出了社会主义意识形态的本质，是我党对中国特色社会主义文化本质认识的全新表达，它包括四个方面的基本内容，即马克思主义思想、中国特色共同理想、以改革创新为核心的时代精神和以爱国主义为核心的民族精神、社会主义荣辱观。通过将党的主张、国家意志和人民意愿有机统一，使得这四个方面能够做到相互联系贯通，把政治与伦理、理想与现实结合起来，形成一个结构完备、逻辑缜密的科学体系。[1]

马克思主义指导思想是社会主义核心价值体系的灵魂，是社会主义意识形态的旗帜。新中国成立后，我们党和领导人在建设社会主义的过程中带领人民不断探索，找到了建设中国特色社会主义的正确道路。[2]改革开放以来，我们取得了巨大成功，社会主义制度又经过无数次的完善和发展，经济社会发展取得了一系列的伟大成就，更加坚定了全国各族人民坚定不移地走中国特色社会主义道路的信念。

社会主义核心价值体系的基础便是社会主义荣辱观。我们既需要巩固马克思主义在社会主义精神方面的指导地位，树立正确的理想信念，也需要确立起一套完整的价值准则和行为规范，让其人人皆知，普遍奉行，从而实现事业发展、社会和谐的目的。

社会主义核心价值体系为社会建设者提供强大精神动力，创造出安

---

[1]社会主义荣辱观是社会主义核心价值体系的基础研究述评，2012（4）.
[2]新编马克思主义哲学原理.西北大学出版社，2003.06.28.

定和谐的社会环境，推动全社会形成团结互助平等友爱的人际关系，为促进先进文化的建设奠定了强有力的基础。

三、习近平新时代中国特色社会主义先进文化思想

习近平新时代中国特色社会主义思想立足于在新时代坚持和发展中国特色社会主义这一时代主题，以实现中华民族伟大复兴的中国梦、建设富强民主文明和谐美丽的社会主义现代化强国为根本目标，构成了系统完整的科学理论体系。十九大是中国社会历史行程中标识新时代的重要里程碑，习近平新时代中国特色社会主义思想是指导我们各项工作的行动纲领。是我们在建设社会主义先进文化道路上的重要指引。

（一）构建中国特色社会主义文化体系

党的十九大报告指出："文化是一个国家、一个民族的灵魂。文化兴国运兴，文化强民族强。"①我们要用社会主义核心价值观凝魂聚力，为中国特色社会主义提供源源不断的精神动力和道德滋养。2018年3月11日，第十三届全国人民代表大会第一次会议通过中华人民共和国宪法修正案，在法律层面将社会主义核心价值观摆到了重要位置，为中国特色社会主义文化建设提供了坚实的法律基础和保障。

构建中国特色社会主义文化，文化自信是不可或缺的重要一环，习近平指出："要坚定文化自信，推动社会主义文化繁荣兴盛。如果文化自信缺失，文化的繁荣兴盛便无从谈起，也就不会有中华民族的伟大复兴。我们只有通过一系列举措，激发全民族文化的创造活力，在具有中国特色的社会主义文化发展道路上坚定前行，才能够实现社会主义文化强国的宏伟目标。"①

在中华民族五千多年文明的历史长河中，孕育出了无数优秀的传统文化，这些优秀的传统文化，是孕育中国特色社会主义文化的源头。在党领导人民进行革命建设以及改革的光辉历程中。涌现出了无数先进的革命文化，这些革命文化熔铸入社会主义先进文化，使得社会主义先进文化不断丰富。在发展中国特色社会主义文化的道路上，坚持马克思主

---

①决胜全面建成小康社会　夺取新时代中国特色社会主义伟大胜利——在中国共产党第十九次全国代表大会上的报告，2017.10.30．

义为指导，是重要的先决条件，其次一点是我们不仅要坚守中华文化立场，同时还要立足当代中国现实，结合当今时代条件，发展面向现代化、面向世界、面向未来的，民族的、科学的、大众的社会主义文化，只有按照这个思路，才能体现出中国特色社会主义文化的时代性、开放性、先导性以及文化的民族性、科学性、规律性和大众性；体现科学知识、科学思想、科学方法、科学精神。从而使得社会主义精神文明和物质文明协调能够发展，迈向更高的境界。

（二）践行社会主义核心价值观

"建设社会主义核心价值体系"在党的十六届六中全会首次出现，党的十八大又提出，要积极培育和践行社会主义核心价值观。党的十九大报告指出，"推动中华优秀传统文化创造性转化、创新性发展，继承革命文化，发展社会主义先进文化，不忘本来、吸收外来、面向未来。"文化建设的最高目标就是要为建立人民对习近平新时代中国特色社会主义思想的充分自信，把社会主义核心价值观融入社会发展各方面并转化为人们的情感认同和行为习惯，使整个中华民族抬头挺胸屹立于世界，凝魂聚力，创造新辉煌。[2]

社会主义核心价值观是社会主义核心价值体系的内核，是社会主义核心价值体系的高度凝练和集中表达，是中国特色社会主义先进文化的高度凝练。[3]随着社会的发展与科技的进步，我国人民已经从物质需求转变成精神需求。人民迫切需要精神上的强大支撑力。因此我党就必须积极培育和践行社会主义核心价值观，铸就具有中国特色的社会主义先进文化之魂。

践行社会主义核心价值观，要培养时代新人，使他们能够在民族复兴的重要历程中担得起大任。要强化教育引导和制度保障，使社会主义核心价值观在教育、精神文明和精神文化产品创作的过程中起到对社

---

[1]决胜全面建成小康社会　夺取新时代中国特色社会主义伟大胜利——在中国共产党第十九次全国代表大会上的报告，2017．

[2]先进文化：中国特色社会主义的灵魂．未来英才，2017（15）．

[3]论社会主义核心价值体系在大学生思想政治教育中的内化意义．黑龙江史志，2014（5）．

主义核心价值观的培育、践行、引领作用，努力做到将社会主义核心价值观融入到社会发展的方方面面，将它转化为人们的情感认同和行为习惯，产生潜移默化的影响。同时要在坚持全民行动的基础上，结合时代要求，继承创新，发展扩充其内涵，让中华文化展现出永久魅力和时代风采。

（三）牢牢掌握意识形态工作领导权

意识形态工作，在建设中国特色社会主义文化的道路上起到了关键性的作用，是建设中国特色社会主义文化的重要一环。我们必须要建设具有强大凝聚力和引领力的社会主义意识形态，加强理论武装，使全体人民能够在理想、信念、价值观上紧紧团结在一起。严格规范网络综合治理体系，营造清朗的网络空间。加强对思想阵地的建设和管理，旗帜鲜明地反对和抵制各种错误观点。

在掌握意识形态工作领导权的工作中，正确治国理政的道路起到了重要的决定作用。治国理政思想的本身，便是社会主义先进文化的突出代表和重要体现。党的十八大以来，以习近平同志为核心的党中央以宽广的世界历史眼光审视治国理政的问题。坚持科学社会主义基本原则与中国实际和时代特征相结合，进一步深化了对社会主义发展道路、发展阶段、发展战略等一系列重大问题的认识，完美回答了"建设什么样的中国特色社会主义制度，怎样完善发展中国特色社会主义制度"的问题，从此，不仅中国特色社会主义制度有了明确的前进方向，与此伴随而生的中国特色社会主义文化建设，也有了明确的目标和指引。

现如今，中国共产党根据中国自己的传统、国情以及长期的治理经验，创造性地推进治国理政事业，形成了全新的治国理政理念思想，创造了独具一格的、不仅不同于历史上其他社会主义国家，也不同于西方资本主义的治理模式，为如何治理社会主义社会提供了成功经验。这一举措是我党在新时期执政的一项重大创新，体现了以习近平同志为核心的中国共产党在创造社会主义先进文化方面，起到了重要的引领作用。同时，习近平同志围绕构建人类命运共同体的宏伟愿景，对"建设一个什么样的世界、怎样建设这个世界"这一人类共同面对的问题做出了具有独创性的解答，这不仅仅是对人类社会发展规律的一次认识深化，更是将中国特色社会主义先进文化上升到了关系全体人类共同命运的高度。中国特色社会主义先进文化，不仅仅要代表中国人民对先进文化的追求，同时也要代表世界人民的共同理想追求，这使得中国特色社会主义先进文化更加具有前瞻性，先进性，与世界上的先进思想做到了融会贯通，也使中华民族在思想领域中始终处于前沿地位。

习近平新时代中国特色社会主义思想源于实践又指导实践，为新时代坚持和发展中国特色社会主义、推进党和国家事业提供了基本遵循，为发展当代中国马克思主义作出了历史性贡献，开辟了中国特色社会主义发展新境界，为新时代中国特色社会主义先进文化的繁荣和发展开辟了新境界。

第三节 工科大学生提升中国特色社会主义先进文化素养的途径

如今，随着社会的进步，人才的定义也在改变、人才早已不是传统观念中某一领域或方面能力极强的人，取而代之的是不仅在自己擅长领域能力极强，在综合能力和文化素养方面也都拥有过人表现的新型人才。想让工科大学生紧跟时代步伐，提升中国特色社会主义制度文化素养，应着手于以下几个途径：

一、环境熏陶与知识传授法

顾名思义，环境熏陶是指努力为工科大学生提供一种健康的校园文化环境，以此来提高他们中国特色社会主义先进文化素质。[①]其一，创造友爱和谐的校园人际关系环境。在教学中，教师应该尽量锻炼学生人际交往能力。为使学生间有更多的接触机会，可以利用课余闲暇时间组织各种形式的集体活动，融洽学生间关系，提高人际交往能力和增强团队协作精神。也要鼓励学生走出校园，多去做一些实践志愿活动，这不仅能够开阔视野，同时还可以掌握人际交往本领。其二，营造健康向上的

[①] 当代大学生人生观教育研究．辽宁人民出版社,2011.07.01.

校园宣传舆论环境。通过宣传正确的政策理论和弘扬爱国主义、集体主义精神，坚持正确的思想导向，培育积极向上、高雅文明的校园文化，以达到育人的目的。

对当代大学生中国特色社会主义先进文化素质培养教育工作的开展和推进，要有完善的组织为其保障。学校要积极为他们创造条件。教师不仅要传授专业知识，也要做学生们的指路人。这就要求教师在不断提高自己专业素养的同时也要不断更新自己的教育理念。教师要勇于打破传统，敢于创新。教师在教学中要转变教学理念，及时更新教学内容，改革教学方式。不断地从身边汲取知识，提升自己的文化素养，将世界最新研究成果和最新理念穿插课堂，提升学生的学习积极性。

二、"课外阅读法"

教学大纲不是牢笼，大学生不应被其束缚。要想有效地提升文化素质就该打破课程设置的专业化，课外多读书，读一些内容丰富多彩，形式多样的书。同时，可为学生编印《大学生应读书目指南》，对不同专业的学生阅读书目有一个引导，以避免盲目性。阅读学习中国特色社会主义先进文化，必须紧密联系实际，做到学以致用，特别是需要在中国特色社会主义先进文化的影响下，树立正确的世界观、人生观和价值观，增强党性观念，提高自身的素质和政治水平，只有这样，才能尽快成长，尽早成为各个领域的先锋者。

三、促和谐风尚，争做"四有"新人法

中国特色社会主义文化并不是普普通通反映人民生活的文化作品，而是能够做到关注人、培养人，坚定人民的信仰，丰富他们精神文化世界的文化作品。因此它能丰富人们的心灵，促进各方面发展，培育出全新的人。

失去道德的民族是野蛮的民族，一个人道德的有无，小而决定该人人生价值的高低，大而决定社会和谐与否，乃至一个民族文明的高低。营造良好的道德风尚，要努力提升每个人的道德素养，要知荣辱，知廉耻。

大学生应当以学好专业知识和勇于探索创新为己任，牢记社会主义

核心价值观。争做"四有"公民与"五有"大学生。为中国特色社会主义先进文化的发展贡献自己的力量。

四、加强学生群团组织建设法

高校学生群团组织现在不但已经成为先进文化建设的重要阵地，而且也成为"非课堂教育"的载体。在国家的倡导下，教育改革愈来深入，将学生群团组织做强做大，并使之成为大学生素质教育的展示基础和平台，这对于大学生文化素质教育有着十分重要的意义。[①]学生自发组成的学生组织等各类群团组织，不仅丰富了学生们的校园生活，而且可以增强其社交能力、提高其专业知识。因此，加强学生群团组织建设，并对实施监督管理，可以使其更好地发挥在大学生素质教育中的积极作用。

五、组织开展活动，积极参与社会实践法

开展好"三种活动"是提高大学生文化素质的重要措施。此举一是为培养大学生的创新精神和实践能力，在广大大学生之间掀起科技创新活动热潮而开展的创新科技活动。二是为增长、拓宽大学生的知识与视野，让大学生学会做人、做事和发展而开展的以人文素养和科学素质为主题的学术活动。三是为提高大学生欣赏和创造美的能力而开展的美育活动。

社会实践是提高大学生中国特色社会主义先进文化素质的主要手段。应多组织校外实践活动，使大学生能够在社会生活中得到实践，以此来提高自己的中国特色社会主义先进文化素质。要让大学生深入到人民群众中，深入到社会实践中，从群众中吸取养分，全面了解人民群众的生活，深刻理解党的方针政策，树立坚定正确的政治方向，培养艰苦奋斗的精神。同时，社会实践也会锻炼和提高他们运用知识解决问题的能力，包括发现和提出新问题以及反观自身不足的能力，从而增强学习的动力，促进思想素质和业务素质的提高，加速他们的发展。

[①]当代大学生人生观教育研究．辽宁人民出版社，2011.07.01.

第三篇　健康素质篇

大学生担负着社会主义现代化建设的历史重任，尤其是工科类学生，由于学科需要，需要经常做实验和加工机械工件，并且大部分就业单位都会要求毕业生去一线生产车间实习一段时间。所以说，只有拥有强健的体魄、健康的心理，精力充沛地从事学习和工作，才能为国家作出更大贡献。大学生应该经常进行体育锻炼，养成良好的运动习惯，努力提高自身身体素质，树立健康意识，形成良好的生活方式。工科类大学生人际交流较少，思考问题时逻辑性较强，但更容易钻牛角尖，故工科学生也应提高自身的道德品质和心理健康素质。心理健康的大学生能够充分地发挥自身潜力，较好地完成学业，圆满地处理好身边的人际关系，完成大学中的发展课题，实现个人素质全面发展。

　　本篇首先分别介绍了身体健康和心理健康的标准，之后就如何提高身体素质提出了三方面的建议，最后就大学生常见的心理问题进行解析，并指出调整方法，以期为提高大学生的心理素质有所助益。

第七章　身体健康和心理健康

随着我国教育体制的不断改革，新课程改革的不断深入，素质教育成为当前学生教育教学工作中的重点之一。提升高校大学生身体健康水平、增强大学生身体素质是当前我国高校体育教育教学工作中的重要任务，提高大学生身体健康应该从两方面着手，一方面是心理健康，另一方面是身体素质。

第一节　大学生身体和心理健康的标准

大学生群体，一个看似轻松，事实上却承担巨大压力的群体，在学业、生活、情感、就业等多重大山的压迫下，大学生的心理健康已经告急。2000年，由北师大心理系团总支、学生会倡议，十多所高校响应，并经北京市团委、学联批准，确定每年的5月25日为全国大学生心理健康日，目的是呼吁大学生关注自己的心理健康，并以此掀起社会关注心理健康的热潮。

一、大学生身体健康标准

《国家学生体质健康标准》由教育部、国家体育总局共同制定，为《国家体育锻炼标准》的一个组成部分。《国家学生体质健康标准》是学生体质健康的个体评价标准，也是促进学生体质健康发展、激励学生积极进行身体锻炼的教育手段，并且是评价学生能否毕业的依据。该标准体系中，也包含身体健康所要求的测定、评价的内容，还可作为制订运动处方的依据。

《国家学生体质测定标准》测定结果分为"优秀""良好""及格""不及格"四个级别。具体详见附录。

二、大学生心理健康标准

目前,国内外对心理健康判断的具体标准有很多,但还缺乏公认的标准。由于人们的遗传因素和社会生活是多样的,人与人之间的差异也是多方面的,所以心理健康标准也不尽相同。但根据现代大学生的实际情况,评判大学生的心理健康标准可以归纳为以下六点:

(一)情绪稳定

心理健康的人能恰当地协调自己的情绪,情绪活动的主流是愉快的、欢乐的、稳定的,虽然偶尔也会出现悲伤、忧愁、愤怒、恐惧等消极的情绪状态,但一般不会持续太久。心理健康的人往往具有良好的情绪稳定性,既能适度宣泄,又能克制约束,如果一个人对痛苦的事情做出愉快的反应,或对愉快的事情作出痛苦的反应,或喜怒无常,遇到一点小事情绪也大起大落,或长时间处于消极情绪而不能自拔,都是情绪异常的表现。

(二)意志健全

一个人的意志是否健全主要表现在意志品质上,意志品质是衡量心理健康的主要意志标准,其中行动的自觉性、果断性和顽强性是意志健全的重要标志,意志健全者在这些方面都表现出较高的水平。意志健全的大学生在各项活动中都有自觉的目的性,能适时地作出决定并运用切实有效的方法解决所遇到的各种问题,面对困难和挫折时能采取合理的反应方式,能控制情绪和言行,能够保持长时间专注的行动去实现既定目标,而不是行动盲目、任意放纵。

(三)人格完整

人格是指一个人的整体精神面貌,即具有一定倾向性的心理特征的总和。完整人格就是指有健全统一的人格,各方面能平衡发展,以积极进取的人生观为中心,能把自己的需要、愿望、目标和行为统一起来,能把所想、所说、所做统一协调起来。心理健康的终极目标是保持人格的完整,培养健全人格。

(四)自我评价正确

自我评价是衡量大学生心理健康的重要指标之一。心理健康的大学生能够体验到自己存在的价值，了解自己的优点和缺点，既能够做出适当的自我评价，也能悦纳自己；既不妄自尊大，也不妄自菲薄。这样的学生能制定切合实际的生活目标，不对自己提出过高的期望，能努力发挥自身的潜能，不自暴自弃，也不放弃可以自我发展的机会。

（五）人际关系和谐

心理学将人际关系定义为人与人在交往中建立的直接的心理上的联系。心理健康的人具有处理人际关系的基本能力，有着良好的社会支持系统，既有广泛的人际关系又有稳定的知心朋友，不仅能悦纳自己，也能悦纳他人，能够较为客观地评价别人，既能容人之长也能容人之短，既能容人之功也能容人之过，在与人相处时，积极态度多于消极态度。

（六）社会适应良好

社会适应能力是指人为了在社会上更好地生存而进行心理上、生理上以及行为上的各种适应性的改变，与社会达到和谐状态的一种执行适应能力。心理健康的大学生能与社会保持良好的接触，对社会现状和未来有较清晰、正确的认识；能跟上时代的变化，积极调整自身从而与社会的进步与发展协调一致；能了解并遵守社会规范，自觉地约束自己。

心理健康标准是一种理想尺度，既可以作为衡量大学生心理健康与否的标准，也是大学生提高心理健康水平的努力方向。每个大学生都可以在现有的基础上做不同程度的努力，都可以追求心理发展的更高层次，不断发挥自身的潜能。

第二节　工科大学生提高身体和心理素质的途径

大学生身体素质提高应是各方面共同努力的结果，运动是其中的一个方面，还包括良好的饮食习惯、作息习惯，以及适当的心态调整。

一、工科大学生提高身体素质的途径

"生命在于运动"，说明运动对于生命存在的重要意义。古今中外的无数事实证明，坚持体育运动是防病治病、维护健康的必要措施。运动在促进人体生长发育、增强体质、防治疾病和延缓生命衰老等诸方面

都具有重要的作用。现在很多大学生存在不爱运动、久坐不起的不良习惯。青年初期是人一生中精力最旺盛的时期，在全面发展身体素质的基础上，应加强力量和耐力的训练。在掌握技术的基础上可以逐步提高要求，注意加强营养，保证身体发育得更加健壮。

（一）适当的运动

"一年之计在于春，一日之计在于晨。"晨练活动既能全面锻炼身体，也能全面提高身体素质，长时间进行晨练活动，可以提高肌肉的力量和身体的耐力，科学晨练能改善神经系统功能，通过晨练活动可提高中枢神经系统的机能水平，提高机体强度，提高身体的均衡性和灵活性。晨练的时候可以做一些有氧运动，有氧运动可以是各种形式的长时间跑、长时间进行的其他周期性运动（如篮球、舞蹈、自行车等）、长时间重复做某一非周期性运动，如排球运动中多次做滚动练习、循环练习等。晨练还能够提高同学们的意志品质，身体耐力好的同学往往意志更加坚强，在未来的成长过程中能够更好地成长成才。

采用任何形式的运动来促进身心健康、预防疾病、提高身体素质等，都必须遵循人体活动的生理规律，同时也要符合个人的心理特点，进行的运动要符合身体特点和锻炼重点的要求，才能取得良好的锻炼效果。

（二）合理的饮食

一般情况下，一天需要的营养应该均摊在三餐之中。每餐所摄取的热量应该占全天总热量的三分之一左右，但每一餐又各不相同。人们常说"早吃好，午吃饱，晚吃少"，这一养生经验是有道理的。早餐一定要吃，且不但要注意数量，而且还要讲究质量。人的胃经运行时间是上午七点到九点，这个时候会分泌胆汁来消化食物，如果不吃早餐，胆汁分泌了却无东西可消化，久而久之就会形成胆结石，这绝不是危言耸听。早餐的主食一般可以吃含淀粉的食物，如馒头、豆包、玉米面窝头等，最好配合杂粮粥，如谷类、豆类，丰富的膳食纤维促进肠道的蠕动，清理肠道防止便秘。还要适当地增加一些含蛋白质丰富的食物，如牛奶、豆浆、鸡蛋等，使体内的血糖迅速升高到正常或超过正常标准，从而使人精神振奋，能精力充沛地工作学习。午餐应适当多吃一些，而且质量要高。主食应该选择米饭、馒头、玉米面发糕、豆包等，副食要增加些富含蛋白质和脂肪的食物，如鱼类、肉类、蛋类、豆制品等，以及新鲜蔬菜，使体内血糖继续维持在高水平，以保证下午的工作和学习。晚餐要吃得少，以清淡、容易消化为原则，但是也不可不吃，如果晚饭不吃，人的脾胃没有营养物质可以运化，身体素质就会变差。另外，就寝两个小时前不要进餐，更要避免夜宵。

大学生聚餐活动较多，饭桌上必有酒，但要记得"小酌怡情，大酒伤身"。酒精是一种麻醉剂，能刺激大脑。它会先关闭大脑的抑制功能，于是微醺的人会显得更"活跃"；接下来，当大脑承受不住酒精刺激时，就会出现短暂休息；再多喝一些，大脑就只好暂时进入一个长时间休息的状态了，有些喝醉的人会出现"断片儿"的现象。因此，聚餐时一定要把握好度，不可过度饮酒。

一般来讲，饮食要遵循以下几个原则：

1. 饮食多样化，多吃些粗杂粮，少吃精米精面，最好每天吃些坚果
2. 饮食规律，不暴饮暴食，也不饥一顿饱一顿
3. 多吃新鲜蔬菜和水果
4. 减少含脂肪高的食物，尽量避免油腻煎炸食品
5. 每周最好能吃2～3次鱼或鸡肉等高蛋白肉类
6. 少食或不食生冷食物、饮品

（三）良好的作息习惯

随着社会的发展与时代的进步，生活中的诱惑越来越多，最常见的现象就是手机不离身，晚上熬夜的现象也越来越普遍。虽然各种关于熬夜伤身体的科普随处可见，但大部分人对熬夜的危害并不以为然："年轻身体好，一晚上不睡有什么的。""熬了夜，第二天补一觉就行了，不怕。"然而事实真的是这样的吗？其实熬夜对人身体机能的损伤是普遍存在的。只是年轻的体格推高了"生病"的警戒线，旺盛的生命力遮掩了睡眠缺乏带来的不适症状罢了。但这种掩盖却并不能抹去损伤存在的事实，一旦熬夜的伤害突破了一个人的承受底线，再年轻的身体也会不堪重负。

熬夜就是对一个人睡眠的剥夺。长时间的熬夜会造成黑眼圈以及眼袋的下垂。长时间的睡眠剥夺会造成大脑运行的混乱，不仅注意力会难

以集中，记忆力也会显著下降，严重者会导致脾气暴躁。熬夜期间，白细胞的增殖活性明显降低，造成人体免疫力的低下，就算是一些平常不必在意的小病毒，这时候都可能打倒一个年轻力壮的人。

对于很多大学生来说，补觉是熬夜后的救命稻草，但实际上从生理学角度考虑，补觉并不能消除熬夜带来的伤害。因为熬夜后的补觉，依然打乱了人体受光照影响的正常昼夜节律，昼夜节律的紊乱干扰了大脑中的工作，进而造成人体内各种神经、内分泌调节的紊乱。所以熬夜扰乱生物钟的工作，不一定可以通过补觉来调节。

因此，大学生不要过度透支自己的身体，多多修身养性，应该养成早睡早起的健康的作息规律，才能不断提高自己的身体素质，不耗损自己的气力，"正气存内，邪不可干"，身体素质好了，才能在风寒风热感冒、流行感冒来临时抵抗住，不容易被感染。

二、工科大学生提高心理素质的途径

每位学生都希望事事顺心，但在大学生活中难免会遇到种种烦心事，这就要求我们能够在遇到问题的时候以积极的心态应对。要想提高心理素质首先需要了解大学生经常出现的心理问题，只有系统的了解了常见的心理问题才能更好地应对问题，更好地解决问题。

（一）考试焦虑及其调适

考试焦虑是大学生中较常见的心理问题。考试焦虑是人由于面临考试而产生的一种特殊的心理反应，它是在应试情境刺激下，受个人的认知、评价、个性、特点等影响而产生的以对考试成败的担忧和情绪紧张为主要特征的心理反应状态。

1. 考试焦虑的表现

一般表现为因为过分担心自己考试失败从而心理压力过大，在临考前或考试过程中出现紧张、害怕的情绪状态。考试焦虑一般在考试之前的几天时间会有所表现，并且随着考试的临近而日益严重。研究表明，一定的考试压力能使学生维持适度的紧张状态，注意力高度集中，对学习有益，但过度的考试焦虑则会使学生不能够正常发挥自己的能力，从而成绩不理想。

【案例】

李某某，女性，19岁，是某综合大学一年级学生。每到期末复习考试临近期间，她就紧张焦虑起来，同时还伴有较严重的入睡困难现象。早在中学时代，李某某就是学校里有名的好学生，考试一直位于全班的前几名，老师和同学对她的期望值也很高，家长则要求其必须上全国重点大学的重点专业。因此，为了高考，李某某放弃了许多睡眠时间用来学习，但却感到学习效率越来越差，成绩也下降了。高考时，她拖着疲乏的身躯来到考场，在考场上脑子很乱，原来复习过的内容也想不起来了，急得她浑身出汗，心慌意乱，勉强交了考卷，成绩可想而知。虽然考上了大学，但只是普通大学，专业也很一般。上大学后，她就出现了入睡困难，特别在考试期间，总是焦虑、心慌、失眠，学习起来非常吃力，第一学期期末考试数学不及格，心理负担更重了。

很显然，上述案例李某是由于压力过大导致的考试焦虑。李某某从小都是好学生，有良好的学习基础，只是由于对自己有过高的要求，而这种要求反而抑制了正常水平的发挥，体现了情绪对智力活动的影响作用，良好的心境，充分的信心有利于增强复习效果，而过分紧张焦虑的心态使自己不能专心致志地复习，反而影响复习效果。

2.考试焦虑的调适

首先，端正考试动机，正确评价考试成绩及意义。现在大学生对考试的外在价值过分重视，认为考试成绩与一些荣誉、前途密切相关，如评奖评优、推优入党、推免保研等等。其实不然，大学里看重的是学生的综合素质，除了学习成绩以外，创新能力、社会实践、校园文化活动等也要全方面发展，成功的道路有很多，不单单只有学习成绩这一条。

其次，调整期望值，培养良好的个性。为防止考试焦虑的发生，大学生在考试前，对自己的期望值一定要恰当。要根据自己一贯的学习成绩，定一个比自己平时成绩略高一点的期望值，这样实现的可能性较大，不容易造成心理落差。

最后，认真复习，认识自己的优势，正确评价自己。充分复习，牢牢掌握知识，能够举一反三，触类旁通，一般的难题都不怕，这是防止怯场最基本的条件。客观评价自己，不可妄自菲薄，在自身实际水平的基础上，进行积极的暗示，树立信心，迎接考试。

（二）抑郁情绪及其调适

当代大学生在日常生活中经常会遇到种种困难，在碰到问题的时候很容易产生不同程度的抑郁情绪，这是一种很常见的情感成分。几乎我们所有人都在某个时候觉得情绪低落，常常是因为生活中一些不如意的事情，而正确认识抑郁情绪和怎样缓解抑郁情绪则是我们需要学习的。

1. 抑郁情绪表现

抑郁是一种持续时间较长的低落消沉的情绪体验，常常和外界的情景刺激有关，如心理压力、重大挫折、痛苦遭遇等。当个体在应对时，如果适应性反应功能受阻，则会产生抑郁情绪。抑郁是状态性的情绪，通常表现为情绪低落、思维迟缓、丧失兴趣、缺乏活力等。一般来说，这种情绪多发生在性格内向、孤僻、敏感多疑、依赖性强、不爱交际、生活遭遇挫折、长期努力得不到回报的大学生身上。

【案例】

王某某，是一名大学一年级学生。刚上大学时，她有些不习惯，总觉得自己压力很大，干什么事情总是没有精神，情绪很不稳定。上自习时，看到大家都在读书，她就不想看书，觉得很难受，甚至有点儿痛恨他们在读书。他经常一个人行动，上课、自习、吃饭，有活动也总是一个人，觉得一个人很自在，不受约束。她发现自己还有个问题，当她情绪不好的时候，就吃东西。常常是一个人在这个食堂吃过，又跑到另一个去吃，然后再到超市买一大堆饼干或者别的东西回宿舍吃，她觉得这样有点儿近乎疯狂，不可理喻了，可是就想让胃撑满，有时近于疼痛，好像这样会得到快感和满足。当她自己吃东西的时候，也知道这样不对，但是无法控制自己，就想不停地吃下去，什么都不要想。也尝试过节食减肥，但是她发现自己对什么都馋，而且刻意寻找东西吃，不是因为饿，而是为了一种满足感，而且经常没有节制，吃起来不停。

这是一例以抑郁为主要特征的情绪问题，具体表现为：情绪不稳定，难以控制自己的情绪，兴趣减退、体重剧增、消极的自我观念、注意力不集中，核心问题仍然是情绪问题，表现为通过吃东西缓解其心理压力与焦虑，尽管已经认识到问题，但却控制不住，需要通过积极的心理辅导，来逐渐控制自己的情绪，进而进行正常的学习生活。

2.抑郁情绪的原因及调适

有抑郁情绪的大学生对未来过于悲观、失望，看事物容易看到黑暗面，这是由于认知的偏差即非理性信念造成的。总结起来认知偏差有以下几个原因：

（1）要求绝对化。从自己的主观愿望出发，认为某一件事必定会发生或不会发生，常用"必须"，或"应该"的字眼，然而客观事物的发生往往不依个人的主观意志转移，因此，怀有这种看法或信念的人极易陷入抑郁情绪的困扰。

（2）过分概括化。对事件的评价以偏概全。一方面是对自己的非理性评价，常凭自己对某一事物所做结果的好坏来评价自己为人的价值，其结果常导致自暴自弃，认为自己一文不值而产生焦虑和抑郁情绪。另一方面是对别人的非理性评价，别人稍有差错，就认为他很坏，一无是处，其结果导致一味责备他人，并产生敌意和愤怒情绪。

（3）糟糕透顶。认为事情的发生会导致可怕的或灾难性的后果。常使个体陷入羞愧、焦虑、抑郁、悲观、极端痛苦的情绪体验中而不能自拔。这种糟糕透顶的想法常常是与个体对己、对人、对周围环境事物的要求绝对化相联系的。

如果出现了抑郁情绪，该如何调适呢？

首先，要学会心理上的自我调节，要学会放松，比如看一些搞笑的视频，听一些诙谐幽默的相声等等。其次，培养自信，比如每天都用积极的语言来暗示自己，相信自己没问题，如果在处理事情中一旦出现了问题，也千万不要当一回事，憋藏在心里，损害身体健康。最后，积极入世，多与家人、朋友交流，摒弃悲观厌世的生活态度，因为爱是战胜一切的源泉，不管何时何地，家人和朋友都是你最强有力的支撑，他们会帮你渡过难关。

（三）完美主义及其克服

完美主义与人们所说的强迫症近似，是一种建立在处处不满意、不完美之上的，极度追求完美、毫无瑕疵的想法，是由于处于极端的环境缺乏沟通缺乏安全而形成的。完美主义在一定程度上是对学生有益的，而过度地追求完美则不利于学生健康发展。

1. 完美主义的表现

追求完美的大学生对自己持过高的要求，期望自己完美无缺，却不顾自己的实际状况。他们对自己"不完美"的地方过分看重，任何事情都要做到最好，甚至把不可避免的问题都看成是自己"不完美"的表现，对自己不满意，进而严重地影响了自己的情绪和自信心。由于完美主义者无法正确地认识现实中平凡的或有缺点的自我，而只接受自己理想中的"完美"自我，不肯迁就，所以其后果经常适得其反。

【案例】

王某某，男，是一名大学二年级的学生，该同学喜欢把事情做得完美、没有缺点，不想让别人指出缺点，他希望别人都说他做得好。在做一件事情之前，他会在脑子里演练好几遍，直到觉得准备好了，可以着手去做了，才会开始。他会琢磨事情的细节，还会自己在脑子想出几套紧急预案，防止事情出差错后，没有后备的方案，导致太过慌乱甚至失败。在日常生活中，该同学对自己也要求很高，他喜欢看到东西摆放得整整齐齐的样子，看不下去桌子上杂乱的状态。并且表示自己需要经常洗衣服，尽管洗的衣服都还不是特别脏，但只要一脱下来便会立刻去洗，不会留到明天。他洗衣服一定要把衣服洗得很干净，比如洗白袜子时，会用好多肥皂使劲揉搓，直到洗到和刚买时一样白。

很显然，该同学是一名完美主义者。该同学做事情的时候会反复地检查、重复地确认，以此来减少出错概率，力求把事情做得完美，这反映了完美主义者惧怕失败的想法，并且该同学在日常生活中对卫生也有诸多苛求，吹毛求疵，如果有自己不满意的地方，便会寝食难安。

2. 完美主义的克服

过分追求完美的人，往往具有性格的、环境的和认知缺陷的存在，须从以下几方面着手予以克服。

（1）树立正确的认知观念

金无足赤，人无完人。每个人都既有所长亦有所短，既有优点也有缺点。在漫长的人生路上，每个人既可能在某方面获得成功，也可能在努力之后遭遇失败。正所谓"失败乃成功之母"，一件事的成败不等于所有事情的成败，事的成败也不能代表人的成败，昨天的成败并不能决定明天的成败，更不能决定一生的成败。一个人不仅要肯定自己的优点和成绩，而且要接纳自己的缺点和不足，应该正确地认识自己，但不应该自以为是，狂妄自大。

（2）目标合理恰当

没有目标和理想的生活会使人陷入迷茫，但目标的确立一定要符合自己的实际能力，既不苛求自己，也不被他人所左右，要正确地认识自己，要有自知之明。在现实生活中，任何人都不可能做到完全不顾及他人对自己的期望和评价，重要的是不能被他人的评价和意志所束缚。如果一个人只是为了父母、老师、同学、朋友等等而学习或生活，就会完全失去自我。一个没有自我的人，无法以良好的心态去面对学习和生活，行动的效率也会因此而大打折扣。事实上，个体越能独立于周围人的期望，其自我意识的独立性就越强，所遭受的冲突和伤害就越少。所以大学生必须明确自己的目标是什么，要明白这个目标适不适合自己。只有明确了这一点才有可能真正地认识自己，规划自己的发展方向，最终走向独立的自我。

（3）接纳自己的不完美

事实上，优点和缺点都是相对来说的，一个人的优点有时在另一个情景下就会成为缺点，反之亦然，只是要看放在什么场合而言。揪住自己"缺点"不放的人是不明智的，这本身就是一个缺点。要懂得接纳并欣赏自己，不虚伪，在他人面前自然坦诚地流露自己。不妨记住，虽然追求完美作为一种积极向上的精神是可取的，但若作为一种性格特征，则是一种有害的心理特征。

（四）自我中心及其克服

当代大学生基本上是独生子女，成长环境的优越和父母的爱护使他们处事过程中大多以自我为中心，凡事从自我出发，只关心自己。自我中心意识较强的同学在与别人交往过程中会存在困难，人际关系会出现问题。

1. 自我中心的表现

主要表现在：一是只替自己打算，不顾及他人的感受和需要。二是大学生处于青年初期，越来越多地把注意力投向自己，不能客观、全面地分析问题，很容易盛气凌人，把自己的意志强加于人。三是由于有比较强的自信心、自尊心，故比较容易出现自我中心的自我意识偏差。

过度自我接受的人常常拿放大镜看自己的长处，夸大自己的长处，甚至把缺点也视为长处；看不起别人，拿显微镜看他人的短处，把别人细微的短处都找出来。这种人过于关注自我，凡事从自我出发，不能设身处地地进行客观思考。有的同学表现为高高在上、盛气凌人，总认为自己对，别人错；有的同学表现为斤斤计较，生怕别人对自己不好，只能沾光，不能吃亏。自我中心者目光短浅，心胸狭窄，因为害怕吃亏而小心翼翼，为了一点鸡毛蒜皮之事而耿耿于怀。由于考虑问题和做事常常以自我为中心，常不能赢得别人的好感和信任，人际关系多不和谐。

【案例】

刘某某，男，22岁，是一名大学二年级的学生。他的问题是过于自负，一直认为自己聪明过人，才能超群，爱在别人面前夸耀自己，别人越关注他就越兴奋。他认为自己关注的都是例如哥德巴赫猜想式的高深学问，瞧不起他人，认为别人都是庸俗、无知的。他对同学有较强的支配欲，爱支配他人而不喜欢被他人支配，同学偶尔给他提的小意见他都不能接受，内心里十分反感。他看不到自己的缺点和不足，盲目地为十全十美的自我而陶醉，总是看不起周围同学，遇到比他优秀的同学，他会用自己的长处去和别人的短处相比，而不会虚心学习。因为刘同学太自负，这导致了他一直没有朋友。

这是典型的自我主义，该同学由于在家里一直是家长们的宝贝，从小是听着长辈们夸赞的话语长大的，很少会有人批评他，这就使该学生过分自高自大，只关心自己而不会顾及他人感受，并且渴望持久的关注与赞美，对无限的成功、权利和荣誉有强烈的幻想，所以不能赢得别人的信任与关心，故而人际关系便会处理不好。

2. 自我中心的克服

大学生自我意识发展过程中出现以自我为中心的现象是心理不成熟的表现，主要是由其身心发展状况和成长背景决定的。以自我为中心是大部分大学生或多或少都可能会出现的现象，是普遍的、正常的，但也是需要及时进行调整的。只有认识到这一点,才有可能去面对它、正视它,从而采取合适的办法去克服它,以达到真正的自我统一和身心健康的目的。克服过分自我中心的途径包括:

(1) 建立合作意识,培养合作精神

在大学阶段,不仅要为将来走向社会做好知识和技能方面的准备,更重要的是要学会做人。要认识到每个人都是特定群体中的一员,无论是个人的发展,还是社会的进步,都离不开大家的共同努力。社会分工越细,对人合作能力的要求就越高,很难想象一个脱离集体、孤军奋战的人如何生存和发展。在某种意义上,培养合作精神比知识技能的掌握更重要。因此,每个人都要自觉地把自己和他人、集体结合起来,只有做到"我为人人",才能达到"人人为我"。

(2) 学会尊重他人

尊重他人是大学生的基本修养,每位大学生都要学会客观地看待别人的优点和缺点,做到严于律己,宽以待人。处理同学之间的矛盾冲突时要注意对事不对人,不因同学有缺点而鄙视他,也不因自己比别人强就高高在上。要认识到,不管大家在群体中的地位如何,作为人,大家是平等的。只有尊重和信任他人,才能获得他人的尊重和信任。

(3) 学会与人共情

在人际交往中,要学会设身处地地从他人的角度认识问题和思考问题,充分理解和宽容他人。要以平常心与同学交往,多听取大家的意见和别人对自己的评价。当他人遇到困难时要予以力所能及的帮助,多为他人投入一点关心和爱心。只有做到"我爱人人",才能达到"人人爱我"。

(4) 客观地评价自己和他人

在和同学比较时要实事求是,不能用自己的长处去比同学的短处。要认识到,每个人都有优点和缺点。不能因为同学有缺点就全面否定别人,就认为别人一无是处,也不能因为自己某些方面的优势就认为自己完美无缺。无论对人对己,都要既不低估也不高估,既不妄自菲薄,也不骄傲自大。

(五) 孤僻及其矫正

孤僻在大学学生之间是经常存在的,学生只有在与别人交流过程中才能学到知识,学会生存技能,而孤僻是不利于一个学生正常发展的。

1. 孤僻及其表现

孤僻是一种不健康的性格特征,由此能引起抑郁的情感体验,表现为少言寡欢、孤独沉默、忧愁郁闷、精神萎靡、生活无味、倦怠无力。在大学生中,孤僻多见于性格内向者,主要表现为不合群,对周围的人常常怀有戒备或厌烦情绪,疑心很重,好神经过敏,喜欢独来独往。孤僻的大学生容易把不良的情绪积聚起来,引起心身疾病。从心理学的角度来看,孤僻的主要特点是不合群,虽说和自闭症、抑郁症等病因形成的孤僻状态不一样,但同样是不健康的社会行为模式。

【案例】

有这样一位同学,是大学一年级的学生,他患有先天性疾病,但是除了行动会有一些不便,不会影响他的正常学习和生活。刚开学时,由于他的身体情况,我特别安排班长及其宿舍的宿舍长多照顾他,关心他。开学一段时间之后,他有时候会迟到,甚至有时候会在上课的时候躲在宿舍睡觉。理由基本上都是说身体不舒服,忘记请假了。据同学反映,他平时总是独来独往,很少与同学交谈,也不爱与人分享或者帮助别人。一位比较了解小王的同学说,他特别喜欢玩网游,大家都管他叫"战神"除了玩游戏,小王还喜欢睡觉,他在宿舍不是玩游戏就是睡觉,不愿与其他同学说话。据他母亲说,在来大学前,他特别喜欢化学,报了环境监测与评价这个专业,但是由于身体原因被调剂到了计算机网络专业。他不是很喜欢这个专业,于是比较厌学,认为自己学不懂,不知道以后该做什么,自我迷失使他产生了强烈的自卑感与失落感,再加上原本内向的性格,导致了与现在同伴的交往孤独障碍。

很明显,该同学不喜欢社交,性格较为孤僻。由于他的身体原因,不喜欢与其他同学交流,可以看出,该同学极其不自信,并且沉默寡言,不爱参加群体活动。而同伴交往是人与人之间关系的互动,它必须建立在相互接触、相互了解、相互影响的作用之中。而性格孤僻、冷漠的人,则认为人是自私的、不可信赖的,因而现实中与人总是保持一定距离,独来独往。由于不相信别人,也不了解自己,所以这部分大学生缺乏与人交往的热情,不愿主动参与或很少参与群体活动,进而导致"自我孤立"。

2.孤僻的矫正

作为一名大学生,也应该进行积极主动的反思,找到自己心理问题的症结,摆脱因贫困等暂时无法改变的原因而引起的过度自卑,从而产生孤僻的心理问题,应该主动寻求有关人员的帮助,寻找妥善解决问题的方法。具体建议如下:

(1) 及时发现问题

作为教育者或其他亲密的人,应及时准确地发现他们心理负担的根源,对心理孤僻者进行早期干预,有的放矢地做好教育工作,控制大学生不良情绪的发展,转变他们的孤僻性格。

(2) 积极建立沟通的桥梁

孤僻性格大学生的心理与正常者相比具有较强"内隐性"和"文饰性"。由于师生之间年龄、地位的差异,他们不愿向教师坦露心迹,这就需要教师设法与他们沟通感情。在一定条件下,用间接或含蓄的方法,容易使他们接受某种意见和要求,简短的安慰、鼓励的动作,甚至同情的眼神,都是建立起沟通的桥梁。

(3) 正视自己缺点

克服因不可抗拒的原因而产生的自卑感,增强自尊心,树立自信心。家庭出身和自身的其他条件等,都不是个人的错误,也不是短时间就能够改变的,应该正确看待它们给自己带来的影响。努力将不利因素转变为学习或生活的动力,而不要整天沉溺其中,怨天尤人,独自品尝苦果。认识在人的一生中遇到矛盾、挫折是常事,如何解决矛盾的问题是不可回避的。同时深刻了解自我承受力比较脆弱的特点,使其学会用积极的方法解决矛盾。

(4) 循序渐进,慢慢学习

人际交往不单是和人说话和来往的过程,而是一门学问,需要不断总结自己与人交往时的经验和教训,不断提高自己交往的技巧,从而建立友好和谐的人际关系。

(六) 偏激及其矫正

偏激主要存在于青年大学生中,性格和情绪上的偏激,是做人处世的一个不可小觑的缺陷。它的产生源于知识上的极端贫乏,见识上的孤陋寡闻，社交上的自我封闭意识，思维上的主观唯心主义等。

1. 偏激及其表现

偏激的基本特点为固执、敏感、傲慢、情感不稳定、心胸狭隘、有强烈的自尊心、常常感情用事等，并伴有攻击行为。固执刻板表现为好与人争论，常常为一些鸡毛蒜皮的事情与人争执得面红耳赤。为人死板，缺乏幽默感，对周围人怀有敌意，充满不信任感和戒备感，嫉妒心强。对自己的能力估计过高，惯于把失败归罪于别人，因而人际关系不和谐。对批评或波折过分敏感，对侮辱和伤害不能宽容，会长期耿耿于怀。易将别人无意的或友好的行为误解为敌意或轻蔑而产生歪曲体验。看问题主观片面，工作和学习上往往言过其实，生性嫉妒。在失败的时候，时常推诿责任于客观和他人、迁怒于人而原谅自己，往往认为自己成了别人阴谋的牺牲品。

【案例】

有这样一位同学，她是一名大学一年级的学生，学习成绩很优秀，但却经常控制不了自己的脾气，非常容易动怒。经常在一些事情上斤斤计较，爱钻牛角尖。有一次，参加一个话剧比赛，在比赛开始前却发生了意外，她自己制作的用来表演话剧的道具被她的同学给弄丢了，这个道具是她花了两天的时间精心制作出来的，很快比赛就要开始了，其他同学赶紧给他找了一个能用的道具给她使用，但是这位同学却以不是自己道具不会使用为由拒绝参加本次话剧演出，最终由于她没有参加而导致他们班在这次话剧比赛中以弃权告终。因为这次事情，她和班级里其他同学的关系更加紧张，然而她却对这件事情耿耿于怀，认为其他同学错怪她了，这导致她和其他同学的关系更加疏远了。

这是一例典型行为偏激的案例，该同学由于一点儿鸡毛蒜皮的小事而耽误了参加话剧比赛这样的大事，着实是得不偿失，这位同学的性格比较偏激，容易走极端，经常会钻牛角尖，自己想做的事情，就一定要做完，不会听其他人的意见，而由于无法分辨所做的事情正确与否，就会给他人带来不必要的麻烦。

2. 偏激的矫正

偏激是一种不良性格品质，一般在大学低年级的学生中较常见。要克服偏激这种不良人格特征，主要是采取认知疗法。首先，应确立全面看问题的观念，改变认识的片面性，要充分认识自身的优点和缺点，改变极端的思维方式，重新构建一种合理化的认识，比如：人无完人，对犯错误的人应该给予改正的机会，人与人之间需要相互信任、互相尊重和互相帮助等。其次，要改变无故怀疑他人的习惯，学会宽恕，并且要在行动上克服莽撞从事，不计后果的作风。最后，应该逐渐学会与人和谐相处，相信生活中大多数人是值得信赖的，不要用敌视的态度去待人处事。努力用善意理解人、用热忱关心人、用真诚结交人，用心体会友谊带给人的温馨和愉快。

（七）挫折及其认识

挫折是大学生在日常生活中经常会遇到的，凡事没有一帆风顺，如何面对挫折，如何提高挫折承受力是当代大学生必须学习的一项技能。

1. 挫折承受力的表现

所谓挫折承受力是指一个人遭受挫折后免于心理与行为失常的能力。一个人在遭受挫折时，能否经受得住打击和压力，能否摆脱和排解困境，从而使自己避免心理与行为失常，这样的一种耐受能力就是挫折承受力。挫折承受力和扁担的承受力类似，能挑一百斤的扁担，挑八十斤没问题，挑一百二十斤就要折断。心理压力在挫折承受力的范围以内，我们能够经受得住，能够保持心理平衡；如果心理压力超过挫折承受力，就将失去心理平衡，出现心理失常。因此，增强挫折承受力是抵御挫折、维护心理健康的根本措施。

2. 挫折承受力的培养

增强挫折承受力涉及多方面因素，下面就其主要因素加以论述。

（1）正确看待挫折

首先，要认识到挫折是普遍存在的。人类社会生活实践表明，人为了生存和发展就会产生种种需要，就会因某些需要得不到满足而产生挫折。从某种意义上说，挫折是人们生活的一个组成部分，是任何人也不可能完全避免的。认识到挫折的普遍性很重要，它是战胜挫折必要的心理准备。只有认识到挫折是普遍存在的，才能坦然地面对挫折，正视挫折，不否认、不回避，接受挫折的考验，经受挫折的磨难，树立信心，鼓足勇气，采取有效措施,最终战胜挫折。

其次,要认识到挫折具有两重性。挫折既有消极作用,也有积极作用,两者在一定条件下可以相互转化。遭受挫折不仅是必然的,也是必要的,挫折是人生中不可缺少的激励因素,正是挫折激发了我们的潜能,正是挫折给了我们施展才华的机会,正是挫折使得我们的生活丰富多彩。当然,也应看到挫折的消极作用,生活中如果屡遭挫折,积累过多的挫折经验,也会使人消极悲观、丧失信心,危害心理健康。因此,要充分发挥挫折的积极作用,使其消极作用降低到最低限度。

（2）调节抱负水平

抱负水平是指个体在从事活动前对自己所要达到的目标或成就的期望标准。它是人们进行成就活动的动力,而能否成功则决定于抱负水平的高低是否符合个体的能力或条件。抱负水平过低或过高都不利于增强个体的自信心和自尊心。在过低的抱负水平下,即使成功了,也不能产生成就感;抱负水平过高,在达不到预定的目标时,就容易产生挫折感。抱负水平与挫折感的产生有密切关系。在确立抱负水平时,不要盲目和别人攀比,更不要指望自己在所有方面都比别人强。因为在所有方面都比别人强是不可能的。

（3）适当宣泄

一个人遭受挫折后,容易产生紧张、焦虑等不良情绪,这种不良情绪必须通过某种方式宣泄出来,才能保持心理平衡,维护心理健康。如果这种不良情绪得不到宣泄,那么,随着不良情绪的增加,会破坏心理平衡,危害心理健康。因此,当一个人受到挫折后,应当设法宣泄不良情绪。

在各种宣泄方式中,倾诉是最常见的,而且非常有效。当你处于精神痛苦的状态时,如果有人能听你诉说衷肠,同时又不试图评判你,不替你承担责任,不打算改变你,你就会感到非常愉快,这样,你内心的紧张就会解除。那些看来永远无法澄清的迷茫困惑也都变成比较清澈透明的涓涓细流。

痛哭也是有效的宣泄方式。痛哭可以把不良情绪宣泄出来,同时,流出的眼泪还可以把体内某些有害物质排出体外,对心理健康和身体健康都有好处，因此，有必要对"男儿有泪不轻弹"的观念提出质疑，不管是女生还是男生，如果处在挫折的悲痛之中，不妨在适当的场合痛痛快快地大哭一场。

（4）积极寻求支持

来自各方面的精神上和物质上的支持，可作为一种保护性因素，缓解挫折对个体的打击，帮助个体应对挫折，从而增强挫折承受力。相反，缺乏社会支持，则会妨碍积极的心理应对，降低人的挫折承受力。因此，寻求社会支持也是增强挫折承受力的重要方法。大学生在日常生活中，要建立和谐的人际关系，乐于助人，广交朋友，营造自己的社会支持系统，当遭受挫折的时候，能够获得有效的社会支持，增强力量，战胜挫折。

（八）其他常见问题及其调适

大学生在生活中还会遇到其他心理问题，比如对大学生活的适应问题、大学生网瘾问题，大学生恋爱感情问题，这些问题都需要学生加以了解。

从中学时代走过来，每一个大学新生都面临一个崭新的世界。高考竞争激烈且残酷，经过十年寒窗，学生终于踌躇满志地步入大学校园。而对大学生来讲，无论是自然环境还是生活环境，无论是个人角色还是社会期望，都发生了很大变化。面对全新的生活环境、学习任务和人际关系，每个大学新生都要经历心理上、行为上的困惑与挑战。当然，大多数大学生能够在新的环境中战胜困难，最终适应大学的生活和学习环境。但也有少数人因为心理上的不适应而出现这样那样的问题，影响到各方面的发展与进步。怎样调整好自己的心态，尽快地适应大学生活，实现个人角色的转换，成功地度过美好的大学时代，是每个大学新生面临的重要课题。

1. 角色改变引发问题的表现

在许多情况下，人们很容易就会适应自己的角色改变。但是，当环境发生显著变化时，人们就有可能产生较多的角色适应障碍。这也是大学生，特别是大学新生必须面对的一个重要问题。大学生角色改变导致的问题主要有：

(1) 从"佼佼者"到"普通人"

大学是人才荟萃的地方，强手如林，因此很多大学生从原来的"佼佼者"变成现在大学里的一名普通学生。并且，大学生更注重全面发展，而不少大学生只看重学业，而忽略了其他能力的培养，反而不如那些学习成绩比较优秀，但其他能力更强的学生受青睐。很多学生变得不再耀眼，顿时倍感失落，优越感荡然无存。

(2) 从依赖到独立

大学生要从过去的依赖习惯转向完全的独立，这不仅包含生活方面，也包含学习方面。首先，大部分大学生都是远离家乡住校生活的，因此，他们必须培养和具备自理能力。并且在中学时有老师督促着学习，而大学生却要求自主学习，需要培养自主学习的意识。所以大部分学生便一筹莫展、束手无策，这便会产生较多的烦恼。

(3) 人际环境变化较大

中学时代，大部分学生很少接触社会，人际关系相对单纯。而进入大学之后，人际交往变得十分重要。学习和生活环境的变化，决定了大学生不能仅凭个人喜好来决定人际交往。加上同学之间的语言、价值观念、生活习惯、性情等方面的差异，增加了交往的难度。

2. 角色转变过程中的心理调适

为预防和克服在角色转变过程中的各种心理问题，尽快适应大学的环境和生活，大学新生必须通过学习、交友、咨询等心理教育途径和方法，努力掌握新知识和新技能，提高自身的心理素质。依靠高等学校大学新生入学适应期的教育，利用大学辅导员、任课教师、学生骨干的传帮带作用，及时地调整心态，以尽快完成从中学到大学的角色转变。

(1) 正确认识自我，尽快适应新角色

研究表明，个体对自我的认识和评价越接近现实，越容易适应环境。学生应该学会全面地、客观地评价自己，不苛求自己，不骄傲自满，也不自怨自艾，能扬长避短，乐观自信，这样入学适应的阶段就会顺利通过，以后的日子也会不断留下成功的足迹。

(2) 了解新环境，尽快开始新的生活

在大学里，学习方式、学习目标、学习内容、学习方法以及考试方式都和中学不一样。在学习方式上，大学课程的讲授重在理解，重在掌握规律和原理。自习时间的增多，授课时间的减少，考试次数的锐减都与中学大相径庭。只有尽快了解、熟悉新的学习目标、新的学习内容，逐步掌握新的学习方法，才能尽快完成从中学到大学的学习环境的转变。

（3）学会相处，接纳他人

大学新生彼此都是陌生的，但接下来四年要在一起生活、学习，所以这就要求新生能够求同存异，接纳他人。每个人来自不同的地区，家庭背景、生活习惯、价值观念都不同，如果在一起出现什么矛盾则应该委婉地提出意见，大家讨论解决，只有相互理解和宽容，才能处理好同学关系。

（4）充分理解自由，遵守校规校纪

中学阶段老师管得太严，家长约束太多，现在远离了家庭，又脱离了教师督促，部分同学因而放松了对自己的要求，以致不能很好地适应大学生活，有的甚至还触犯校纪校规，令人十分惋惜。因此，要正确处理好自由与纪律的关系问题。如果思想上失去了约束，各种不良的倾向就会随之而来。

第四篇　创新创业能力素养篇

祖国的青年一代有理想、有追求、有担当，实现中华民族伟大复兴就有源源不断的青春力量。希望你们扎根中国大地了解国情民情，在创新创业中增长智慧才干，在艰苦奋斗中锤炼意志品质，在亿万人民为实现中国梦而进行的伟大奋斗中实现人生价值，用青春书写无愧于时代、无愧于历史的华彩篇章。

——2017年8月15日习近平总书记给第三届中国"互联网+"大学生创新创业大赛"青年红色筑梦之旅"的大学生的回信

创新创业能力素养是指通过开发和提高学生创新创业基础素质和创新创业基本能力的教育，使学生具备从事创新创业实践活动所必需的知识、能力及心理品质。习近平同志在十九大报告中指出，青年兴则国家兴，青年强则国家强。青年一代有理想、有本领、有担当，国家就有前途，民族就会有希望。中国梦是历史的、也是现实的，更是未来的；是我们这一代的，更是青年一代的。中华民族伟大复兴的中国梦最终将在一代代青年的不断奋斗中变为现实。这就要求各高校大学生积极地响应国家的号召，努力提高自己的创新创业素养，争做新时代的弄潮儿。

本篇采用大学生创新创业能力素养指导模式作为研究架构，结合大学生群体的实际特点，帮助大学生了解和掌握创新与创业的相关知识和规律，提高大学生的创新意识和创业能力。本篇具体介绍了创新创业的背景、创新创业的政策、创新创业能力的培养和创新创业相关案例的分析等必备知识。具有内容新颖、贴近实际、案例鲜活、知识丰富、注重素质培养和能力提升等特点。通过此篇，意在使大学生能够更加详细清楚地了解如何培养创新创业能力素养，进而助益大学生创新创业能力的提升。

第八章 创新创业的背景及政策

在 2014 年 9 月的夏季达沃斯论坛上,李克强发出"大众创业、万众创新"的号召。当时他提出,要在中国大地上掀起"大众创业""草根创业"的新浪潮,形成"万众创新""人人创新"的新势态。①

第一节 创新创业的背景

习近平总书记在十九大报告中指出,"创新是引领发展的第一动力,是建设现代化经济体系的战略支撑。要瞄准世界科技前沿,强化基础研究,实现前瞻性基础研究、引领性原创成果重大突破。加强应用基础研究,拓展实施国家重大科技项目,突出关键共性技术、前沿引领技术、现代工程技术、颠覆性技术创新,为建设科技强国、质量强国、航天强国、网络强国、交通强国、数字中国、智慧社会提供有力支撑。加强国家创新体系建设,强化战略科技力量。"

工业 4.0 已经进入中德合作新时代,中德双方签署的《中德合作行动纲要》中,有关工业 4.0 合作的内容共有 4 条,第一条就明确提出工业生产的数字化就是"工业 4.0"对于未来中德经济发展具有重大意义。"工业 4.0"概念包含了由集中式控制向分散式增强型控制的基本模式转变,目标是建立一个高度灵活的个性化和数字化的产品与服务的生产模式。在这种模式中,传统的行业界限将消失,并会产生各种新的活动领域和合作形式。创造新价值的过程正在发生改变,产业链分工将被重组。"工业 4.0"项目主要分为三大主题:一是"智能工厂",重点研究智能化生产系统及过程,以及网络化分布式生产设施的实现;二是"智能生产",主要涉及整个企业的生产物流管理、人机互动以及 3D 技术在工业生产过程中的应用等。该计划将特别注重吸引中小企业参与,力图使中小企业成为新一代智能化生产技术的使用者和受益者,同时也成为先进工业生

---

① 孙丹. 政府工作报告起草组成员解读"大众创业万众创新",2015.03.06.

产技术的创造者和供应者；三是"智能物流"，主要通过互联网、物联网、物流网，整合物流资源，充分发挥现有物流资源供应方的效率，而需求方，则能够快速获得服务匹配，得到物流支持。①

一、创新创业提出的目的和现实意义

党的十八大明确提出实施创新驱动发展战略，将其作为关系国民经济全局紧迫而重大的战略任务。推进大众创业、万众创新，是探寻经济社会发展新动力的必然选择，是扩大就业、实现人民富裕的根本举措，是激发全社会创新创业潜力的有效途径。②

（一）"双创"揭示了创新创业理论的内涵和要求

大众创业、万众创新的提出把创业、创新与人、企业这几个关键要素紧密结合在一起，不仅突出要打造经济增长的新动力，而且突出要打造就业和社会发展的新动力，不仅突出精英创业，而且突出草根创业、实用性创新，体现了创业、创新、人和企业"四位一体"的创新发展总要求，揭示了创新创业理论的科学内涵和本质要求，为创新创业理论和实践研究开辟了崭新的未来。③

（二）"双创"是坚持创新发展战略的关键实现途径

李克强总理在出席国家科技战略座谈会时指出，实施创新驱动发展战略，要坚持把科技创新摆在国家发展全局的核心位置，既发挥好科技创新的引领作用和科技人员的骨干中坚作用，又最大限度地激发群众的无穷智慧和力量，形成大众创业、万众创新的新局面。要依托"互联网+"平台，集众智搞创新，培育科技进步的社会种子，打通科技成果转化通道，实现创新链与产业链有效对接，塑造我国发展的竞争新优势④。

（三）"双创"是供给侧的重大结构性改革

习近平指出，"我国建设现代化经济体系，必须把发展经济的着力

---

① 参见苏子言岁月：《【探究】中国如何破解工业4.0这四个难题？》，2016.02.29.
② 参见孙丹：《政府工作报告起草组成员解读"大众创业万众创新"》，2015.03.06.
③ 转自王晓易_NE0011，《大众创业万众创新的理论和现实意义》，载《网易新闻》
④ 《深化改革加快实施创新驱动发展战略》，中国经济网，2015.03.24.

点放在实体经济上,把提高供给体系质量作为主攻方向,显著增强我国经济质量"优势"。①加快建设制造强国,加快发展先进制造业,推动互联网、大数据、人工智能和实体经济深度融合,在中高端消费、创新引领、绿色低碳、共享经济、现代供应链、人力资本服务等领域培育新增长点、形成新动能。我们知道,大众创业、万众创新的理念,可以大幅地增加有效供给,增强经济活力,加速新兴产业的发展,同时还可以扩大就业并且增加居民收入,更重要的是有利于促进社会的公平正义,是经济发展的引擎。

第二节 创新创业政策

为推动经济结构调整、打造发展新引擎、增强发展新动力,各级政府相继出台了国务院文件、地方文件和高校政策等一系列政策文件,在更大范围、更高层次、更深程度上推进大众创业万众创新,加快发展新经济、培育发展新动能、打造发展新引擎,建设大众创业万众创新示范基地,同时为工科大学生在创新创业方面的发展提供了有利条件和可靠保障。

一、创新创业政策文件

创新创业的相关要求和文件分别从政府报告和相应的政策文件两方面进行阐述介绍。其中,政策文件又分为国务院文件、地方文件和高校政策等三方面。

(一)政府报告

2017年10月18日,在十九大报告会上习近平总书记提出要加快建设创新型国家。他指出创新是引领发展的第一动力,是建设现代化经济体系的战略支撑。要建设创新型国家,要加强国家创新体系建设,强化战略科技力量。要深化科技体制改革,建立以企业为主体、市场为导向、产学研深度融合的技术创新体系,加强对中小企业创新的支持,促进科

---

① 【十九大报告解读】把着力点放在实体经济上-中国经济网-《经济日报》-《网(http://www.ce.cn/ztpd/xwzt/sjd/bwzg/201710/22/t20171022_26607038.shtml)》

技成果转化。要倡导创新文化，强化知识产权创造、保护、运用。要致力于培养造就一大批具有国际水平的战略科技人才、科技领军人才、青年科技人才和高水平创新团队。

从2014年至2017年，李克强总理连续四年在政府工作报告中强调创新创业。

创新是引领社会、经济、科技发展的第一动力，处于国家发展，实现中华民族伟大复兴的核心位置。现阶段的主要任务是启动一批全新的国家重大科技创新项目，建设一系列具有代表性的高水平国家科学中心和技术创新中心，培育壮大出一批具有国际影响力和竞争力的创新型领军企业。

"双创"是以创新创业带动就业的一种最简单并行之有效的方法，是推动旧动能转变为新动能，旧经济结构升级的重要力量，是促进机会公平、公正、公开和社会纵向流动的现实渠道。持续推进大众创业、万众创新关键在于新建一批创新创业示范基地，引领新的"双创"高潮。

（二）政策文件

1. 国务院文件

"大众创业、万众创新"最早是在2014年9月的夏季达沃斯论坛上，李克强总理首次在公开场合发出的号召。当时总理提出，"要在960万平方公里土地上掀起'大众创业''草根创业'的新浪潮，形成'万众创新''人人创新'的新势态"。经李克强总理签批，国务院日前印发《关于大力推进大众创业万众创新若干政策措施的意见》（以下简称《意见》），这是推动大众创业、万众创新的系统性、普惠性政策文件，是迎接"创时代"、推进"双创"工作的顶层设计。《意见》立足全局，突出改革，强化创新，注重遵循创业创新规律，力求推动实现资金链引导创业创新链、创业创新链支持产业链、产业链带动就业链，从而形成大众创业、万众创新蓬勃发展的生动局面。

《意见》从8大领域、30个方面明确了96条政策措施。一是创新体制机制，实现创业便利化；二是优化财税政策，强化创业扶持；三是搞活金融市场，实现便捷融资；四是扩大创业投资，支持创业起步成长；五是发展创业服务，构建创业生态；六是建设创业创新平台，增强支撑作用；七是激发创造活力，发展创新型创业；八是拓展城乡创业渠道，实现创业带动就业。部分解读如下：

（1）减免税费将给创业者带来"真金白银"般的实惠，尤其是在创业初期，创客的创业资本少，风险承受能力低，税费方面的优惠将给"大众创业、万众创新"带来动力，真正解决创客的经济难题。

（2）以创新的模式支持创新。综合运用设立创业投资子基金、贷款风险补偿、绩效奖励等方式，有利于促进科技成果转移转化。新模式可以加快实施创新驱动发展战略，顺应网络时代大众创业、万众创新的新趋势，鼓励国有资本和外资开展创投业务，可以扩大资金来源和融资范围。发挥财政资金杠杆作用，通过市场机制引导社会资金和金融资本支持创业活动。

（3）取消对人才发展的限制既能解决人才就业问题，又使得市场人力资源得到充分补充，促进高校毕业生更高质量创业就业。吸引海归创业，引进国外先进创业模式，尤其对于既有创业想法又不愿放弃大学学业的高校学生来说，这一政策真正考虑了高校学生的实际现状，为新技术、新业态、新模式的成长留出了空间。

（4）盘活闲置厂房、物流设施等，为创业者提供了低成本办公场所。在当前经济下行压力较大的情况下，为创业者提供了低成本、便利化、全要素、开放式的综合服务平台和发展空间。

创新是社会进步的灵魂，创业是推进经济社会发展、改善民生的重要途径，创新和创业相连一体、共生共存。近年来，大众创业、万众创新蓬勃兴起，催生了数量众多的市场新生力量，促进了观念更新、制度创新和生产经营管理方式的深刻变革，有效提高了创新效率、缩短了创新路径，已成为稳定和扩大就业的重要支撑、推动新旧动能转换和结构转型升级的重要力量，正在成为中国经济行稳致远的活力之源。

2.地方文件

为贯彻落实《意见》，全面推进创新创业，激发全社会创新活力和创业热情，各地方政府相继出台了一系列措施鼓励支持全民创新创业。以山东省为例分析如下：山东省将推进创新创业作为创建山东半岛国家自主创新示范区的重要内容和方向，加强体制机制创新，围绕成果转化、科技金融、人才引进等方面先行先试，积极探索推进大众创新创业、促进创业企业快速成长的新路径、新模式。在全省形成以创新引领创业、以创业促进创新的创新创业新格局。实施山东省科技人才推进计划，建立科技项目对创新创业人才团队成长的持续支持机制，切实把科技项目实施的过程变成人才培育的过程。

青岛市为鼓励支持创新创业，针对高校毕业生、驻青高校毕业生、来青创业的大学生出台了一次性创业补贴，创业带动就业补贴，小额担保贷款，创业培训优惠，创业场地优惠，投资基金扶持，创业培训、导师扶持等一系列政策。

3. 高校政策

（1）创新人才培养机制

完善人才培养模式。进一步丰富完善运用创新型、应用型、复合型人才培养模式，积极探索跨院系、跨学科、跨专业的创新创业人才培养模式，鼓励引导学生选择适合个性化发展的专业培养模式。建立专业动态调整机制。主动适应国家战略和地方经济社会发展需求，加强内涵建设，优化专业布局，实施招生计划浮动机制，制定专业动态调整、预警和退出办法，建立以需求、就业为导向的学科专业结构和人才培养类型结构调整新机制，促进人才培养与经济社会发展、创业就业需求紧密对接。

（2）健全创新创业教育课程体系

完善创新创业通识教育课程。建设数量充足、依次递进、有机衔接、科学合理的创新创业通识教育课程，明确创新创业通识教育内容。引进校外优质创新创业课程，完善在线开放课程，鼓励教师开设跨学科专业的交叉课程，创新创业实践实训类课程和研究方法、创新创业管理等方面的课程，丰富创新创业课程资源。

（3）完善创新创业竞赛机制

完善学校创新创业竞赛项目管理办法。以"挑战杯""创青春""互联网+"创新创业竞赛和国家级大学生创新创业训练计划项目等为引领，鼓励各学院紧密结合学科专业特色及优势，全面推行"一院一赛"；完善赛事组织，实现赛训结合、以赛促训，扩大竞赛受益面和影响力，催生优秀项目和成果，提升学生对创新创业知识的综合运用与创新能力。

（4）加强创新创业教育基本条件建设

加强校内创新创业教育教学平台建设。以各级重点实验室、实验教学示范中心建设为龙头，加强实验室与实验教学平台建设。优化创新创业服务，依托学校国家级大学科技园，加强大学生创业孵化基地、大学生创业示范基地建设，建设集聚工商、税务、财务、法律、技术转让、人才、政策、投资基金等元素的公共服务平台，建成一站式创客服务中心、路演中心、创客交流中心、创客活动中心和创新设备共享平台，为学生创新创业提供优质服务。

大学生是实施创新驱动发展战略的主力军，更是推进大众创业、万众创新的生力军，只有把创新创业教育融入人才培养，切实增强学生的创业意识、创新精神和创造能力，才能为建设创新型国家提供源源不断的人才智力支撑。

二、大众创业万众创新示范基地的建设

为在更大范围、更高层次、更深程度上推进大众创业万众创新，加快发展新经济、培育发展新动能、打造发展新引擎，建设了大众创业万众创新示范基地。首批双创示范基地包括北京市海淀区等17个区域示范基地，清华大学等4个高校和科研院所示范基地，中国电信集团公司等7个企业示范基地。双创示范基地建设的目的是为了促进创新型初创企业的发展，为他们提供先机，将构建的双创支撑平台作为载体，以点带面。明确示范基地建设的目标和建设重点，积极探索推进创新改革，推进相关政策的落实，形成一批可应用、可复制、可推广的双创模式和典型经验。

首批双创示范基地结合现实状况，不断探索实践推广，持续激活创新创业生态文明，建设公共共享的创新创业平台，大力推广创新创业文化，已经取得了显著效果，形成了一批创新创业示范基地，打造了一批知名创新创业品牌，探索了一批先进可推广的创新创业制度模式。双创示范基地已经成为促进转型升级和创新发展的重要抓手。为在更大范围、更高层次、更深程度上推进大众创业万众创新，持续打造发展新引擎，突破阻碍创新创业发展的政策障碍，形成可复制可推广的创新创业模式和典型经验，2017年，在部分地区、高校和科研院所、企业建设了第二批双创示范基地。第二批双创示范基地包括北京市顺义区等45个区域示范基地，北京大学等26个高校和科研院所示范基地，中国航空工业集团公司等21个企业示范基地。

　　为了促进经济社会发展，培育和催生经济社会发展新动力，全面推进大众创业、万众创新是必然选择。推进大众创业、万众创新是促进创业，扩大就业，实现富民之道的根本举措，是激发全社会创新潜能和创业活力的有效途径。推进大众创业、万众创新，是发展的动力之源，也是富民之道、公平之计、强国之策，对于推动经济结构调整、打造发展新引擎、增强发展新动力、实现创新驱动发展道路具有重要意义。[①]

[①]参见国务院：《国务院发布推进大众创业万众创新若干政策措施的意见》

第九章　创新创业能力培养

创新能力是技术和各种实践活动领域中不断提供具有经济价值、社会价值、生态价值的新思想、新理论、新方法和新发明的能力。创新能力包含三重含义：一是形成或产生新的思想、观念或创意的能力；二是利用新思想、观念或创意创造出新的产品、流程或组织等各种新事物的能力；三是应用和实现新事物价值的能力。创新能力由多种能力构成，它们包括学习能力、分析能力、综合能力、想象能力、批判能力、创造能力、解决问题的能力、实践能力、组织协调能力以及整合多种能力的能力。[①]

创业能力是一整套综合能力运用的体系，同时又对心理综合能力的要求较高。它要求创业者具备良好的创新精神，依靠人的脑力与智力并与人的个性和特征紧密联系，同时受到个性的制约，常通过知识、经验以及技能的不断提高与积累得到提升。归根结底，创业能力是在一定条件下，潜在的创业者将各种资源汇总整理，把自己的创业设想成功变成现实的能力。

第一节　创新创业能力的重要性

创新是社会进步的灵魂，创业是推动国家社会经济发展，改善民生的重要途径，国家和个人的命运是紧密联系在一起的，俗话讲："没有强的国，哪有富的家"，只有国家强大了，才不会重演受西方列强欺负的历史。

一、创新能力的重要性

创新是我们国家兴旺发展的不朽动力，更是我们民族进步的灵魂。同时也是个人在学习生活和工作事业上的持久活力源泉。习总书记在党的十九大报告中指出：创新是引领发展的第一动力、是建设社会主义现

[①] 姜雪凤. 培养中学生创新写作能力研究，2013.11.03.

代化经济体系的战略支撑。

（一）大学生是推进大众创业、万众创新的主力军

李克强总理在向首届中国"互联网+"大学生创新创业大赛总决赛的批示中指出：

（1）大学生是实施创新驱动发展战略和推进大众创业、万众创新的生力军，既要认真扎实学习、掌握更多知识，也要投身创新创业、提高实践能力。

（2）教育部门和广大教育工作者要认真贯彻国家决策部署，积极开展教学改革探索，把创新创业教育融入人才培养，切实增强学生的创业意识、创新精神和创造能力，厚植大众创业、万众创新土壤，为建设创新型国家提供源源不断的人才智力支撑[①]

（二）大学生创新实践能力是民族进步和社会发展的关键力量

创新是一个民族的灵魂，是一个国家兴旺发达的不竭动力。提高国家能力最重要的因素是创新能力，人类文明的本质是创新的结果。在大力提倡、引导自主创新的今天，科技创新能力已然成为高素质人才必须必备的核心和灵魂。

大学生的科技创新成果可以大力促进教育事业和经济社会发展。据不完全统计得出，大约每20000个大学生科技创新成果，有3000个可以转化为社会生产力，并可以实现6000万的经济效益，可以看出科技创新对经济社会发展的巨大推动作用。

更重要的是，大学生在毕业之后，对于社会创新和进步的贡献力量更加明显。经受过高等教育的群体在整个社会创新中发挥着核心作用。

（三）创新实践活动有助于塑造学生创新人格

爱因斯坦曾经说过：比知识更重要的是想象力。因为知识是有限的，但想象力是无限的。想象力包含大千世界，同时推动着世界进步。换句话说，想象力决定了一个人的创新思维以及创新能力。

我国著名的数学家陈景润曾经说过：我们攀登科学高峰，如同登山运动员攀登珠穆朗玛峰一样，是需要克服无数的艰难险阻，所以懦夫和

[①] 李克强：把创新创业教育融入人才培养 厚植大众创业万众创新土壤.中国新闻网，2015.10.20.

懒汉是不可能享受到胜利的喜悦和幸福的。

因此，对学生而言，是否具备挑战理论权威、挑战传统、挑战自我的勇气？是否具备乐观的心理状态和开拓创新、积极进取的意志品质？在参加科技创新活动时，对每个细节的把握、遇到困难时的坚持、经历失败后的反思，都是成长中难得的历练。

（四）创新实践活动有助于培养学生创新思维和意识

思维并不是天生的，它需要后天的培养和引导，创新思维也是这样。同时，创新并不就是随意创新，我们必须教会并引导学生掌握正确的思维方式，教育学生创新一定要基于坚实的科学基础，运用历史唯物主义和辩证唯物主义的观点与方法，坚持实事求是的科学态度。

创新意识光靠想是想不出来的，最好的办法是通过做，激发这种意识。要大胆想象，敢于提出自己的不同想法，学会独立深入地思考问题，这样，才能发现问题。

二、创业能力的重要性

针对创业能力的正式研究始于20世纪80—90年代的西方。早期研究者运用问卷调查、大量访谈和接触的方法归纳总结出企业家身上的某些特征，这些特征涵盖的范围非常广泛，并且还有研究者依据创业失败者的自身失败经历寻找原因，这些原因归纳总结起来也有三十多种，范围覆盖很广。

西方研究者对现有的发展前景良好的企业进行了分析研究，得出了一些结论：企业家需要一些特殊的创业能力才具备创建有前途的新企业的条件，然而这些能够起到决定作用的重要品质包含文化程度、家庭背景和性格特点等。国内的研究者调查创业成功人士，结果发现在这些创业成功人士身上都具有一种共同的品质，这种品质和西方研究者提出的"创业能力"是一致的。

创业能力的高低决定了创业者能否发现创业的机会，并将想法付诸实践。同时，创业能力还是规避和处理创业风险的重要因素，创业者只有具备必要的创业能力才能在企业运行的整个生命周期中始终占据主动优势。

党的十八大以来，中央制定的国家发展战略，总是在推动青年一代的成长奋斗与国家创新创业发展深度融合。党的十九大报告中，习近平总书记寄望青年一代勇做时代的弄潮儿，努力做出一番事业。当前，国家搭建的"大众创业、万众创新"平台，正在吸引带动更多社会力量共同参与。创业从最初的开放性和低门槛的特点，发展到今天的多元化、综合化，呈现出更多新产品、新业态，更加考验创业者的技术和素质，这就对创业者提出了更高的创业能力要求。

第二节 创新创业活动的实施要素

大众创业、万众创新是在我国经济社会发展"三期"叠加形势下的战略选择，既是充分激发亿万群众智慧和创造力的重大改革举措，也是实现国家强盛、人民富裕的重要途径，更是由经济大国向经济强国迈进的必然选择。

一、参与科技创新竞赛的实施要素

科技创新竞赛的实施要素主要包括：竞赛的选题、构思、取材、系统调试、团队组建、指导教师和综合运用等方面，本小节主要通过讲解这些竞赛要素，帮助大学生全面细致地了解科技创新竞赛。

（一）竞赛选题

选题要有灵感，需要多去洞察身边事物，看看生产、生活中有什么问题可以通过科技相关技术解决的，试着讨论出大致解决方案作为课题。课题确立前也应当对课题进行可行性、作品实用性的论证，多做一些调查。如果想知道选题的创新程度，可以上中国知网之类的网站查阅一些相关论文。如果感觉吃力可以尝试挑选稍微简单一些的题目作为课题，哪怕是创新性不高的也可以作为练手项目。

（二）竞赛构思

对整体系统进行大体的设计，并确立技术路线。对于这一步，最直接的方法就是确立好系统大致的功能，然后按所需要实现的功能分类，确定各个功能所需要的技术，从而形成技术路线。确立技术路线时，少不了对大量的相关资料进行翻阅。建议选择使用技术时除了考虑使用效果外还要考虑自己在有限时间内掌握并运用这项技术的难度。

（三）设备取材

选购元器件，应该循着系统功能为主要选择条件，查阅相关文档，然后根据对这些元器件、模块进行开发的难度进行筛选。购买前也应该对所需数量进行统计，如预计损耗数量、实际需要数量等，毕竟学生的资金也是有限的。相信除了一些很特殊的器件，在一些商业网站上应该能基本上找到你想要的器件。

（四）系统调试

整合、集成系统，应将实现功能作为优先考虑问题，外在包装的问题次之。系统整合完成后应对系统进行详细调试，调试工作完成后再进行包装处理。

（五）团队组建

一个人基本上很难把一个系统化的作品完成，每个人的分工应该较为清晰，分工上有关联性的成员应多进行沟通。负责整合系统的人除了要按时完成自己的任务外，也要常去了解其他团队成员的完成进度和程序大概的运行机理。还有，如果确定要做的话就坚持下去，做到一半觉得难又搁置在一边，这样很难成事，有问题就该想办法去解决，多付出总会有收获。

（六）指导老师

学生能否在创新设计大赛中顺利完成作品，获得名次，很大程度上取决于指导老师的指导。指导教师能够全面、深刻地理解、把握学科专业的基础理论知识结构体系及内涵，不仅如此，还具备一定的实践能力，可以将理论与实践两者结合起来指导学生。指导老师自身具有较高水平，掌握更广泛的知识，能适应大赛的发展。对科技竞赛的规则和流程，包括对大赛的主题以及对作品的要求等也有准确和全面的理解。同时，在指导学生参与科技竞赛时，指导教师还能有意培养学生创新能力，引导学生创新思维，指导学生做好作品的展示和介绍工作。

（七）综合运用

科技竞赛主要要求学生具备扎实的理论文化基础、较强的自主动手能力和高水平的技能技术，同时，还强调条理清晰的思路和灵活性强的头脑，更少不了团队协作的能力。

知识面的扩展充实，打造深厚的理论基础知识是竞赛成功的必要条件。科技竞赛不仅要求学生能够获取多个领域的各方面知识，还要求学生能够熟练掌握甚至精通其中的一项甚至多项知识。每组学生内部之间应有确切的分工，保证每位同学能够拥有各异的主攻方向，以便达到优势互补、互相配合。参加科技竞赛的学生必须有一定的动手能力。因此，大学生在参与竞赛过程中有较多的动手实践操作。只有通过理论和实践的相结合才能够发挥在实际应用中的作用，学生要想提高自身的动手能力和技能只有通过大量的实践或多次实验。竞赛中的许多问题跟现实生活紧密相关。这就要求参赛学生平时多观察、多动脑、多进行思维训练。

二、参与创业实践的实施要素

创业实践的实施要素主要从实践——创业计划竞赛和实践——创业实践竞赛两方面进行阐述讲解。使工科大学生深刻了解创业实践的主要形式类别，能够全面参与到创业实践中。

（一）实践——创业计划竞赛

1. 选择创业项目

一个好的项目必须要有好的创意，能对评委产生一定的冲击力；产品内核很硬，有高科技，本身有专利，服务很独特；或者项目是替代性技术、需求性产品、细分性市场、创意性服务、组合性优势、特色性公司等等。创业项目选择的正确性主要从：选择要点、加强可行性、要有学校的特色、一个项目作品要做到一句话说得清和项目来源等五个方面进行把控。

2. 组建团队

团队是创业的首要条件，一个好的创业团队不管在实际创业中，还是在创业计划赛中，都起着至关重要的作用。创业计划竞赛中，团队人数没有一定的限制，视自己创业项目的需要和实际情况而定。

3. 指导老师

指导教师也可说是团队一员，学生存在着经验不足、知识能力不够、缺乏战略眼光等"硬伤"，在比赛过程中，指导老师的专业性与经验也就成为成功路上必不可少的推动力。根据以往经验，指导老师主要包括以下几类：营销老师、财务老师、提供技术支持的老师和有经验的老师。

每个创业团队都应该积极寻求指异老师的指异,还可以聘请在行业或专业领域里有一定影响力的企业家、专家担任顾问。

4. 撰写创业计划书

创业计划竞赛中,创业计划书是最重要的评审依据。评委先筛选商业计划书,然后再决定给予哪些项目展示的机会,而且也会根据计划书在演示时提出问题,因此计划书对于团队而言相当重要。

为了确保创业计划书能受到评委青睐、"击中目标",参赛者应做到以下几点:关注产品、敢于竞争、了解市场、表明行动的方针、展示自己的管理团队、出色的计划摘要等。

5. 准备答辩

队伍进入复赛,有机会向评委展示自己的作品,同时也要准备好回答评委的疑问。

(1)参加答辩的队员必须对项目非常熟悉,有很好的语言表达能力,同时在形象、气质上有一定要求,演示者要互相配合及锻炼自己的临场发挥能力。

(2)准备演示环节所占比重很大,为了更好地展示计划书的内容,可采用PPT、视频、现场演示、动画等等多种手段。

(3)评委会针对不同项目提出不同的要求,当临场被问及没有准备好的问题时一定要注意认真听评委的问题要求,精练回答,切忌答非所问。

(4)在准备答辩时,大家的思维尽量发散。可以预测任何评委可能会问的问题,有些队伍准备一百多个问题都不过分。

同时对于策划书而言,参赛者对数字问题回答要准确,市场预测要有根有据,回答要有条有理。

6. 其他要素

参赛者一定要有经历与思考并存的优势,做好充分准备,重视与各界人士的沟通,积极争取支持,了解和消化政府政策,要有企业的社会责任感。

(二)实践——创业实践竞赛

1. 周密的资金运作计划

资金好比一个企业的粮食,要保证企业每天有饭吃,必须制定详细周密的资金运作计划。企业启动初期，要做好3个月以上或到预测盈利期之前的资金准备。但开业后发生变化的种种情况，例如销售不顺、员工以及费用的增加等。因此，要根据实际情况，做好随时调整资金运作的计划。企业资金运转中收入和支出是必不可少的，资金的运转始终处于动态之中，因此，创业者也要具备必要的财务知识。

2. 营造良好的氛围

大学生创业商业、社会经验都不足，把自己独立地放到商业社会中，很难创业成功。这就需要先给自己创造一个小的商业氛围，也有利于进入行业协会。创业者也可以借助行业协会这个平台，了解掌握各种行业信息，结识自己的行业伙伴，通过建立广泛的商业合作，促成自己在行业中的影响和地位。同时，创业者也可选择能提供有效配套服务的创业（工业）园区落户，通过借助工业园区提供的一些优惠政策等服务，使企业逐步稳定发展。另外，可以找一个有丰富经验的企业管理咨询师做企业顾问，学会和各方面的人合作，借助各种资源平台，想方设法给自己创造良好的商业氛围，这些因素对创业者的起步十分重要。

3. 从亲力亲为到建立团队

一个企业的出现，靠的不是空想，是创业者脚踏实地干出来的。大学生头脑灵活、想法多，但在创业初期，受创业资金的限制，在没有组成自己的团队前，一些事情必需自己亲自去做。只要创业者明确目标，不断行动，就会实现目标。在做事的过程中，要分清事情主次轻重，抓住关键，每天解决一件重要的事情，比做十件次要的事情更有效。待企业稳定，有资金之后，就需要有自己的团队。创业者要从自己亲历亲为转变为善于用人，把工作交给合适的人去做。形成一个高效稳定的团队之后，企业便会上升一个台阶，进入相对稳定的发展阶段。

4. 盈利是做企业最终的目标

企业的最终目的是盈利，因此，不管是制定工作计划、可行性报告还是活动方案，都应明确怎样去盈利。大学生思维活跃，会有很多好的想法，但这些好的想法要有商业价值，就必须找到盈利点。企业的盈利源头在于找准自己的客户，所以，企业要时时刻刻了解自己的最终使用客户是谁，他们有什么样的想法和需求，并尽量使之得到满足。

第十章　工科大学生提升创新创业能力的途径

当今世界，科学技术迅猛发展。大学要瞄准世界科技前沿，加强对关键共性技术、前沿引领技术、现代工程技术、颠覆性技术的攻关创新。要下大气力组建交叉学科群和强有力的科技攻关团队，加强学科之间协同创新，加强对原创性、系统性、引领性研究的支持。要培养造就一大批具有国际水平的战略科技人才、科技领军人才、青年科技人才和高水平创新团队，力争实现前瞻性基础研究、引领性原创成果的重大突破。

——习近平2018年5月2日《在北京大学师生座谈会上的讲话》

创新创业是国家民族发展的需要，也是个体拥有良好生存环境的需要。大学生作为社会中受到高等教育的特殊群体，能否具有创新创业的意识和能力，是维系社会稳定的重要保障。因此，国家近年来非常重视创新创业教育，开展各类创新创业活动，鼓励大学生创新创业。

第一节　提升创新能力的途径

在现代化建设中，创新型的人才是国家建设的重要资源与支撑力量，将创新思想与教育渗透到高等院校的教育理念进而提高培养质量，才能为社会输送更多人才。只有将创新能力和创业能力培养相结合的高校教育，才能够真正培养出符合社会主义市场经济发展需要的新型复合型人才。

一、培养创新能力的途径

创新能力培养主要从专业知识储备环节、综合素质养成环节、实践性教育环节、科技竞赛实践环节活动、科技竞赛平台、专利研究实践环节和其他科技实践环节等方面,通过全方位、多层次、宽领域的创新路径对工科大学生进行培养指导。

(一)专业知识储备环节

大学生在创新中应具有扎实的专业基础并能够灵活运用专业知识。创新必须要具有坚实的专业知识理论基础,不然就是无源之水。一个大学生想要拥有优秀的创新素质和创新能力,就必须具备扎实的专业知识基础,在大学阶段的学习中,绝不能好高骛远,忽视学习专业基础知识,要做到学习上不怕吃苦,认真刻苦地学习专业基础知识,在此基础上还需要注意学习知识的广度,掌握本专业和相近专业的联系。还有一个重要方面,就是在学习专业知识的同时,还要不断提高自己的学习能力。

(二)综合素质养成环节

只有熟练掌握各种基础知识,创新才真正有了保障,而更加优秀的综合能力与素质,则是进一步提升创新能力的必要条件。

1.不畏传统,勇于改变,始终保持创新思维。创新是一种敢为人先的胆识,是对传统的超越。对于在应试教育中脱颖而出的现代大学生,具有敢于超越的精神相当难能可贵,而要在超越中寻求发展,提高创新能力,增强创新意识一定是必不可少的。

2.养成科学的学习思考习惯。科学的学习精神以及思维习惯是产生新发明、新创造的前提。这就要求我们摒弃社会不良风气的干扰,找到自己真正的兴趣,并将其推广,在发现问题和解决问题的思考当中谋求创新与进步,此外,逆向思维也是思考问题的有效方法,要学会捕捉自己的直觉,并保存灵感的火花,将其转化为新的研究发现。

3.建立合理健全的知识体系。创新意识在短时间内是能够通过学习某些技巧,得到快速增强的,创新能力的提高则需要日积月累的练习,是一个循序渐进的过程。认真地学好专业知识,具备真才实学,并且将所学到的知识熟练运用,转化为自己的技能,构建合理健全的知识体系,这将成为创新的基础。

4.培养各种能力,做到知识与能力并重。尤其是观察能力,发现问题、分析问题和解决问题的能力,以及独立思考与学习的能力。而这些能力的获得，仅靠课堂是远远不够的，需要通过长时间的思考、反思及实践来获得。相比于高中，大学里的自由支配时间明显增加了，学生应当将这些时间用于学习与思考，例如多看一些有关于创新的资料，去听一些有关于创新的讲座，选修培养创新思维的课程，或者参与讨论创新的课题等。

5. 主动营造和活跃创新的氛围。营造创新氛围能够为创新提供环境支持，热烈积极的创新讨论场景有助于学生产生创新的灵感和意识。首先，在大学生活中我们应该积极营造自己的创新集体，如宿舍、班级、社团组织等。其次，我们一定要充分利用好校园内各种方便快捷的资源，例如实验室、训练中心以及图书馆等，这些场所及其资源对于培育、激发我们的创新灵感能起到很大的帮助。最后，我们不能仅仅将活动限制于大学校园，还要主动走出校门，多参与社会实践，结合理论与实践，通过社会实践发现新的问题，并讨论与思考解决方法，将其反馈到实际活动中，得到最终的成果。

（三）实践性教学环节

实践性教学环节归结起来讲，就是我们的"三实一设"。

其中，"三实"指的是：

1. 实验。

实验教学以提高实验动手能力为主线，以掌握基本实验技能和方法、融会贯通科学知识、促进科学思维和创新思维为主要教学目标。

2. 实训。

实训是针对学生某项专门能力或综合技术应用能力进行的训练。

通过实训，使学生掌握从事专业领域实际工作的基本操作技能和技术应用能力，通过模拟生产项目或模拟生产案例培养学生解决实际问题的综合应用能力。

3. 实习。

实习的目的是使学生了解社会、接触实际，增长知识，增强劳动观念和责任感，培养独立工作能力。

实习有认识实习、教学实习、生产实习、强化实习等多种形式。

"一设"指的就是综合设计。

主要由课程设计、毕业设计、论文等环节构成，是高等学校专业教学计划中重要的组成部分。通过综合设计实践教学，使学生系统巩固所学的知识，把在课堂教学中所学的理论知识灵活地应用于实践中，提高学生分析问题和解决实际问题的能力。①

（四）科技竞赛实践环节活动

科技竞赛尤其是国家教育部等主办的大型学科竞赛，是实现创新教育的有效载体，对推动高校的教学建设和改革，促进教学与科研的结合，激励学生的学习主动性，培养学生的创新能力和创新意识、增强合作精神以及理论联系实际能力等具有积极意义。

主要的科技竞赛活动包括学科竞赛、专业技能竞赛、创业大赛等。

在参加科技竞赛活动的过程中，注重从两个方面培养学生的创新实践能力。

1. 备赛

积极准备竞赛备赛，要在接到通知后，认真阅读相关文件。一般而言，这一阶段的主要目的是进行大赛选拔，一方面是对参赛人员的一次全方位的检测，另一方面需降低初选门槛，能够让更多的学生参与进来，进一步激发学生的积极性。

在这个过程中，通过题目选取、查阅资料、方案制定、作品实现与优化、反复修改等，学生的设计能力、实践能力、创新能力、自主学习能力等方面都可以得到系统的锻炼。

2. 比赛

比赛是在集中时间内去展示和呈现一项作品，过程具有不可复制性、唯一性，结果具有偶然性。通过比赛现场的各个环节和紧凑进程，可以较好地培养学生的动手实践、吃苦耐劳、认真负责、团队协作、不畏困难、勇往直前的精神，同时也能锻炼学生的心理素质。

（五）科技竞赛平台

工科大学生可以参加的科技创新竞赛非常多，从国家级、省级、校级至各类学会、协会主办的比赛，依托学科专业都有特色的科技创新竞

---

① 参见百度文库：《大学生创新创业训练项目指导教师工作指南》，2015.11.06. https://wenku.baidu.com/view/ff60c4c8a98271fe900ef90e.html

赛平台。

1. 国家级科技竞赛：

"挑战杯"全国大学生课外学术科技作品竞赛

"创青春"全国大学生创业大赛

中国大学生"互联网+"创新创业大赛

全国大学生英语竞赛

全国大学生数学建模竞赛

全国大学生电子设计大赛等

2. 省级科技竞赛：

各省教育厅、团省委等省级政府部门主办的各类科技创新竞赛。

3. 其他级别科技竞赛：

关注相关学科、专业针对性强的科技竞赛，积极参与，提高创新能力。

（六）专利研究实践环节

专利申请并获取知识产权是国家创新能力的一项重要指标，是驱动社会经济发展的动力，作为大学生科技创新能力培养提高的重要实践途径，专利申请必不可少。

1. 简介和流程

专利申请是获得专利权的必须程序。专利权的获得，要由申请人向国家专利机关提出申请，经国家专利机关批准并颁发证书。申请人在向国家专利机关提出专利申请时，还应提交一系列的申请文件，如请求书、说明书、摘要和权利要求书等等。在专利的申请方面，世界各国专利法的规定比较一致，但也存在许多差异。

我国专利法规定的专利类型有三种：发明专利、实用新型专利、外观设计专利。

发明专利：针对产品、方法或者产品、方法的改进所提出的新的技术方案，可以申请发明专利；

实用新型专利：针对产品的形状、构造或者其结合所提出的适于实用的新的技术方案，可以申请实用新型专利；

外观设计专利：针对产品的形状、图案或者其结合以及色彩与形状、图案的结合所作出的富有美感并适于工业应用的新设计，可以申请外观设计专利。

2. 申请原因

奖励与研究生保送：大学生获得国家专利，学校会给予奖励，或免试保送读研究生。

获得基础创新学分：一般高校都设有必修的课外创新实践学分，申请专利，拿到专利证书可以加相应的分数。

加分获取奖学金：学校都会为取得国家专利证书的学生额外加分，专利证书属国家级证书。

增加应聘筹码：在几年后的激烈职场竞争中，专利证书可以让专家眼前一亮，让您脱颖而出。国家专利证书可以让你投资更小，获利更大。

除此之外，大学生申请专利可以使自己的创新成果得到相应的国家专利法保护，优秀专利可以作为商品出售（转化），同时对自己的创新成果具有较好的宣传作用。

3. 专利申请与审查流程图

专利申请与审查流程图

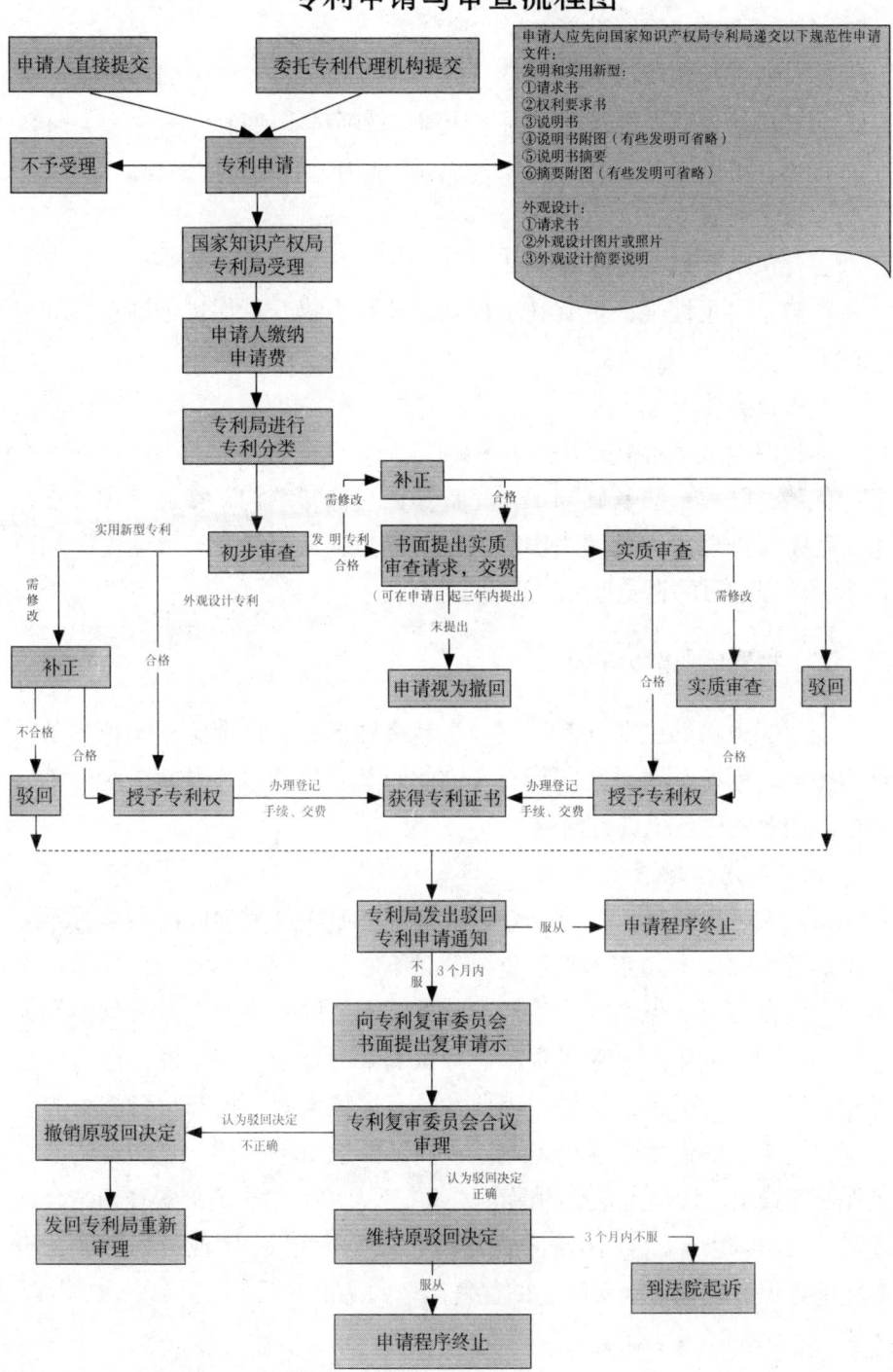

申请人应先向国家知识产权局专利局递交以下规范性申请文件：

发明和实用新型：
①请求书
②权利要求书
③说明书
④说明书附图（有些发明可省略）
⑤说明书摘要
⑥摘要附图（有些发明可省略）

外观设计：
①请求书
②外观设计图片或照片
③外观设计简要说明

申请人直接提交 / 委托专利代理机构提交 → 专利申请

不予受理

专利申请 → 国家知识产权局专利局受理 → 申请人缴纳申请费 → 专利局进行专利分类 → 初步审查

实用新型专利 / 发明 / 外观设计专利

初步审查：需修改→补正（合格）；合格

补正：不合格→驳回；合格→授予专利权

书面提出实质审查请求，交费（可在申请日起三年内提出）
未提出 → 申请视为撤回

实质审查：需修改→补正（合格）；合格→授予专利权；驳回

授予专利权 → 办理登记手续、交费 → 获得专利证书

专利局发出驳回专利申请通知
服从 → 申请程序终止
不服，3个月内 → 向专利复审委员会书面提出复审请示 → 专利复审委员会合议审理

认为驳回决定不正确 → 撤销原驳回决定 → 发回专利局重新审理

认为驳回决定正确 → 维持原驳回决定
服从 → 申请程序终止
3个月内不服 → 到法院起诉

具体流程详解请查询：国家知识产权局官网

（七）其他科技实践环节

1.科研课题和项目

主要包括大学生创新创业训练计划、教师科研项目

优势：可以接触前沿知识；增强动手能力；获取直接指导。

2.自主科研

主要包括专利、软件著作权、论文等

优势：自主性强；更有利于规划和执行力提升；促进创新思维和习惯的养成。

3.科技类社团

即我们学生社团中的科技学术类社团。

优势：学习一些基础知识，完善知识与认知结构，掌握基本技能，锻炼动手实践能力以及解决实际问题的能力，从而激发学习动力和创新需求，增强学习的自觉性和主动性。

二、提升创业能力的途径

创业能力培养主要从意识培养、品格锤炼、思维训练、知识储备、能力拓展、创业竞赛研究实践以及创业园及孵化基地等方面，对工科大学生的创业能力系统进行培养。

（一）意识培养

许多大学生通常不注重创新创业实践，原因是大学以前的学习经历使他们觉得课堂上的东西是最重要的，不必要进行社会实践，只学习课本知识就足够了。但是社会生活中随处都有新鲜事情发生，大学生作为"七八点钟的太阳"，除了跟着老师认真学习好第一课堂外，还需要自己积极踊跃地开展第二课堂。因此，只有先把大学生提升自身能力的意识培养起来，他们才会在课堂之外积极踊跃地思考问题，才能真正参与到课余实践中。只有在充足的课余实践中，大学生才能理论实践相结合，才能拓展创新思维，再利用创新思维反过来指导实践，实现"意识到实践，实践到意识，意识再到实践"的往复循环的认识飞跃。

（二）品格锤炼

大学生在创业中的品格主要包含坚毅性、自觉性、自制力和勇敢果断等；其次，要诚实守信、刚正不阿、有责任意识；敏锐的商业意识也是非常重要的；并且还应拥有团队意识。当然从另一方面来讲更应有风险意识，有充沛的精力和强健的体魄，在遭受挫折时能够自我激励和具备百折不挠的意志品质，以解决创业时内部和外界大量未知风险带来的各种突发问题，能够承受来自各方面的巨大压力，经受种种失败的考验。

具体来说，一个合格的创业者应有以下品质：

具有规矩的商业操守，按照商品经济的运行规律办事，遵循公平交易原则，遵纪守法，诚实可靠，同时要善于捕捉、寻找和创造商机。

具有务实精神，踏实做事，诚恳待人。

具有无私奉献精神，有不达目的誓不罢休的执着和勇气。

具有科学聪明的经济头脑，思路清晰，灵活机智，能够权衡经济利益，明确分析判断经济运行趋势，优化核算投入和产出。

具有自我欲望的实现和创新精神。创业者创业的最终目的并不是源于对金钱的贪婪，而是源于对自我的实现和追求成功的强烈欲望。

大学生创业的性格与气质特征要求：优良的品德、必胜的信心、强大的魄力、坚定的信念、坚韧的精神、充沛的精力。

（三）思维训练

1.职业思维。大学生创业不同于学业，创业需要在社会领域内操作，还需要具备相应的实践经验，熟悉一些专业技术领域的运作方式，从事相应的职业训练，掌握必备的职业操作技巧，形成相应的职业思维方式，只有这样，大学生以后进行创业尝试时才会从容不迫，不会显得手忙脚乱，创业项目实施起来也会做到有的放矢。

2.经营管理思想。创业项目的实施，不是一个人两个人的事，需要一个团体进行合理分工、团结协作。也许一个项目刚刚启动时，不需要太多的人员，但随着项目的发展壮大，创业队伍就会不断增大，人员的管理就显得非常重要。同时，任何一个项目的启动，团队负责人还应具备相应的经营能力，熟悉市场调研、市场预测、市场营销、售后服务等经营知识，所以，有创业梦想的大学生，就应利用创业课程的学习时间，重点学习与经营、管理相关的知识，培养自身的经营管理思维，使自己团队的创业项目不断变大变强。

3. 互联网+思维。互联网的普及、信息技术的飞速发展，改变了传统的创业理念和思维方式，拓宽了市场空间，拉近了产品和客户的距离，改变了货物的分销和配送方式，省略了中间流通环节，给创业的学生提供了难得的操作平台。在互联网这个空间里，年轻人梦想成真的难度大大缩小。跟传统的创业模式相比，互联网创业不需要太大的资金投入，大大降低了创业准入门槛的难度，尤其适合这群朝气蓬勃的年轻人进行尝试。

（四）知识储备

大学生创业，只拥有美好的愿望是不现实的。实现创业目标一定要有过硬的本领。创业者想要创业成功，必须要具备良好的专业知识。专业知识对一个创业者确定自己创业的目标具有重要作用。要想在某一领域实施创业活动，就必须深刻了解该领域的活动及发展规律。可以说，专业知识就是对某一领域内发展规律的概括和总结。掌握的专业知识越多越深刻，创业活动就越能有效地实施。以近些年在高科技领域获得成功的创业者为例，他们能实现自己的创业目标，都是拥有扎实的专业知识。因此，学好专业知识是每一个大学生在校必须要做到的。创业不是简单地谋生，是创业者对创业目标和更高理想的追求。如果要达到成功的彼岸，必须要掌握足够的专业知识。

（五）能力拓展

1. 具有规划人生，确定目标的能力。通过观察体会别人，征求一些成功创业者的意见，结合自身的实际情况制定小目标，通过实现这些小目标，再慢慢地规划自己的人生。

2. 具有决策时的胆识与魄力。创业者是团队的灵魂。当需要自主地做出决策时，创业者优柔寡断可能就失去一个商业机会。决策时的胆识和魄力，建立在深思熟虑的基础上，既要兼顾利益最大化又要使风险最小化。

3. 具有计划管理能力。在创业过程当中，要经常提前计划或规划一些事情的运行。这就需要创业者具有强有力的计划管理能力。创业者想更靠近成功创业之门,这种能力必不可少。

4.具备建立和改进公司管理制度的能力。创业与经营一家企业一样,都需要制定一些制度。制度不在于多少,而在于是否让所有相关人员都能够明白制定这个制度的原因及好处,并且严格执行。在制定和改进管理制度时,一定要在客观事实的基础上出发,而不要凭想象,要极力保证制度的可实施性。

5.心态调节能力。大学生创业者一般心高气傲,具有强烈的自尊心。刚毕业的大学生在创业时,一定要放低自己的姿态,坦然地去接受一切可能发生的打击。在得意时,也不能沾沾自喜,妄自称大。

除此之外,大学生创业者还应具有管理信息的能力、目标管理的能力、授权能力、谈判能力、坚守职业操守的能力、处理突发事件的能力、学习能力和社会交往能力。

(六)创业竞赛研究实践

1.国家级大学生创新创业训练计划

(1)计划内容

国家级大学生创新创业训练计划内容包括创新训练项目、创业训练项目和创业实践项目三类。

创新训练项目:本科生个人或团队在导师指导下,自主完成创新性研究项目设计、研究条件准备和项目实施、研究报告撰写、成果(学术)交流等工作。

创业训练项目:本科生团队在导师指导下,团队中每个学生在项目实施过程中扮演一个或多个具体的角色,完成编制商业计划书、开展可行性研究、模拟企业运行、参加企业实践、撰写创业报告等工作。

创业实践项目:学生团队在学校导师和企业导师共同指导下,采用前期创新训练项目(或创新性实验)的成果,提出一项具有市场前景的创新性产品或者服务,以此为基础开展创业实践活动。

(2)计划目的

通过实施国家级大学生创新创业训练计划,促进高等学校转变教育思想观念,改革人才培养模式,强化创新创业能力训练,增强高校学生的创新能力和在创新基础上的创业能力,培养适应创新型国家建设需要的高水平创新人才。

教育部会对各高校实施国家级大学生创新创业训练计划进行整体评价。每年组织一次分组评价,根据评价结果,适度增减下一年度的项目数。①

2."创青春"全国大学生创业大赛

为贯彻落实习近平总书记系列重要讲话和党中央有关指示精神,适应大学生创业发展的形势需要,共青团中央、教育部、人力资源和社会保障部、中国科协、全国学联决定,在原有"挑战杯"中国大学生创业计划竞赛的基础上,自2014年起共同组织开展"创青春"全国大学生创业大赛,每两年举办一次。

(1)大赛内容

大赛下设3项主体赛事:创业计划竞赛、创业实践挑战赛、公益创业赛。

a.创业计划竞赛:面向在校学生,参加竞赛项目分为已创业与未创业两类:

拥有或授权拥有产品或服务,并已在工商、民政等政府部门注册登记为企业、个体工商户、民办非企业单位等组织形式,且法人代表或经营者为符合附件要求的在校学生、运营时间在3个月以上(以预赛网络报备时间为截止日期)的项目,可申报已创业类。

拥有或授权拥有产品或服务,具有核心团队,具备实施创业的基本条件,但尚未在工商、民政等政府部门注册登记或注册登记时间在3个月以下的项目,可申报未创业类。

b.创业实践挑战赛:面向在校学生或毕业未满5年的我校毕业生,拥有或授权拥有产品或服务,并已在工商、民政等政府部门注册登记为企业、个体工商户、民办非企业单位等组织形式,且法人代表或经营者符合附件规定、运营时间在3个月以上(以预赛网络报备时间为截止日期)的项目,可申报该赛事。申报不区分具体类别、组别。创业实践挑战赛以盈利状况、发展前景等作为参赛项目的主要评价内容。

---

① 参见百度百科:《国家级大学生创新创业训练计划》,新华网,2013-08-04[2018-01-30], https://baike.baidu.com/item/国家级大学生创新创业训练计划/8962344? fr=aladdin。

c. 公益创业赛：面向在校学生，拥有较强的公益特征（有效解决社会问题，项目收益主要用于进一步扩大项目的范围、规模或水平）、创业特征（通过商业运作的方式，运用前期的少量资源撬动外界更广大的资源来解决社会问题，并形成可维持自身发展的商业模式）、实践特征（团队须实践其公益创业计划，形成可衡量的项目成果，部分或完全实现其计划的目标成果）的项目，且参赛学生符合附件要求，可申报该赛事。申报不区分具体类别、组别。公益创业赛以创办非营利性质社会组织的计划和实践等作为参赛项目的主要评价内容。[①]

（七）创业园及孵化基地

实验室过于理想，市场过于残酷，创业园或孵化基地作为一种新的经济组织形式从实验室走向了市场，又通过提供服务和优惠政策得到了保护，促进实验成果和创新创业项目的市场化，并有效降低大学生创业风险，提高创业的成活率和成功率，逐步对大学生创业能力起到了切实的促进作用。

第一，高校、企业、政府三元参与，构建院系、学校、省市多层次立体交叉式的创业园及孵化基地。按照功能和着力点的不同，构建多层次的创业园及孵化基地。省级创业孵化基地主要为高校培养创业带头人，开展创业理论研究、创业政策试验，为高校创业园提供指导和示范作用。市级创业园及孵化基地重在鼓励社会及企业积极参与，培育市场机制。校级创业园及孵化基地建设重在教育、孵化、培训和实践等功能。

第二，严格项目的筛选，提高成活率和成功率。提高创业孵化项目的成活率和成功率可以有效增强大学生创业的信心，提高资源的利用率。

第三，建立项目的退出机制。创业是一场马拉松，但并不是每个人都有这样的耐力。建立退出机制，在创业取得一些阶段性的成功后可以根据意愿顺利退出，更有利于创业者和项目的进一步发展，这也是吸引企业参与的一个重要理由。[②]

[①] "创青春"全国大学生创业大赛－创青春首页－关于创青春－竞赛章程－《网（http://www.chuangqingchun.net/constitution）》

[②] 武亚. 高校创业教育实践模式研究. 载湖北经济学院学报（人文社会科学版），2013（2）：2

第二节 创新创业案例分析

21世纪,全球迎来了创新创业时代。为适应和引领我国经济发展"新常态",必须打造"大众创新,万众创业"的新引擎。工科大学生是大众创业,万众创新的生力军,培养创新创业人才是时代赋予我国高等学校的重要使命。"它山之石,可以攻玉。"山东科技大学创新创业教育的案例对于深化高校创新创业教育,培养大学生的创新精神、创业意识和创新创业能力,具有重要的启示和借鉴意义。[①]

【创新创业方向一】 科研道路勇创新 汗水铸就成才路

【案例1】

孙朝阳,山东科技大学动力机械及工程专业2013级硕士研究生,他从大二时就组织成立了一支学生科技创新团队,至今这个团队已经走过了6个年头。该团队曾获得国家级一等奖等国家级竞赛奖励20余项,省级一等奖等省级竞赛奖励40余项,获授权国家实用新型专利30余项。2013年,孙朝阳带领自己的创新团队成功申请"水下管道连接件安装机器人"项目,并于2014年3月份制作出了第一代水下大口径管道沟槽式连接件安装作业机器人原理样机,作品获得了2014年山东省机器人大赛高校组一等奖;2014年12月获山东省创业大赛暨第二届全省大学生创业大赛创意团队组二等奖;2015年获"中国创翼"青年创业创新大赛"银翼奖"。目前他们围绕海洋油气工程与装备方面申请了5项国家发明专利,1项实用新型专利,1项计算机软件著作权,发表了2篇学术论文。2014年12月,他们获得学校2014年度大学生创业创新校友扶持资金2万元资助,并入驻大学生创业孵化基地进行孵化。

【案例2】

杨扬,男,汉族,1993年2月生,中共党员。现就读于山东科技大学机械电子工程学院,曾获2017年中国电信奖学金·飞Young奖及践

[①]创业案列汇总分析.2016.06.28. https://wenku.baidu.com/view/0b9ca7387f1922791788e86c.html.

行社会主义核心价值观先进个人、2016年中国大学生自强之星提名奖、2016年山东省大学生自强之星标兵、2015年山东省优秀毕业生、山东科技大学第十二届研究生十大科技精英。还获得齐鲁学子榜样奖学金,并获山东科技大学研究生优秀科技创新成果奖,承担山东科技大学学生专利研究及申请资助项目1项,授权国家发明专利7项、国家实用新型专利16项,发表学术论文3篇,获第八届高等学校信息技术创新与实践活动一等奖等国家级奖项14项、山东省机电产品创新设计大赛一等奖等省部级奖项30余项,先后荣获校"三好学生""优秀共青团员""优秀研究生""学生科技拔尖人才"等荣誉称号。

【案例3】

陈天祥,男,山东科技大学机械电子工程学院2016级硕士研究生,山东省高校机器人运动联盟副主席,国家级大学生创新创业训练项目主要负责人。获得"中国大学生自强之星"等省级以上荣誉称号12项,因科研能力突出,被团中央授予"第十届中国青少年科技创新奖",颁奖大会在人民大会堂举行,受到中共中央政治局委员刘延东副总理、李源潮副主席等中央领导同志的亲切接见。获得"挑战杯"全国大学生课外学术科技作品竞赛等省级以上科技奖励70余项,申请国家专利30余项,主持或参与省级以上科研项目7项,设计制作了智能清洁机器人等10余款机器人,相关事迹先后被《大众日报》《中国青年网》《青岛早报》等60余家新闻媒体广泛报道,并入选由共青团中央学校部主编的《青春新动能 科技强国梦》一书。

【案例4】

曹昂,中共党员,山东科技大学机电学院2017级研究生,现担任山东科技大学机电学院研究生第三党支部副书记,曾任机电学院学生2013级党支部副书记、材料成型及控制工程13级3班班长。本科阶段积极进行产学研结合,从大二开始深入工厂基层,学到丰富的实践经验。该生科研能力强,经三年的不断研究,历经多代设计制作了全方位六轮履带式消防机器人和全向移动运输机器人等多款实用性强的机器人,并积极进行推广和成果转化。其创新创业故事被中央电视台科教频道《我爱发明》栏目组所了解,确定了对其创新创业故事的拍摄计划,相关事迹也被山东电视台、上海电视台、烟台电视台等多家媒体报道。

该生曾荣获山东省自强之星、山东省高等院校优秀学生、孙越崎科技教育基金优秀学生等称号，在第十五届挑战杯全国大学生课外学术作品大赛中获得国家二等奖，在国家级比赛中获奖 4 项，在山东省大学生科技创新大赛、山东省大学生机电产品设计大赛、山东省大学生机器人大赛、山东省高校机器人大赛等比赛中多次获得一等奖，在各类省级科技创新类比赛中获奖 19 次，位于第一发明人的发明专利授权 1 项，公布 2 项，国家实用新型专利授权 4 项。

该生积极参加社会实践并热爱科研创新，曾任青岛世界园艺博览会志愿者，被授予优秀志愿者称号；大三时曾担任机电学院 2015 级新生兼职辅导员，为老师和学生服务。

该生积极开展创业实践，成立了青岛万陆智能科技有限公司，并担任公司法人。该司目前与青岛东方盈科工贸有限公司合作，共同开发新式全方位移动机器人；同时与山东国兴、四维卓识、北京凌天、江西华旺靶场等多家公司建立了商业合作关系，产品在侦查、消防、军工、高校科研等多领域有所应用。

【创新创业方向二】自主创业诠释青春　勇作当代大学生创业弄潮儿

【案例 1】

王行政，2014 级能源与动力工程二班班长，青岛儒匠文化艺术设计有限公司法人，曾经担任新生 2016 级兼职辅导员、校新长城自强社第五届副社长、两届梦耀中华服务宣讲团队长。大学期间热爱公益，累计志愿服务时间 400 余小时，并且把公益当作自己的事业与责任。

【案例 2】

周斌，山东科技大学化学工程与工艺专业 2014 届毕业生，在校期间曾获得 2012 年"挑战杯"省级特等奖，山东省创业大赛（高校赛区）二等奖，山东省创业大赛三等奖，山东省齐鲁大学生创业大赛三等奖等奖励。创业实践不但磨炼了创业品质，提升了创业能力，更为后来的创业积累了经验，打下了基础。2013 年 12 月，周斌注册成立青岛锐克雷网络科技有限公司，并获学校 2013 年度大学生创业创新校友扶持资金资助，同时入驻大学生创业孵化基地接受培育孵化。随着公司的不断发展壮大。2016年4月12日，周斌携锐克雷网络科技有限公司参加学校2016届毕业生招聘会，开始吸纳自己的师弟师妹们到公司工作，实现了自己感恩母校，回报母校的梦想。

【案例3】

王子华，山东科技大学信息管理与信息系统专业2012级学生，从2014年即在英杰数码港以及佳世客内开设高端耳机品牌专营店，代理森海塞尔、拜亚动力以及AKG等高端耳机、高端音响多媒体设备。实现从月收入负数到月流水30万，半年盈利20万的成果。2015年创建"小队一TEAM"，并获得第一笔100万天使投资，注册了微澜印象文化传媒有限公司。8月，项目再次获得preA轮融资200万。目前，微澜印象合作企业已达300余家，服务将近100家企业，对接校园超过五十余所。与福沃德公司签订了市场共享协议，拥有教育部唯一认证的高校学生大数据运营资质项目获评西海岸新区五四青年节活动首推项目、中国大学生"创新、创意、创业"比赛山东省二等奖。2015年12月，王子华获学校2015年度大学生创业创新校友扶持资金2万元资助，并受到学校的重点打造和孵化。2016年，王子华已经拥有青岛锐思博诺网络科技有限公司、微澜印象文化传媒有限公司、海兴体育文化发展有限公司等三家公司，并获山东省第三届"山东大学生优秀创业者"称号。

第五篇　职业生涯规划篇

1936年，时任浙江大学校长的竺可桢在参加新生入学典礼时提出两个经典问题："诸位在校，有两个问题应该自己问问，第一，到浙大来做什么？第二，将来毕业后要做什么样的人？"[1]这两个问题深深启发着一代代学子，激励他们珍惜大学生活，规划理想人生。正如威廉·莎士比亚说的那样，人生就是一部作品，谁有生活理想和实现的计划，谁就有好的情节和结尾，谁便能写得十分精彩和引人注目。对于大学生来讲，树立怎样的人生目标、如何度过大学四年时光直接关系到未来人生走向。大学阶段是人生轨迹中关键的一段。在这里，你可以最后一次接受系统教育，构建你的知识体系；你可以广泛涉猎各个领域，实现你的全面发展；你可以精心做好生涯规划，书写你的精彩篇章。

然而现实是残酷的，一些工科大学生迷茫不知所向，甚至面临着毕业即失业的压力，更有一些名校大学生身陷无法完成学业的窘境。"大学生就业难"问题备受关注，一方面大学生高呼找不到理想工作，另一方面企业反映招不到合适人才，结构性就业矛盾愈发突出。造成上述问题的重要原因之一是理工科大学生对职业生涯规划的缺失、大学阶段准备不足。

本篇主要介绍职业生涯规划、学业规划和就业择业相关知识，为那些尚处于迷茫中的工科大学生点亮一盏人生灯塔。

---

[1] 出自浙江大学校长杨卫在2014年新生开学典礼上的讲话.

第十一章　学业规划

大学，是一个人从半成熟走向成熟的过程，是一个人人生观、价值观、世界观逐渐成熟的过程。大学生制定职业生涯规划是高等教育实施人才培养、促进大学生合理就业的一条必由之路。因此，引导大学生制定学业规划对大学生就业非常重要，高校应该从多条路径加以引导。

第一节　学业规划的内涵

一、学业规划的概念

1. 学业

《现代汉语词典》对"学业"一词的解释为"学习的功课和作业"。大学生的学业是指大学生在高校所进行的一切以学为主的活动，是广义的概念，不仅包括通识知识和专业知识的学习，还包括个人道德修养、学习能力、思辨能力、创新能力、实践能力、自我管理能力等综合素质和能力的提高。学业是大学生在校期间的主要活动，完成学业是每一个大学生的基本目标。

2. 学业规划

大学学业规划是指大学生根据个人职业目标制定大学期间相应学业目标和行动计划的过程。具体而言，是大学生在充分考虑自身情况和社会需求的基础上，确定职业发展方向，并由此确定学业目标，结合实际情况制定实现目标的具体行动方案，从而在大学期间为职业生涯发展夯实基础。解决大学期间学什么、怎么学是学业规划的核心问题。学业规划是职业生涯规划的重要组成部分，是职业生涯规划在大学阶段的体现。

二、学业规划的基本内容

与前文介绍的职业生涯规划相似，学业规划通常也包含知己、知彼、抉择、行动、评估与调整等基本内容：

1. 知己

大学生是学业规划的主体，客观清晰地认识自己是做好学业规划的基础。发现并发展自己的兴趣特长，在完成必修科目的同时按照兴趣方向选择自己热爱的课程、书籍、社团、活动。全方位评估自己的能力，发现自身短板与不足，可在大学期间有针对性地发展自己的素质和技能。

2. 知彼

专业认知和社会需求分析同样是学业规划的重要内容。可通过专业老师、辅导员、学长学姐深入了解所学专业的知识体系、培养目标、学习方法及职业发展方向，确定知识和技能的学习重点，了解不断变化的社会对人才的最新需求状况，并根据社会发展及时调整学习内容及应对策略。

3. 抉择

在自我认知、专业认识及社会需求分析的基础上初步确定职业发展方向，以职业为导向确定大学阶段的学业目标。唯有明确的目标才能使我们运筹帷幄，坚定向前。

4. 行动

在明确学业目标后还需进一步明确学习内容并分阶段制定具体行动计划。学习内容除专业知识外，还包括其他领域知识、通用技能、专业技能及综合素质的提高。可将学习任务具体化、明确化，逐层制定每学年、每学期、每月、每周、每天的目标和计划，规定阶段学习内容的完成时限和要求。

5. 评估与调整

由于现实中各种不确定性因素的存在，学业规划并不是一成不变的。在实施学业规划的过程中要定期评估内外环境变化和学业规划的执行情况，以便对学业规划作出及时调整。

第二节 学业规划重要性

　　大学生学业生涯规划可为确立整个大学间的学业目标,成功实现就业或开辟事业打好基础。良好的学业生涯规划不仅能使学生尽快成才,而且可以提高学生的能力,促进学生的全面发展与提高。

一、大学生学业规划的现状

　　（一）缺乏主动规划意识

　　高中的应试教育模式使一些大学生丧失了学习的积极性和创造性,在大学期间仍采用被动的学习模式,低头向前,缺乏对大学目标的正确认识。许多学生没有考虑自身的兴趣、性格、能力、价值观等实际情况,没有深入了解自己所学专业的发展前景和社会需求状况,不愿主动思考职业目标和大学规划,缺乏主动规划意识,盲目从众,随波逐流。

　　（二）规划内容不够科学

　　尽管许多大学生主动制定了大学学业规划,但规划内容缺乏科学性。比如,一些"学霸"在制定学业规划时只注重学习成绩,大学期间几乎所有时间都用于钻研课本,缺少必要的实践动手及社会活动；一些"活动达人"在制定规划时过于偏重人际交往,虽然在大学期间实践和交往能力得到不断提高,学习成绩却成为他们的短板。究其原因在于这些大学生在制定学业规划时仅听从自己喜好和意愿,没有系统的学习学业规划知识,缺少专业的人员指导。

　　（三）执行落实有所欠缺

　　一些大学生知道要有目标、有规划,也制定了学业规划书,但规划书的落实和执行却成为问题。一些大学生的规划书像镜中花、水中月,虽然看上去很美,却不切合自身实际,操作性较差；另一些大学生在执行规划书时缺乏毅力,三天打鱼两天晒网,慢慢的,规划书就形同虚设,变成了抽屉中的一张纸。

二、大学生学业规划的意义

（一）激发大学生的内驱力

科学的学业规划能够使大学生明确人生方向和学业目标，评估目标与现实的差距，激发大学生成才的内驱力，是对大学生有效的激励和鞭策。在学业规划的蓝图中，大学生可以清晰地看到自己在大学四年的努力方向，并在目标的驱使下不断增强学习的热情和动力，变"要我学"为"我要学"，实现自我提高和自我完善。

（二）增强大学生的适应力

从高中到大学，无论生活环境还是学习方式都发生了巨大变化，一些大学新生常常在陌生环境中无所适从，陷入"迷茫期"。学业规划可以帮助大学生尽早明确大学四年的学习目标和任务，引领大学生找到正确的前进方向，尽快走出"迷茫期"，适应大学生活。另一方面，学业规划应是动态的、弹性的，大学生在制定学业规划的过程中要审时度势，及时依据自身情况及社会变化调整行动方案，从而做到与时俱进，更好地适应社会对人才的需求。

（三）提升大学生的竞争力

一份完整的学业规划包含大学期间知识、能力、素养的全面提升，它可以帮助大学生构建合理的知识结构、培养创新的思维方式、锻炼较强的实践能力、提高全面的综合素质。学业规划是应对就业难的尚方宝剑，通过学业规划加强大学生知识、能力和素养的储备，能有效提高大学生就业的核心竞争力。

第三节　工科大学生如何做学业规划

我国的高等教育已经进入大众化教育阶段，高校已成为社会人才培养的重要基地。随着社会分工的深入细化，社会对人才的需求也就更具专业性、目的性。在现行的教育下，高校的学生培养工作应该注重学生目标导向的制定，帮助学生进行成长路径设计，并协助学生完成能力和素质的储备。

一、制定学业规划的原则

（一）目标性原则

学业规划的直接作用是帮助大学生更好地完成学业，顺利实现就业。因此，要以职业目标为导向进行学业规划。大学生要在深入了解自身兴趣、性格、技能、价值观及职业信息和社会需求的基础上确定职业目标和理想，了解意向职业的从业要求，围绕职业目标制定自己在大学阶段的学业计划。

（二）个性化原则

学业规划并非千篇一律，而是因人而异。由于每个人在兴趣、性格、技能、价值观、家庭环境、成长背景等方面存在个体差异，因此不同个体的职业理想和发展目标是不同的。大学生规划学业时应全面认识自己和自身所处的环境，结合自身实际情况制定个性化的目标和行动方案，这样才更有针对性，才能取得理想效果。

（三）可行性原则

学业目标的成功实现不仅在于制定一份好的学业规划，更重要的是执行和落实好学业规划，这就要求学业规划必须具备可行性，是现实的、具体的、可操作的。学业目标的设置要适中，目标过高使人遥不可及，目标过低使人失去动力，达到目标的措施和方法应力求合理，是个人经过努力可以实现的。

（四）发展性原则

学业规划不是静态的、不变的，而是动态的、发展的。一方面要结合大学生自身发展需求，在大一至大四不同阶段有重点、分层次规划学业任务；另一方面在执行学业规划的过程中要根据个体主观条件及客观环境的变化，及时对学业规划作出评估调整，酌情修改学业目标和行动方案，确保学业规划科学合理、顺利实施。

二、大学学业规划的侧重点

（一）大一：适应期

大学一年级为适应期，这一阶段的重点任务是适应角色改变，熟悉大学的学习规律和方法，培养自主学习能力。学生应从大一开始就需要树立学业规划意识,认识到学业规划的重要性,并初步开展学业规划设计。通过新生入学教育、专业导论、师生座谈、学习交流会等途径多方位了解自己所学专业的现状、发展前景与就业去向,通过学校开展的必修课、选修课或自学的方式系统学习职业生涯规划与学业规划的理论与方法,初步确定职业理想,明确大学阶段的学业目标和发展规划。工科大学生在大学一年级要扎实学好外语、物理、数学等基础知识,提高计算机操作技能,加强人际交往,培养团队合作精神。

(二)大二:探索期

大学二年级为探索期,这一阶段的重点任务是夯实专业基础知识,积极参与社会实践活动。大学生从二年级开始接受专业基础教育,可以在课堂学习之余根据自己的兴趣参加相关学术讲座、阅读专业书籍,进一步加强专业认知,完善知识结构,寻找专业兴趣点。还可以尝试各类科技创新和社会实践活动,搜集意向职业信息,从事与意向职业相关的活动或兼职工作,在实践动手中探索与验证自己的兴趣与能力所在。

(三)大三:定向期

大学三年级为定向期,这一阶段的重点任务是坚定职业目标,储备职业技能。大三将开设更多的专业核心课程,这些课程是从事专业相关工作的基础,因此要进一步强化专业知识学习,提高专业实践能力。要积极参加各类科技创新和学科竞赛活动,在实践中提高专业知识运用能力;熟练掌握专业计算机软件的使用方法,考取相关技能证书;了解目标职业的从业要求,考取相关职业资格证书;利用寒暑假进行公司实习,积累职业经验;目标职业如果需要更高学历要求,应尽早明确下一阶段求学目标,做好考研或出国留学的准备工作。

(四)大四:冲刺期

大学四年级为冲刺期,这一阶段的重点任务是全速推进规划,实现发展目标。博观而约取,厚积而薄发。大四阶段是对前三年学业规划完成成果的有效检验,也是实现最终学业目标的发力期。对于求职的大学生,大四阶段需强化求职实战技能学习,掌握简历制作、面试交谈、职场礼仪等知识和技巧,有效搜索求职信息,实现成功就业;对于考研的大学生,大四阶段要调整心理状态,全力复习备战,实现顺利深造。

第十二章 职业生涯规划

工科大学生是未来社会建设的中坚力量之一,但很多工科大学生对自己的未来充满着迷茫与困惑。可见,指导工科大学生对自己职业生涯正确规划有着重要意义,只有正确引导大学生树立正确的职业生涯规划观念,才能实现国家快速发展的战略目标,才能构建中国特色社会主义和谐社会,才能加快推进中国实现特色社会主义现代化进程。

第一节 职业生涯规划的内涵

如何在新形势发展的背景下强化大学生的职业能力,更好地对大学生的职业生涯规划进行科学、合理的引导,更好地实现职业生涯规划教育和思想政治教育的有机融合,已成为当前思想政治教育的重中之重。

一、职业生涯规划的概念

(一)生涯

在我们的日常生活中经常听到"艺术生涯""体育生涯""军旅生涯""教师生涯"等说法,生涯常指某种职业生活。生涯的英文"career"来自罗马字"via carraria"和拉丁字"carrus",意思指古代战车。在希腊,"career"有驾驭马车、疯狂竞赛的意思。生涯一词充满了冒险和竞争精神。现代多被引申为人生发展历程。

美国职业发展协会对生涯的定义是:个人通过从事工作所创造出的一种有目的的、延续不断的生活模式。这意味着每个人的生涯是独一无二的,是经过个人规划、执行而形成的,是持续一生的,也是丰富多彩的。生涯大师舒伯对生涯作如下定义:生活里各种事态的演进方向和历程,它统合了人一生中的各种职业和生活角色,由此表现出个人独特的自我发展形态。舒伯对生涯的定义包含了长度、宽度、厚度三个维度。

（二）职业生涯规划

职业生涯规划（William J.Rothwell）：个人结合自身情况及眼前制约因素，为自己实现职业目标而确定行动方向、时间和方案。

从上述生涯和职业生涯规划相关概念来看，职业生涯规划与职业发展相关，但内容不简单等同于找工作，是对自我角色的全面剖析，对人生蓝图全方位的畅想与描绘，亦是为实现人生理想付诸实际行动的计划与方案。

二、职业生涯规划理论

（一）帕森斯的特质因素理论

帕森斯被誉为"职业指导之父"，1909年在《职业选择》一书中他将生涯选择划分为三个阶段：

第一，了解自己的特质，对自我进行评估；

第二，了解职业选择成功的条件，对各种就业机会进行考察；

第三，基于特质-因素的平衡，即人职匹配，推断最佳抉择。

帕森斯将高质量的自我评估、职业信息及专业咨询作为解决生涯问题的关键。这是最早的生涯规划理论，是人们思考职业选择方式的重要创新。

（二）霍兰德的职业类型理论

美国著名生涯辅导专家霍兰德在20世纪70年代提出职业类型理论，又称为RIASEC理论。该理论认为：

第一，职业选择是人格的表现，反映在职业上就是职业兴趣；

第二，大多数人的职业兴趣可划分为六种类型，即实用型、研究型、艺术型、社会型、企业型、事务型，分别用英文字母表示为RIASEC；

第三，同一职业吸引相似人格特质的人群，从而会产生特定的职业氛围。因此，工作环境通常也可划分为六种类型，其名称与人的职业兴趣相同；

第四，职业兴趣与职业环境的匹配会提高人们的工作满意度、成就感和稳定性。

（三）舒伯的生涯发展阶段论

舒伯在20世纪50年代提出生涯发展阶段论，即著名的生涯彩虹理论。从时间跨度上他将人的生涯发展划分为五个阶段：成长阶段（0—14岁）、探索阶段（15—24岁）、建立阶段（25—44岁）、维持阶段（45—65岁）、衰退阶段（65岁以上）。从生活角色上，他认为人一生中承担着多个角色，主要有：子女、学生、工作者、休闲者、持家者、配偶、父母、退休者、公民等。每个人在不同的生涯发展阶段对不同角色的投入是随时间而变化的。生涯发展是对我们所扮演的所有角色的全面而彻底剖析。

三、系统职业生涯规划法

职业生涯规划并不难，有科学的方法可寻，系统职业生涯规划通常由以下六个步骤构成循环：

1. 觉知与承诺。认识到职业生涯规划的重要意义，并将职业生涯规划付诸实践。

2. 认识自己。深入了解自己的性格、兴趣、能力、价值观，由内而外探寻自己适合的、喜欢的、愿意做的、力所能及的职业范围。

3. 认识工作世界。广泛收集宏观工作世界的发展趋势、所学专业的就业前景、目标职业的工作要求等信息，形成自己的预期职业库，在大学阶段为理想职业提前做好准备。

4. 决策。在做好内外探索后，考察自己的性格、兴趣、能力、价值观与目标职业的匹配度，使用专业决策工具权衡各种利弊，确定合理、可行的职业生涯目标。

5. 行动。将职业生涯目标分为长期目标、中期目标和短期目标，尽快地制定目标的具体行动方案。

6. 再评估/成长。职业生涯规划是动态和循环的过程。在实现生涯目标的进程中，时时审视内外环境变化，及时调整目标方向和行动路线，对生涯规划进行完善和修改。

第二节 职业生涯规划的重要性

职业生涯是人生的重要组成部分，而且职业生涯的状况直接影响着我们人生的质量，所以，职业生涯的成功与失败不单纯是职业生活的成功与否，而是我们人生成功与否的重要参照系，如此也就决定了我们必须对自己的职业生涯进行提早准备和规划。

一、大学生职业生涯规划存在的问题

1. 职业生涯规划意识淡薄

大学阶段是生涯发展中的探索阶段，在这个阶段大学生要根据自我认知和工作探索的结果初步确定职业目标。事实上，许多大学生职业生涯规划意识淡薄，在大学期间没有对自己未来的生涯发展做出科学规划。一些大学生抱着"船到桥头自然直"的想法，认为职业规划是大四毕业之后的事情，待到毕业时自然会找到理想工作，现在考虑为时尚早。可见他们并没有认识到职业生涯规划对大学生的重要性。如果大学生在大一时就以生涯发展的理念指导自己做好人生长远规划，制定并实施大学四年的行动计划，待到毕业时定将会在人生的十字路口做出从容而坚定的抉择。

2. 职业目标与自身和社会脱节

一些大学生对自己没有清晰的了解，不清楚自己喜欢什么、有何优缺点、擅长何种工作、追求何种价值，导致在选择职业目标时茫然无措，过分听取他人意见，忽视内心声音，随波追流，与理想工作渐行渐远。另外一些大学生在大学期间"两耳不闻窗外事，一心只读圣贤书"，对现今行业发展状况、专业发展前景、人才需求情况及就业形势等外部信息了解较少，自身发展远落后于时代潮流，与社会要求脱节。

3. 职业规划具有一定盲目性、功利性

"考证热"是当前大学校园中普遍的现象，大二考四六级，大三考计算机证、CAD证、会计证、证券从业证，大四考教师资格证……一些大学生对大学四年期间的考证时间表做出了详细规划。然而，看似合理

规划，实则盲目从众，一些大学生并未真正考虑清楚自己的职业目标和实现路径是什么，仅为考证而考证，但求一纸心理安慰，职业规划具有盲目性。还有一些大学生在大四毕业前匆忙作出职业规划，在毕业季突击参加公务员考试培训、面试培训、职业技能培训等，以期在短时间内迅速提高求职技能，职业规划具有功利性。

二、大学生职业生涯规划的意义

1. 有助于明确人生目标，实现自我价值

对于一只盲目航行的船来说，所有的风都是逆风。对于一个人而言，无目标而生活，犹如没有罗盘而航行。目标是成功的内驱力，只有首先拥有了人生目标，才能明确努力方向，逐步实现精彩人生。职业生涯规划在自我探索和外部世界探索的基础上，帮助大学生尽早明确职业目标，科学规划人生方向。有了目标便有了前行动力，目标将激励大学生集中全部精力和内外资源，为实现自我价值而不懈奋斗。

2. 有助于激励奋发图强，主动成长成才

从高中到大学，面临学习方式和生活环境的变化，许多大学生无所适从，陷入了迷茫的漩涡。职业生涯规划可以帮助大学生尽早明确大学期间的发展任务，有效解决大学生学习动力不足的现实问题，激励大学生奋发图强，变"要我学"为"我要学"，合理安排学习时间，主动掌握专业知识和各项技能，增强大学生成长成才的主观能动性。

3. 有助于清晰认识自我，适应社会需求

知己知彼，百战不殆。职业生涯规划帮助大学生系统地进行自我探索和工作世界探索，了解自己的兴趣、性格、技能、价值观，了解工作世界的各项信息，从而认清自我和社会需求之间的差距，实现精准自我定位，进而在大学期间不断完善自我，提高各项能力，努力适应社会需求，为求职做好充足准备。

4. 有助于提高竞争实力，实现全面发展

经济结构转型对创新型、复合型高素质人才的需求日益增加，大学生只有不断提高自身核心竞争力，才能在激烈的求职市场中取得一席之地。职业生涯规划可以帮助大学生通过系统参加各种学习、培训和实践活动,有针对性地获取通识知识、专业知识、实践技能、求职技能,实现全面发展。

第三节　工科大学生如何做职业生涯规划

职业生涯是人生的重要组成部分,而且职业生涯的状况直接影响着我们人生的质量,所以,职业生涯的成功与失败不单纯是职业生活的成功与否,而是我们人生成功与否的重要参照系,如此也就决定了我们必须对自己的职业生涯进行提早准备和规划。

一、知己——自我探索

（一）兴趣探索

俗话说兴趣是最好的老师,我们在选择职业时要将兴趣作为重要因素考虑进去,实现兴趣与职业的关联和匹配。

下面通过兴趣岛游戏[①]来测试一下你的兴趣类型吧!

恭喜你!你获得了一次免费岛屿度假的机会,唯一的要求是你必须与岛上的居民一起生活至少半年的时间。请不要考虑其他因素,仅凭自己的兴趣挑出你最想前往的三个岛屿,按照兴趣程度将代表岛名的字母写下来（　　）、（　　）、（　　）。

R岛：自然原始的岛屿

岛上保留有原始森林,自然生态保持得很好,有各种各样的野生动物。岛上居民生活状态还相当原始,他们以手工见长,自己种植花果蔬菜、修建房屋、打造器物、制作工具,喜欢户外运动。

I岛：深思冥想的岛屿

岛上人迹稀少,建筑物多僻处一隅,平畴绿野,适合夜观星象。岛上有多处天文台、科技博览馆以及科学图书馆等。居民喜好观察、学习、探究、分析,崇尚和追求真知,常有机会和来自各地的哲学家、科学家和心理学家等交换心得。

[①] 钟谷兰.大学生职业生涯发展与规划[M].2版.上海：华东师范大学出版社,2016.

A岛：美丽浪漫的岛屿

岛上充满了美术馆、音乐厅、街头雕塑和街边艺人，弥漫着浓厚的艺术文化气息。当地的居民很有艺术、创新和直觉能力，他们保留了传统的舞蹈、音乐与绘画，许多文艺界的朋友都喜欢来这里寻找灵感。

S岛：友善亲切的岛屿

岛上居民个性温和、十分友善、乐于助人，社区均自成一个个密切互动的服务网络，人们重视互相合作，重视教育，关怀他人，充满人文气息。

E岛：显赫富庶的岛屿

岛上的居民善于企业经营和贸易，能言善道，以口才见长。岛上的经济高度发展，处处是高级饭店、俱乐部、高尔夫球场，来往者多是企业家、经理人、政治家、律师等，曾数次在这里召开财富论坛和其他行业巅峰会议。

C岛：现代、井然的岛屿

岛上建筑十分现代化，是进步的都市形态，以完善的户政管理、地政管理、金融管理见长。岛民个性冷静保守，处事有条不紊，善于组织规划，细心高效。

这六个岛屿实际上代表着六种霍兰德兴趣类型，即实用型R、研究型I、艺术型A、社会型S、企业型E和事务型C。六种兴趣类型的主要特点见表12.1。在霍兰德兴趣类型理论中，通常用兴趣最强的三种字母组成的代码表示一个人的兴趣，这个代码称为"霍兰德代码"。上面兴趣岛游戏中，你选择的三个最想去的岛屿（如RIC、SEA等）就是你的霍兰德代码。相应地，职业环境也分为六种类型，通常以三个字母组成的代码表示某种职业环境，如建筑师是AIR。霍兰德及其同事为12000种职业提供了霍兰德代码，通过《霍兰德职业代码字典》，你可以查到你的霍兰德兴趣类型所匹配的职业范围。

表 12.1　霍兰德兴趣类型及主要特点

兴趣类型	典型特点	喜欢的活动
R 实用型	动手操作	喜欢具体的任务
I 研究型	追求真知	喜欢探索和理解事物
A 艺术型	表达创新	喜欢自我表达
S 社会型	服务奉献	良好的人际交往技能
E 企业型	影响引领	追寻领导力与社会影响
C 事务型	规则高效	喜欢有条理、程序化的工作

（二）性格探索

我们每个人都有自己擅长的一面，也有自己不擅长的一面，就如我们的左右手一样。如果我们能够充分了解自己的性格，找到一份与性格相适合的工作，在其中发挥出自身优势，就会感到身心愉悦，极大可能获取成功。

在性格探索中常用到的工具是 MBTI 理论，又称为迈尔斯－布莱格斯类型指标。MBTI 理论将人的行为和偏好从四个维度进行划分，每个维度分为两种偏好类型，共形成 16 种性格类型（表 12.2）：

表 12.2　MBTI 16 种性格类型一览表

ESFP	ISFP	ENFP	INFP
ESTP	ISTP	ENTP	INTP
ESFJ	ISFJ	ENFJ	INFJ
ESTJ	ISTJ	ENTJ	INTJ

能量倾向维度：外倾型（E）vs 内倾型（I）
接受信息维度：感觉型（S）vs 直觉型（N）
处理信息维度：思考型（T）vs 情感型（F）
行动方式维度：判断型（J）vs 知觉型（P）

1. 在能量倾向维度上，外倾型（E）的人喜欢关注外部环境，在工作和人际中积极主动，从与人交往中获取能量；内倾型（I）的人喜欢关注自己内心世界，喜欢独处、安静思考，从对思想、回忆、情感的反思中获取能量。

2. 在接受信息维度上，感觉型（S）的人观察敏锐，着眼于实际存在的事物，相信自己的五官，看到什么就是什么；直觉型（N）的人富于创造力和想象力，喜欢联想事物背后的意义，相信自己的直觉。

3. 在处理信息维度上，思考型（T）的人讲求公平，运用分析和推理解决问题，原则性强、不近人情，公平意味着每个人被平等对待；情感型（F）的人善于体贴，根据自己的价值判断做出决定，心肠软且富有同情心，公正意味着每个人得到尊重。

4. 在行动方式维度上，判断型（J）的人井井有条、有计划有组织，按部就班完成各项任务；知觉型（P）的人灵活自由、随意开放，喜欢事物留有改变的可能性。

在每个维度上一个人只有一种倾向，外倾或内倾、感觉或直觉、思考或情感、判断或知觉。你分别是哪种倾向呢？将字母代码写下来（　　）、（　　）、（　　）、（　　）。将这四个字母组成的代码输入百度百科，你就能获取你的MBTI性格类型所对应的职业范围。

（三）技能探索

一个人同时具备与生俱来的能力倾向和后天培养形成的各项技能，这些能力是我们胜任工作岗位要求的重要法宝。罗圭斯特和戴维斯的明尼苏达工作适应论认为，当工作环境满足个人需求时，个人感到"内在满意"；当个人能力达到工作要求时，个人感到"外在满意"。只有同时感到"内在满意"和"外在满意"，个人才能在工作领域实现协调持久发展。

我们将天生就具备的特殊才能称为能力倾向。根据加德纳的多元智力论，人类至少具备七种不同的智能，它们分别是：言语－语言智能、逻辑－数理智能、音乐－节奏智能、自知－自省智能、交往－交流智能、身体－动觉智能及视觉－空间智能。这七种同样重要的智能以相对独立的形式展现出来，在不同个体上有不同的组合形式和表现程度，造就了独特的个体。每个人都是聪明的，在不同方面展现出不同天赋，例如：姚明身体动觉天赋极强，爱因斯坦逻辑数理天赋超人，贝多芬具备极佳的音乐节奏智能。如果我们能敏锐洞察到自己的天资，并将其充分展示出来，那每个人都是出众的。

我们将经后天学习和培养形成的能力称为技能。从出生到现在，每个人有意无意间获取了无数的技能。技能可以分为知识技能、可迁移技能和自我管理技能三类（Sidney Fine & Richard Bolles）。知识技能，通常用名词表示，是指通过教育手段获得的知识和能力，也就是我们掌握的科目。例如：数学知识，外语知识，人文历史知识等。获得途径有学校课程、网络公开课、报告会、研讨会、自学、考试、培训等。我们要广泛涉猎多领域知识，将自己塑造为复合型人才。可迁移技能，又称通用技能，通常用动词表示，是指一个人会做的事。例如：观察、分析、操作、计算、教学、协调、沟通、表达等。这些技能可以从生活的方方面面获取，触类旁通地运用到工作之中，是一个人最核心的技能。自我管理技能，也称适应性技能，通常用形容词表示，是指个人具备的精神品质。例如：谦虚的、自信的、勇敢的、耐心的、踏实的等等。自我管理技能需要从生活的点滴中培养，可以帮助个体更快地适应工作环境和竞争规则，是一个人最有价值的资产。

技能探索：我的成就故事

请写下你成长过程中最有成就感的3—5件事情，对这些事件进行分析，总结出你所具备的知识技能、可迁移技能和自我管理技能。

在撰写成就故事时你需要用到STAR法则：

S：情境Situation，什么情况下发生的，有什么障碍和局限？

T：目标Target，需要完成的任务是什么

A：行动Action，采取的步骤，解决方案

R：结果Results，事件结果及评估，总结经验和教训

（四）价值观探索

价值观是一个人在工作和生活中所看重的原则、标准和品质，也就是什么对自己是最重要的。在求职过程中，许多同学都渴望找到一份好工作，好工作标准对每个人是不同的。有人追求高的经济报酬，有人向

往惬意的生活方式，有人期待在工作中充分发挥创造性，有人喜欢冒险和挑战，有人看重工作的稳定性……"鱼与熊掌不可兼得"，当面临两份工作难以取舍的艰难抉择时，职业价值观对最终决策起着重要影响作用。

不同阶层、不同职业的人价值追求不同，因此满足每个人需求的激励条件也是不一样的。马斯洛将人的需求分为五个层次，由低到高分别是生理需求、安全需求、归属和爱的需求、尊重需求、自我实现需求，只有低层次的需求得到满足才能进一步满足更高层次的需求。赫兹伯格在马斯洛需求层次理论的基础上提出激励理论（图12.3）：人的每个需求层次都对应相应的职业价值追求，例如：生理需求对应经济保障，安全需求对应工作稳定性和工作条件，归属和爱的需求对应团队和人际关系，尊重需求对应认可与肯定，自我实现需求对应创造性和成就感。其中生理和安全需求对应的价值追求属于外部激励因素，归属和爱、尊重、自我实现需求对应的价值追求是内部激励因素。要提高个人工作积极性，就要在需求层次对应的激励因素上做文章。

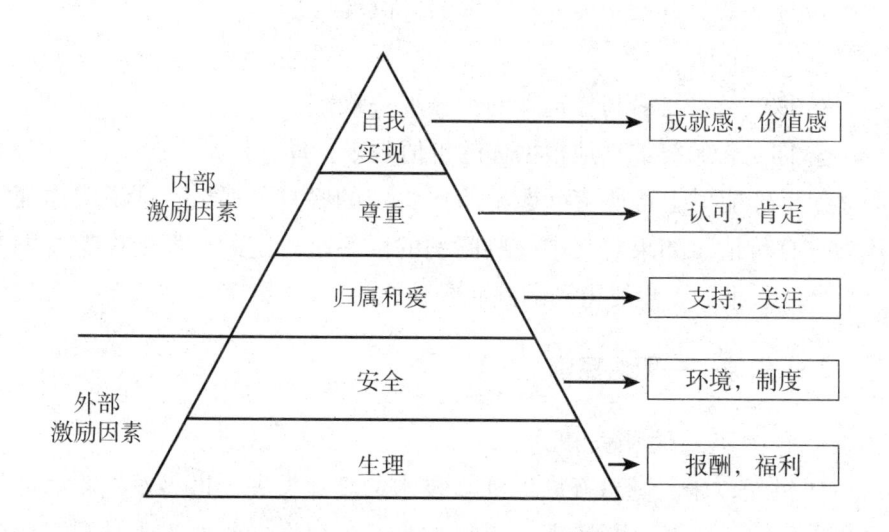

图12.3 赫兹伯格激励理论

价值观探索活动：我的重要五样

请你参照舒伯的15种职业价值观，挑选出你认为最重要的5项，分别写在5张小纸条上，与你的朋友分享。如果因为不可抗拒的因素必须舍去其中4项，只保留最后一项，那你将先后舍去哪些价值观？最后保留的价值观是什么？说出你的理由。

舒伯的15中职业价值观：利他助人、美的追求、创造性、智力激发、独立性、成就感、声望地位、管理权力、经济报酬、安全感、工作环境、上司关系、同事关系、变异性、生活方式。

最后，你需要通过以下七个步骤澄清你保留的价值观是否是你的真实价值观：

（1）选择

①它是你自由选择的，没有来自任何人或任何方面的压力吗？

②它是从众多的价值观中挑选出来的吗？

③它是在你思考了所作选择的结果后被挑选出来的吗？

（2）珍视

④你是否珍爱你的价值观，或者为你的选择感到自豪？

⑤你愿意公开向其他人承认你的价值观吗？

（3）行动

⑥你的行动是否与你选择的价值观一致？

⑦你是否始终如一地根据你的价值观来行动？

如果你能对上述所有问题都给出肯定的答复，那么，这说明你确实认为它有价值。如果对其中一些问题的回答是否定的，那么你需要思考一下自己看重的、想要得到的到底是什么。

二、知彼——职业探索

（一）职业的相关概念

21世纪以来，随着互联网和新技术的高速发展，世界发生着翻天覆地的变化，新职业不断涌现，夕阳职业逐步消失，各种职业对求职者提出了新的要求。每个人的成长都与社会环境息息相关，在做职业生涯规划时，除了正确地认识自己之外，还需了解复杂社会环境中的各种职业。

职业探索可以使我们跟紧时代步伐，更好地适应社会发展需求。

职业探索是指对职业信息进行收集、加工、处理的过程。职业探索过程中涉及工作、职位、职业、行业等术语和信息，首先澄清这些术语的概念和从属关系（图12.4）。

工作：为自己和他人创造价值的活动，不仅包括有偿劳动，也包含无偿和志愿劳动。

职位：组织中个人所从事的一组任务，它是由重复发生或持续进行的任务构成的一个工作单元。如：操作工、大学讲师、研发工程师、人力资源经理等。

职业：不同行业或组织中存在的一组类似的职位。如：会计、教师、司机等。

行业：从事相同性质的经济活动的所有单位的集合。如：金融业、制造业、建筑业等。

在职业探索时，我们需要逐层了解行业分类及发展趋势、职业分类及需求情况、职位对工作者的任职要求、工作的具体任务等。具体方法和步骤在后面会进行介绍。

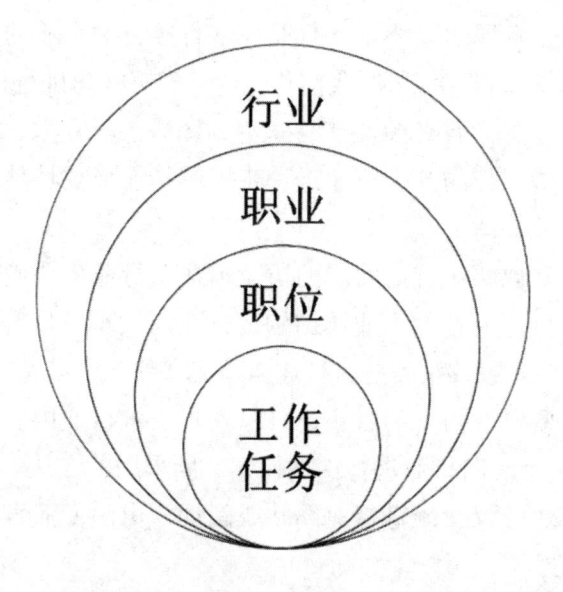

图12.4 工作任务、职位、职业、行业四个概念关系图

（二）行业与职业分类

根据2017年新发布和实施的国民经济行业分类（GB/T 4754—2017），行业分为20个门类、97个大类、473个中类和1380个小类。与2011年版比较，门类没有变化，大类增加了1个，中类增加了41个，小类增加了286个，主要反映出产业结构转型升级涌现出来的新产业、新业态、新商业模式，如智能车载设备制造、外卖送餐服务、公共自行车服务、生物质能发电、海洋石油开采等。

《中华人民共和国职业分类大典》（2015版）将职业分为8个大类、75个中类、434个小类和1481个（细类）职业。第一大类：国家机关、党群组织、企业、事业单位负责人；第二大类：专业技术人员；第三大类：办事人员和有关人员；第四大类：商业、服务业人员；第五大类：农、林、牧、渔、水利业生产人员；第六大类：生产、运输设备操作人员及有关人员；第七大类：军人；第八大类：不便分类的其他从业人员。根据2017年发布的《关于公布国家职业资格目录的通知》，准入类职业资格和评价类职业资格共140项。[①]

（三）职业探索的内容

（1）获取行业信息

行业是职业发展的大背景，行业环境直接影响企业的发展前景和个人的职业选择。在职业探索时，我们首先要从宏观视角进行行业信息探索。借助国民经济行业分类或ACT工作世界地图等工具获取一份行业目录，从中选择自己感兴趣的几个行业进一步了解行业概要性信息，这些信息包括：

行业历史与现状：行业发展的历史追述、行业主要内容、行业的经济社会价值、行业所处的产业链结构、行业内领军单位等；行业前景：行业发展趋势、国家政策支持、行业岗位需求等。

通过上述概要性信息的收集，可以初步了解行业内容和发展状况，从中选择1—2个意向行业进行深度探索。所采用的方法可以是听取行业讲座、参加行业会议、浏览行业网站或阅读一份由专业咨询管理公司出版的行业发展报告。

[①] 出自《中华人民共和国职业分类大典》（2015版）。

（2）获取企业信息

经过长期竞争与博弈，行业内会形成相对稳定的企业格局。企业规模、竞争地位、管理模式、企业文化等因素对职业有着直接影响。行业内领军企业具有较长的经营历史，市场和业绩相对稳定，企业声誉良好，是千千万万毕业生的首选；与之形成鲜明对比的是，行业内新兴中小企业具有较强的创新和生长活力，晋升空间巨大，实力不容小觑，提供了80%以上的就业岗位。不同企业有着不同的发展前景、制度文化和用人标准，不同求职者对应聘企业的类型也有不同偏好，通过企业分析可以定位到适合自己的目标企业。需要获取的主要信息有：企业类型、规模、历史和发展态势、地位与核心竞争力、战略目标、业绩、用人需求、福利待遇、地理位置、企业领导等。

（3）获取职业（职位）信息

在选择职业之前对职业信息进行收集可以帮助个人充分了解职业内容，做出正确的职业决策，同时做好职业准备。需关注的职业信息有：

职业现状：工作职责、素质要求、职业环境、工作方式、职业报酬、职业资格、如何成为从业者等；职业前景：职业发展、岗位需求、人才供给情况等。

具体而言，可以通过获取企业招聘信息的方式直观了解某职位的工作内容及要求。下面是一则招聘信息示例（内容来自互联网）：

职位：运维研发工程师

公司：百度

工作地点：上海市

职位类别：技术招聘人数：5人

工作职责：

负责百度搜索引擎、核心商业平台、大规模分布式系统及各类在线服务的可靠、稳定、高效运行；

参与产品架构设计及自动化系统的实现，满足严格的质量与效率要求；

设计、开发端到端的解决方案，包括网站访问、持续交付、容量评估、故障分析、配置管理、流量分配、性能调优等；

探索运维自动化和智能化的技术和方向。

职责要求：

对分布式集群、架构、开源技术有火一样的热情

深入理解 Linux 操作系统、体系结构

至少精通一门开发语言，如 C/Python/Shell/Perl 等

有良好的编程基础和 debug 能力，熟悉网络知识及典型协议原理

良好的逻辑思维和分析能力，热衷于解决问题、追求极致

强烈的责任心、进取心和团队合作精神

geek 精神，乐于更新知识、快速学习和跨学科跨领域解决问题

通过阅读招聘信息，我们可以了解到各种职位的任职要求，包括知识技能、可迁移技能及自我管理技能要求，这与自我探索中技能探索是相对应的。从对比中可以发现自身已有技能与用人单位需求之间的差异，做好求职技能储备。

（四）职业探索的方法

（1）借助互联网和新媒体

信息爆炸的今天，网络成为我们获取知识的重要手段，可以通过多种方式从互联网获取职业信息。首先，可以在百度搜索引擎直接输入想要查询的行业、企业或职业名称，即可得到数百万乃至数亿条搜索结果，从中筛选出对个人有价值的信息进行深度阅读。其次，浏览大型求职类网站，如前程无忧、智联招聘、应届毕业生求职网等，从这些网站可以查询用人单位最新的职位需求情况。再次，查询专业的职业信息库，如学职平台，涵盖了专业介绍、职业介绍、职业访谈微视频、职业测评等详细内容，为大学生了解职业、选择职业提供了系统的信息支撑。最后，通过微信公众号等新媒体资源，关注行业类、求职类或意向企业信息，一部手机就可以随时随地接收推送信息。

（2）企业参观考察和实习锻炼

获取职业信息最直接的方式是到企业参观考察或实习锻炼，不仅可以收集到直观的、实实在在的职业信息，还可以体验职场生活、掌握职业技能，为日后职业选择和发展做好准备。除学校统一安排的实习活动外，还可以利用寒暑假或周末的时间结合自身情况联系意向实习单位。

获取实习单位信息的途径有很多，如关注学校就业中心发布的实习信息、浏览求职类网站、浏览意向企业官方网站、利用各种人脉资源或主动向意向企业投递简历等。

（3）生涯人物访谈法

生涯人物访谈是指对身居自己感兴趣职位的人进行采访。"生涯人物"既可以是成绩斐然者，也可以是默默无闻者，在工作岗位上至少工作3—5年，熟悉职业具体情况及发展前景。通过交流可以直观获取职业信息，了解职业环境，并验证自己通过其他方式获取信息的准确性。生涯人物访谈的主要问题包括：

你是怎样确定自己职业的？做了那些准备？
你所从事的职业需要什么技能和教育背景？
你所从事的职业需要什么样的性格特点和人格品质？
你的具体工作职责是什么？
你的工作环境和生活方式是什么样的？
你的职业有哪些让你喜欢的地方？哪些不喜欢的地方？
你所从事的职业发展前景如何？
你所从事的职业所属的行业和公司发展状况如何？
你所从事的职业福利待遇和晋升空间如何？
请描述一下你工作中典型的一天是什么样的。

三、抉择——决策方法

（一）计划型决策——CASVE 循环

生活中我们每天都面临各种决策，小到衣食住行，大到升学、就业和人生伴侣选择，我们经常陷入深深的迷茫与纠结之中。人们决策中常见以下几种决策风格，有人冲动行事，有人痛苦挣扎，有人拖延不决，有人听天由命……这几种决策方式往往难以得到令人满意的结果。科学的决策方法——计划型决策可以使我们有效规避决策风险，得到理想的决策结果。

计划型决策包含 CASVE 循环五个步骤：沟通 C——分析 A——综合 S——评估 V——执行 E（图 12.5）。

沟通 Communication
识别问题的存在

执行 Execution
采取行动解决问题

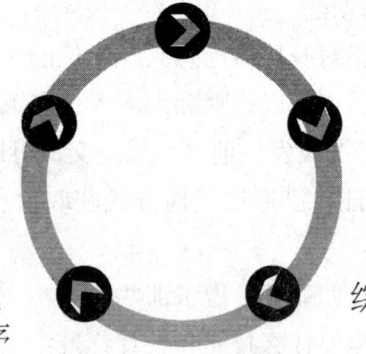

分析 Analysis
考虑各种可能性

评估 Evaluation
对选项排列次序

综合 Synthesis
形成选项

图 12.5　CASVE 循环示意图

1. 沟通 Communication

在这一阶段意识到问题的存在（即理想与现实之间存在差距），知道自己要做一个选择。比如，自己知道毕业后要选择一份职业，现在却没有做好准备。当意识到问题不能置之不理、必须得以解决时，就需要开始分析问题的根源和成因，开始决策的下一步骤。

2. 分析 Analysis

在这一阶段通过思考、观察和研究充分了解问题和差距产生的原因。在职业生涯规划中，分析阶段通常需要收集两方面的信息，一是自我知识，包括个人兴趣、性格、技能和价值观等，二是职业知识，包括职业环境、职业内容、职业前景等，并了解自我知识与职业知识二者之间的关联及差距，为决策提供基础理论。

3. 综合 Synthesis

在这一阶段对分析得到的信息进行加工处理，寻找解决问题及消除差距的方案。综合阶段细分为两个阶段，一是综合细化，尽可能发散思维找到解决问题的所有办法，二是综合结晶化，缩减选项清单，保留3—5项最有可能的选择。在职业生涯规划中，根据自我探索和职业探索的结果，首先列出不少于10个选择的意向职业清单，再在进一步收集信息的基础上保留3—5个选项。

4. 评估 Evaluation

在这一阶段对上述3—5个选项进行评估和排序。一是评估，考虑各个选项对自己和重要他人的影响，二是排序，利用决策工具（如决策平衡单、SWOT分析法）对选项进行排序，得到最佳选项、第二选项、第三选项。

5. 执行 Execution

在这一阶段根据自己的最佳选择制定行动计划，确定切实可行的实施步骤，将思考转化为行动。

需要提醒的是，决策是动态循环的过程，在执行计划后又进入沟通阶段，个人需对决策结果进行评价，验证问题和差距是否已消除，如有需要将再次进入新一轮决策过程。

（二）SWOT 分析法

SWOT分析法又称为态势分析法，在职业决策时，对自身内部条件和外部环境条件从优势（Strength）、劣势（Weakness）、机会（Opportunity）、威胁（Threat）四方面进行分析，从而做出最有利于职业发展的选择。其中优势和劣势属于自身内部条件分析，机会和威胁属于外部环境条件分析。SWOT分析的基本思路是充分列举和权衡各种因素，发挥自身优势，避免自身劣势，利用外部机会，规避外部威胁，做出合理的职业选择。

SWOT分析法示例：

小张，男，某师范大学心理学专业毕业生，成绩优秀，曾多次获得奖学金，在校期间担任主要学生干部。性格较为急躁，做事容易冲动。大三暑假在一家中等规模公司人力资源部门实习。他想寻找一份人力资源管理的工作。下面是他的SWOT矩阵分析表：

	自身内部条件		外部环境条件
优势 S	1. 成绩优秀； 2. 学生干部经历； 3. 公司实习经验； 4. 具有心理学的知识背景。	机会 O	1. 人力资源管理部门逐渐受到企业重视； 2. 外企的进入导致人力资源管理人才需求的增大； 3. 心理学在人力资源管理中的重要性逐渐凸显出来。
劣势 W	1. 师范院校本科生； 2. 专业不对口； 3. 没有丰富的工作阅历； 4. 性格急躁，容易冲动。	威胁 T	1. 人力资源管理方向的毕业生具有专业知识背景； 2. 研究生毕业生日益增多； 3. 许多企业看重工作经验。
职业定位	中小企业人力资源管理部门助理类岗位		
行动策略	1. 利用自身较强的学习能力自学人力资源管理知识； 2. 发挥学生干部的管理特长； 3. 锤炼品格，克制急躁和冲动的个性； 4. 将心理学知识应用于人力资源管理，提高工作创新能力； 5. 积极寻找重视员工潜能的公司。		

（三）决策平衡单

决策平衡单是一种定量分析工具，利用决策平衡单可以评估和权衡各项选择对个人物质的得失、个人精神的得失、他人物质的得失、他人精神的得失，然后按照总分对各项选择进行排序。

决策平衡单使用的基本步骤是：

（1）将各种选择水平排列在决策平衡单的顶部。

（2）在决策平衡单的左侧，垂直列出"个人物质方面得失""他人物质方面得失""个人精神方面得失""他人精神方面得失"四个方面的重要价值观和考虑因素。

（3）给各种价值观和因素按照1—5的等级分配权重。一项价值观或因素的重要性越大，它的权重就越高。对自我需求和价值观的准确了解，是指定权重的前提。

（4）按照满足个体价值观和考虑因素的程度，对各项选择进行打分。分值在 –10 到 +10 之间。其中 +10 表示"价值观和考虑因素在该选择中完全得到了满足"，0 表示"不知道或无法确定"，–10 表示"价值观和考虑因素在该选择中完全未得到满足"。

（5）将上步各项分数与其对应的权重相乘，分数记录在括号内。

（6）将每一选择下所有的正负计分相加，得出总分，对总分进行比较和排序。

决策平衡单示例：

选择项目 考虑因素	选择一：工作		选择二：考研	
	正面预期	反面预期	正面预期	反面预期
个人物质得失				
个人收入（4）	8（+32）			–6（–24）
健康状况（2）		–6（–12）	3（+6）	
休闲时间（3）		–1（–3）		–2（–6）
未来发展（2）	2（+4）		6（+12）	
升迁状况（1）	1（+1）		4（+4）	
社交范围（3）	3（+9）			–1（–3）
他人物质得失				
家庭收入（5）	3（+15）			–2（–10）
个人精神得失				
所学应用（2）	5（+10）		5（+10）	
进修需求（3）	1（+3）			–1（–3）
改变生活方式（3）		–4（–12）	6（+18）	
富有挑战性（4）	2（+8）		3（+12）	
个人成就感（5）	3（+15）		3（+15）	
他人精神得失				
父亲支持（4）	6（+24）		3（+12）	
母亲支持（3）	5（+15）		5（+15）	
男女朋友支持（2）		–8（–16）	2（+4）	
总分	93		62	

需要提醒的是，在使用决策平衡单时，目的不仅是得到最终的分数及排序，填写的过程同样重要。填写各项价值观和考虑因素及分配权重、打分的过程可以帮助我们更加清晰地理清思路，使个人作出合理的决策。

四、行动——目标计划

（一）目标设置原则

一心向着目标前进的人，整个世界都给他让路。明确的职业生涯目标是职业生涯规划的关键，它将引领个人的所有行动向着同一方向前进。在制定职业生涯目标时需要遵循目标设置的 SMART 原则：

1.Specific：具体、明确，不要用含糊笼统的语言。比如，错误的表述是"我要好好利用时间"，正确的表述是"我一天花不超过一小时玩游戏"。

2.Measurable：可以量化的。比如，错误的表述是"我要加强社会实践"，正确的表述是"我本学期要参加一个学生社团"。

3.Achievable but challenging：可以达到但有挑战性。目标过高会感觉遥不可及，目标过低会使人失去动力。

4.Rewarding：目标需有一定意义、有价值，并有奖惩的措施。比如"如果我本学期读完 20 本课外书，奖励自己一个小礼物"。

5.Time-bounded：有明确的时间限制。比如，错误的表述是"我将来要……"，正确的表述是"我本周内……一个月内……本学期……"。

6.Controllable：可以控制的。比如，错误的表述是"我要在华为获得一份工作"，正确的表述是"我向华为申请一个职位"。

采取上述目标设置原则可以使我们的目标更加清晰，有更大的实现可能。

（二）目标分解

为方便目标管理，可将职业生涯目标分解为长期目标、中期目标和短期目标，目标分解的过程也是制定和细化行动计划的过程。

1.长期目标

长期目标一般是 5—10 年的目标，在设计时以整体规划为主，长期目标的制定应符合个人价值观，与自身实际及社会发展需求相适应，具有一定挑战性和实现的可能性。比如：希望 5 年后成为一名创新型企业的研发工程师。

2.中期目标

中期目标一般是2—3年的目标,是长期目标的具体化,与长期目标保持一致,有较为明确的计划和完成时限。比如:在3年内考取从事研发工程师所需的专业证书,通过公司实习积累工作经验。

3.短期目标

短期目标一般是1年以内的目标,是长期目标和中期目标的进一步具体化和可操作化,短期目标应切合实际,有足够的实现把握。比如:本月报名参加一次专业技术培训;2个月内学习并熟悉某专业软件的使用方法;半年内精读10本专业书籍并做好读书笔记;暑假向某企业申请一份研发工程师助理的实习岗位。

五、职业生涯规划书

(一)职业生涯规划书

一份好的职业生涯规划书可以帮助个人将知己、知彼、抉择的过程和结果记录下来,理清思路,明晰职业定位。完整的职业生涯规划书一般包括:封面、前言、目录、正文、结语等部分。封面写明职业生涯规划书标题、规划者姓名、规划时间等主要信息,可发挥个人创意进行美化设计。前言部分主要介绍个人对职业生涯规划目的、意义的认识和感悟。目录是正文的概括,可以清楚直观地看到一份职业生涯规划书的逻辑框架。正文包括五部分:自我探索、职业探索、目标定位、行动计划与方案、评估与调整。结语写明个人对实现职业生涯目标的决心和意志。

职业生涯规划书框架示例:

○、前言

一、自我探索

1.个人基本信息

2.我的性格

3.我的职业兴趣

4.我的价值观

5.我的职业能力

自我探索小结

二、职业探索

1. 家庭环境分析

2. 学校环境分析

3. 社会环境分析

4. 行业分析

5. 职业分析

6. 企业分析

职业探索小结

三、职业定位

1. 职业目标的选择

2. 职业目标的分解

四、行动计划与方案

根据职业目标写明大学期间具体行动方案

五、评估与调整

定期评估和调整职业目标和行动方案，对职业生涯规划书作出修改

（二）职业生涯规划档案

职业生涯规划档案是记载职业生涯规划探索与决策过程的档案资料，它将个人对职业目标的思考过程和相关探索信息详细记录下来，使用方便，清晰直观。

职业生涯规划档案示例[1]：

我的生涯规划档案

姓名_____ 日期_____

一、你如何描述自己？

1. 你的霍兰德类型：____ ____ ____

请根据"霍兰德职业兴趣类型"中对六种类型的描述，在下列出最能描述你自己的语句。

---

[1] 钟谷兰. 大学生职业生涯发展与规划[M]. 2版. 上海：华东师范大学出版社，2016.

2. 你的 MBTI 偏好类型：____ ____ ____ ____

请根据"MBTI 维度解释"中对 MBTI 类型的描述，写下最能描述你自己的语句。

注意：你所考虑的职业至少应当在一定程度上允许你表达自己的兴趣和个性。如果在阅读完相关材料并做完测试后你仍不能确定自己的类型，请与职业生涯咨询师约谈。

二、职业清单

1. 你的霍兰德类型建议你考虑的职业

根据你的兴趣探索结果，列出至少10种与你霍兰德类型相对应（或近似）的职业，并标出每种职业的霍兰德代码。

职　业	霍兰德代码（3个字母）
（01）	
（02）	
（03）	
（04）	
（05）	
（06）	
（07）	
（08）	
（09）	
（10）	
（11）	

（12）_____ _____

注意：同时请参考你所做的其他兴趣练习。请思考：什么样的职业令你感兴趣？

_____

_____

2. 你的MBTI类型所建议的职业

根据你的MBTI类型偏好，从相关测评或资料中所列举的职业中挑出你感兴趣的职业，至少要有10种。

（01）_____

（02）_____

（03）_____

（04）_____

（05）_____

（06）_____

（07）_____

（08）_____

（09）_____

（10）_____

注意：这些工作有什么共通之处吗？请根据自己的MBTI类型思考，什么样的职业能使你感到满意？

_____

_____

三、将你的清单上的职业进行分类和进一步探索

将你在前两页上所列出的所有职业进行统一分类，并分别把它们填在相应的横线上。就像，如果"学生"这个职业在兴趣列表和MBTI列表中都有出现的话，就把它列在第一类中，在第四类中，列出你特别感兴趣但在之前没有出现过的职业。

第一类：很有可能
在兴趣和个性探索中都曾出现过的职业

_____

注意：这些职业都值得你去深入地探索。你的职业探索最好首先集中在这些职业上。了解这些职业的要求和工作环境等细节。根据目前你对自己的兴趣和个性的了解，考虑一下你将会如何从事这份工作。

第二类：比较有可能
在兴趣或个性探索中曾出现过一次的职业

_____

注意：这些职业也有比较大的可能性，供你进行下一步的探索。

第三类：有些可能
根据你的兴趣和个性探索，符合你一方面情况却与另一方面情况有冲突的职业

_____

注意：考虑一下，如果你从事这些职业，会出现什么情况？是否会有矛盾冲突？如何解决？

第四类：其他的职业
在兴趣和个性探索中都未曾出现且与之没有共同点的，但你感兴趣的职业

_____

注意：这些职业的可能性通常不是很大。问问自己：你为什么会对它感兴趣？是出于什么样的动？想想你的目标和信念是否与这些工作匹配。

四、你的价值观
你最重要的五项价值观，并请具体说明它们的含义。

1. _____
2. _____
3. _____

4. _____
5. _____

五、你的技能

找出你最擅长并愿意在未来职业中运用的技能。

1. 你最重要的五项自我管理技能（形容词）
   (1) _____
   (2) _____
   (3) _____
   (4) _____
   (5) _____

2. 你最重要的五项可迁移技能（动词）
   (1) _____
   (2) _____
   (3) _____
   (4) _____
   (5) _____

3. 你最重要的五项专业技能（名词）
   (1) _____
   (2) _____
   (3) _____
   (4) _____
   (5) _____

六、继续探索的职业清单

重阅你在前面所列出的所有职业，根据你对自我的了解，结合你的价值观和技能，在下面空白处列出那些你想继续探索的职业（可以是上面曾出现过的，也可以是未曾出现但符合上面共同特点的职业）。

_____

注意：在选择你想继续探索的职业时，请不要在未对它有任何了解前就轻易地将它排除。在这张清单上，你需要有足够的职业供自己探索，但也要有一定的目标。也就是说，最好不少于5个，不多于10个。将你的精力集中在下面这些职业上。

作为职业探索的一部分，下一步我打算：

☐ 收集、研究与特定领域职业有关的书面信息

☐ 采访有关人士，对我感兴趣的职业领域有进一步的了解

☐ 从职业咨询老师或其他老师那里寻求更多的个人帮助

☐ 通过选修课来检测自己对某一相关职业领域的兴趣

☐ 通过参加社团活动来检测自己对某一相关职业领域的兴趣

☐ 通过业余兼职、实习或做志愿者等方式来检测自己对某一相关职业领域的兴趣

七、目标设立与行动计划

1. 我的长期目标

2. 为了做到这一点，我还需要以下信息和帮助

3. 为了实现这一目标，在一个月内我应该做的事

第十三章　就业择业

三百六十行，行行出状元。任何一名劳动者，无论从事的劳动技术含量如何，只要勤于学习、善于实践，在工作上兢兢业业、精益求精，就一定能够造就闪光的人生。

——习近平2016年4月26日《在知识分子、劳动模范、青年代表座谈会上的讲话》

在当今知识经济时代，伴随着各大高校招生规模的不断扩大、高校毕业生人数的逐年递增，大学生就业难问题屡见不鲜，很多大学生面临着毕业即失业的困难，而工科类大学生的就业形势更加严峻。所以，正确引导"95后"大学生树立起正确的职业价值观，及时转变就业观念，促进科学就业，成为高校思想政治工作的一项重要任务。

大学生就业价值观教育是大学生顺利实现职业理想的前提和基础。工科类大学生就业观的教育是增强工科生就业核心竞争力的关键要素。工科类高校应通过加强大学生的就业观教育，引导大学生树立正确的就业观念，增强大学生自主择业能力，努力将工科生培养成为适应时代发展、适应环境变化的高素质专业化应用型人才。

第一节　就业形势与就业观

大学生树立正确的择业观与就业观，无论对其个人还是对社会来说，都有百益而无一害。树立正确的择业观和就业观，打破职业框框，拓展全方位就业思想，打破一步到位、从一而终的就业观，开发创造性，在竞争中不断提升自己，让自己在择业和就业的浪潮中掌握好人生的总舵，是大学生迈向成功的决定性一步，也是成为一个有作为的职业者的基础。

一、大学生就业形势

近年来,随着高校的不断扩招,高等教育由精英化向大众化转变,大学毕业生逐年增多,"史上最难就业季""史上更难就业季"相继而来。高校毕业生就业的结构性矛盾突出,毕业生就业面临前所未有的压力和挑战。

《2017年中国大学生就业报告》显示,2016届大学生毕业半年后的就业率为91.6%,与2015届基本持平。2016届大学毕业生平均月收入为3988元,显著高于城镇居民2016年月均可支配收入2801元,且高等教育在毕业3年内回报明显。在就业去向方面,民企、中小微型企业、地级市及以下地区等依然是大学生主要就业去向,在国企、大型企业、外资企业就业的毕业生比例下降。信息、教育等知识密集型产业雇佣大学毕业生比例持续上升,建筑、制造等劳动密集型产业雇佣大学毕业生的比例下降。本科就业的软件工程、网络工程、通信工程专业近年来为需求增长型专业,就业率、薪资和就业满意度整体较高;而本科就业的历史学、生物技术、美术学、音乐表演等专业近年来就业形势较为严峻。[1]

当前我国经济发展进入新常态,在产业升级和供给侧结构性改革背景下,大学生就业形势发生新的变化:一是,新增岗位减少,就业形势更加严峻。供给侧结构性改革的目的是淘汰落后产能,传统的劳动密集型产业工人面临下岗再就业的威胁,可供毕业生就业的传统岗位随之减少。与此同时,处于起步阶段的新型行业提供的新增岗位数量有限,吸纳劳动力的能力还需时间来提升,社会总体就业岗位减少,就业形势更为严峻。二是,创新型、专业型高素质人才需求的增加为大学生就业带来机遇。与传统的产业工人相比,大学生具有更全面的知识素质和更高的创造精神,能良好适应新的生产模式,从而在就业中具有较强竞争力。

二、大学生就业观

在供给侧结构性改革背景下,压力与机遇并存,只有树立正确的就

---

[1] 出自《2017年中国大学生就业报告》https://baijiahao.baidu.com/s? id=1578379488821696874&wfr=spider&for=pc

业观念，才能实现顺利就业。

（一）大学生就业观的积极表现

1. 就业主动意识增强

与以往相比，大学生就业的主动意识明显增强。主要表现在大学生能积极思考人生目标，尽早确定职业选择，在就业中积极主动，不再简单的通过考研等方式回避就业压力。在求职过程中大学生能主动收集招聘信息，提前了解意向单位的基本情况，做到"知己知彼，百战不殆"。

2. 就业竞争意识增强

随着就业压力不断增加，大学生的就业竞争意识有所提高，对求职中可能遇见的困难和风险有一定心理预期，对求职的各项要求也事先有所准备。大学生在校期间努力学习专业知识，考取相关职业资格证书，利用课余时间积极参与企业实习活动，有针对性地提升自身职业技能，以往的"等""靠"现象逐渐减少。

3. 就业择业心态理性

在经济转型背景下，产业结构发生变化，大学生能根据就业形势及时调整自身就业期望，不再唯国企、事业单位为上，能主动到新兴企业、民营企业就业。大学生就业去向日益多样化，求职心态更加理性，"铁饭碗""一次就业定终身"的传统观念正在改变，"先就业、再择业、再创业"的就业观念逐步被大学生所接受。

4. 自主创业意愿增强

在"大众创业、万众创新"背景下，大学生自主创业意愿增加，越来越多的大学生在大学四年积极进行创业尝试，通过创业大赛或创业实践等途径积极了解创业的基本流程及创业者所需的基本素质，主动接受各类创业指导与培训，积累创业经验。在国家政策支持下，大学生对创业充满兴趣与信心，自主创业成为大学生就业的新方式。

（二）大学生就业观的消极表现

1. 自我定位偏差

许多大学生在职业选择中盲目从众，自我定位存在一定偏差。表现在不清楚自身兴趣、优势与价值追求所在，跟随毕业大军盲目追求热门地区与热门职业，只想找自认为的"好工作"，不考虑工作是否适合自己、自己能否胜任工作。究其原因在于这些大学生职业目标模糊,在校期间缺乏对职业规划的细致思考。

2. 功利取向严重

在社会环境的影响下,一些大学生在求职中存在功利心理,主要表现为金钱至上、安于享乐。在找工作时,一味追求高薪待遇,希望待遇高、福利好、光鲜体面,缺乏对人生价值的思考和精神世界的追求。一部分大学生过分看重自身利益,社会意识和集体意识淡薄,功利思想严重。

3. 基层意识淡薄

近年来,国家出台多项政策引导大学生到基层和西部就业,并取得了一定成效。但仍有一些大学生在就业时缺乏服务奉献意识和吃苦耐劳精神,求闲怕苦是许多大学生就业心态的真实写照。"宁要北上广一张床,不要基层一套房"。一些大学生基层服务意识薄弱,到基层就业的主动性严重不足。

第二节 就业准备

面临时代的严峻挑战和压力,大学生建立合理知识结构、提高综合素质,不论是对求职择业,还是对在校学习乃至将来的成才、发展等都是至关重要的。只有知识结构、能力结构合理,才能更好地发挥个人的作用。因此,大学生应该在入学时就逐步确定今后的择业和就业方向,自觉地把大学学习同今后的择业就业紧密联系起来,建立合理的知识结构,培养和提高创业与实践能力,以适应将来所从事职业岗位的需要。

一、求职简历的制作与投递

求职简历是将个人信息展现给用人单位的书面材料,是个人的宣传名片,是让用人单位了解个人基本情况进而得到面试机会的敲门砖。如何制作简历和投递简历是大学生求职中需要学习的。

(一)求职简历的制作

求职简历是大学生向企业展示自己的重要工具,一份完整的简历应包括个人信息、求职意向、教育背景、实习实践经历等基本内容。

1. 个人信息。个人信息分为必填信息和选填信息两部分，姓名、手机号码、电子邮箱为必填信息，性别、年龄、民族、籍贯等则为选填信息，选填信息通常不填，必要时根据单位需求及个人优势填写。个人信息的填写要力求醒目、简洁、准确，不填写无关内容。

2. 求职意向。求职意向是经常容易被简历制作者忽略的部分，然而它却是整份求职简历的灵魂，简历其他内容均围绕求职意向展开。没有求职意向的简历极有可能在分秒间被淘汰。一份简历只能写一个求职意向，要有针对性，按照企业招聘信息中的岗位名称填写，力求标准，不随意发挥。

3. 教育背景。教育背景是简历中的重要信息，通常按照时间逆序填写，同样分为必填信息和选填信息。必填信息为时间段、学校、专业、学历，选填信息为主修课程、自修课程、学术专长、成绩排名、获奖情况等，根据职位要求和自身情况突出个人优势，择优填写。

4. 实习实践经历。实习实践经历是简历的核心竞争力，也是企业最看重的部分，目的是向企业说明个人能力和素质是与意向职位的要求所匹配的。实习实践经历的填写不是大杂烩，应围绕求职意向选择性填写相关经历，可以用"XX 时间，在 XX 公司实习，做了 XX 事情，取得了 XX 效果"的表述方式，力求内容简介、突出重点、有说服力。

总体而言，制作简历应注意以下几点：

（1）内容真实，扬长避短。求职简历的制作首先要遵循真实性原则，真实展现自身实力和经历，不夸大其词，更不能弄虚作假，要有针对性地扬长避短。

（2）把握优势，重点突出。在制作求职简历前应事先了解意向企业的招聘需求及能力素质要求，在简历中巧妙突出自身优势。无需将大学里每次实践经历都一一写入，应根据岗位特点重点突出。

（3）语言准确，表述完整。简历中切忌语言笼统、使用生僻词语，力求句式简明、内容完整、有说服力，坚持用数字和事实说话。

（4）注重细节，设计美观。一份外形美观、设计新颖、布局合理、条理清晰的简历会给企业留下深刻印象。在简历制作时应反复斟酌，仔细修改，避免语法上、文字上、排版印刷上的低级失误。

（二）求职简历的投递

简历投递是大学生求职的必经之路，一般途径有：招聘会现场投递简历、电子邮箱投递简历、网上申请。在简历投递过程中，应注意以下问题：

1. 注意收集招聘信息。机会总会留给有准备的人。大学生需积极关注学校发布的招聘信息，并主动利用各大招聘网站收集招聘信息。当收集到意向单位招聘信息后，要认真阅读内容要求，了解用人单位的岗位需求，在规定时间内参加应聘。

2. 针对岗位修改简历。"投其所好"是提高求职成功率的秘籍。大学生要通过各种渠道了解企业用人需求，针对意向岗位职责和要求，有针对性列出自己与该岗位相匹配的特质，证明自己正是企业需要的那个人。

3. 切勿盲目投递简历。有不少大学生在投递简历时盲目从众，看到哪家企业热门就投哪家，没有判断招聘企业的岗位是否适合自己。大学生在投简历前一定要事先对应聘企业和岗位深入了解，寻找符合自己求职意向和实际情况的岗位，不一味盲从，多次无效的投递会使大学生丧失求职信心。

二、面试技巧与准备

面试是企业与求职者面对面交流信息，对求职者的个人素质进行综合考察的测评方式，是企业招聘人才的主要方式之一。

（一）面试前的准备

凡事预则立，不预则废。面试是求职中的关键环节，一定要格外珍惜、认真准备。

1. 了解企业有关信息

通常，面试过程中考官的问题出发点是以自己招聘单位为中心展开。面试者在应聘前，需要对招聘单位的相关信息进行搜集和整理，对应聘单位属性、部门职能、岗位需求、发展前景和业务范围等要进行深入了解，有的放矢。

2.熟悉自身有关情况

古人云:"知己知彼,百战不殆"。应聘过程中,有些人即使了解到应聘单位的相关信息,但是最后还是应聘失败,最重要的原因之一就是缺少"知己"的能力。因此,面试者在进行面试前,首先要对自己的履历表和报名表等有关自己的信息了然于胸,同时将自己所学的专业知识、业务技能、自身优势与应聘单位的要求进行有机结合,才能在面试中灵活应对考官的相关提问。

3.做好心理调适

应聘之前保持良好的心理状态和竞技心态是非常重要的。应聘过程中要尽量排除无关的心理干扰因素,要给自己积极的心理暗示,尽量避免以下几种不良心理情况的发生:妄自尊大,目中无人;胆小自卑,妄自菲薄;优柔寡断,患得患失;盲目从众,人云亦云。

4.仪容与服饰准备

良好的第一印象对面试的成功非常重要。应聘者应该尽量保持整洁美观,落落大方的仪容和服饰,避免出现不修边幅,衣冠不整的情况。如果招聘单位有特殊的要求,应该根据其要求进行相应的调节。

5.其他准备

面试前要记住招聘单位的电话地址,以便有问题时进行及时交流;合理安排时间,选择正确的乘车路线,尽量提前到达面试地点进行相关准备工作;注意携带好应聘材料和相关证件,避免遗忘;面试前要注意保持充沛的精力和充足的休息,以便充分应对面试。总而言之,面试之前要尽量避免出现一些事务性的细节问题,以免造成不必要的紧张,对面试产生不良影响。

(二)面试技巧

1.一个了解:"知彼知己,百战不殆"。

2.两个切忌:一忌好高骛远,偏离实际;二忌妄自菲薄,患得患失。

3.三个准备:心理准备;业务知识准备;体能、仪表准备。

4.四个度:体现高度,在交谈中展示自己的水平;增强信度,在交谈中展示自己的真诚;表现风度,在交谈中展示自己的气质;保持热度,在交谈中展示自己的热情。

5.五个问题：问单位性质；问录用后是否签订合同或劳动合同；问工资、工时；问养老、失业、医疗、工伤、生育等社会保险；问住房、劳保、福利、假期及培训发展等。

第六篇　综合能力篇

人的潜力是无限的，只有在不断学习、不断实践中才能充分发掘出来。建设社会主义现代化强国，发展是第一要务，创新是第一动力，人才是第一资源。希望广大青年珍惜大好学习时光，求真学问，练真本领，更好为国争光、为民造福。

——习近平 2018 年 5 月 2 日《在北京大学师生座谈会上的讲话》

    大学生是一个国家政治、经济及社会未来发展的中坚力量，对大学生综合能力的培养异常重要。工科大学生综合能力的高低，直接影响其成长与进步，对我国未来的科学发展尤为重要。如何提高工科大学生的个人综合能力，是人们一直迫切关注的问题。各高校应该从外部条件的改善及内部条件的提升充分考虑，通过内外兼修来综合提高工科大学生的整体能力。

第十四章　人际沟通与交流能力

对于处在学习、成长过程中的大学生来说，良好的人际交往能力，不但是大学生活的需要，也是将来走向社会的需要，是大学生社会化的重要内容。从某种意义上来说，人际交往能力是大学生社会适应能力的综合体现。

第一节　人际沟通的内涵

美国著名人际关系学大师卡耐基指出：一个人事业的成功，只有15%源于专业知识和技能，另外85%则取决于人际沟通能力与人际关系[1]。哈佛大学就业指导小组调查结果显示，在500名被解雇的员工中，因人际沟通不良而导致工作不称职被解雇的占82%。这些数据充分说明，在当今这个互联网时代，网络开放了世界，却封闭了世人。日益激烈的竞争疏远了人与人的关系，经济社会发展呼唤人际沟通，和谐社会更要求人际交流。人际沟通与交流能力已是当今社会成功人士最基本、最重要的素质能力。

每一个人自出生起，沟通与交流就无时不在、无处不在。作为人类生存和发展赖以继续的一种行为模式，沟通与交流在人类社会的发展历程中扮演着重要角色。余世维在《有效沟通》中讲到"沟通不是人天生就具备的，而是在工作实践中培养和训练出来的"[2]。当代大学生最欠缺的一种能力就是人际沟通与交流能力，尤其是工科大学生，沟通能力相对欠缺，很多人不善于清楚地表达自己的想法，较差的沟通能力已然影响到就业和职业生涯的良性发展，因此，如何解决大学生薄弱的人际沟通、交流能力等问题，已成为当务之急。

人与人之间，沟通很重要。在日常生活中，沟通不是万能的，但离

---

[1] 勒西.卡耐基人际关系学.北京燕山出版社，1999.10.
[2] 余世维.有效沟通.机械工业出版社，2006.

开沟通也是寸步难行的。美国著名学府普林斯顿大学对一万份人事档案进行分析,结果发现:"智慧""专业技术"和"经验"只占成功因素的25%,其余75%取决于良好的人际沟通[①]。人际沟通在人的一生中都起到至关重要的作用,是人终生需要学习的一门重要课程。

一、人际沟通的基本内涵

所谓人际沟通,是人与人之间、人与群体之间的信息传递及情感交流过程。通过人际沟通,人们能够彼此分享信息、传达思想、表明态度、交流意见和情感、表达愿望等等。沟通无处不在,人际交流需要沟通,意见传达需要沟通,心灵交流需要沟通,增进情感也需要沟通。人际沟通是心灵碰撞的艺术,用沟通化解难题,疏通障碍,用舌头代替拳头,用情感感化人心,这就是人际沟通的伟大力量。

人际沟通要素由信息传送者、信息、媒介、信息接收者、反馈、障碍与背景等七个因素构成。[②]其中,信息传送者和接收者分别是试图沟通和接受方,但在一些沟通过程中,由于信息交流是双向的,参与者担任着传送者和接收者的双重角色;沟通者通过信息来给他人传达自己的观念和情感;媒介就是指以视听为主的沟通信息载体;信息接收者指沟通的另一方;反馈则使人际沟通成为一个双向的过程;人际沟通障碍是指沟通过程中常常因信息源不明确、不充分、误用载体、接收者误解等原因造成的障碍;背景是沟通发生时的情境。

按照不同分类标准,人际沟通有多种类型。按照沟通所使用的符号模式,可分为语言沟通和非语言沟通,语言沟通又包括书面沟通与口头沟通,主要用于信息的传递;非语言沟通指面部表情、眼神、身体动作等肢体语言的沟通,它传递的是人与人之间的思想和情感。[③]与语言沟通相比,非语言沟通形式更加直观、迅速、具有个性。按照对媒介的依赖程度分类,又可分为运用人类自身固有的手段,无需沟通媒介的直接沟

---

① (美国)斯科特·奥伯.现代商务沟通.中国人民大学出版社,2009.10.

② (美)斯科特撰伯.商务沟通.后浪出版咨询(北京)有限责任公司、世界图书出版公司,2012.9.

③ 陈翰武.语言沟通艺术.武汉大学出版社,2006.01.

通，如演讲、谈话、上课等；以及需信件、电话、电报等媒介的间接沟通。另外，按照沟通组织程度分类，还可以分为正式沟通和非正式沟通，以及按照有无反馈，可分为单向沟通和双向沟通，按照文化背景，可分为同文化和跨文化的个人沟通组织沟通等。

二、人际沟通的基本原则

任何沟通都具有目的性，沟通双方都希望通过沟通来满足双方各自的某些需要。如果沟通双方在沟通中能够清楚地了解沟通的目的，在沟通过程中站在对方的角度，在不损害自身利益的前提下，提供对方期待得到的东西，那么沟通就会实现双赢。因此，人们在进行人际沟通和人际交往时，不仅要有良好的、正当的动机，遵循普遍的社会道德规范，还需要采取正确的方法并遵循一定的沟通原则。

（一）理解尊重

理解是人际沟通的桥梁和润滑剂，尊重是人的基本素养。每个人都渴望得到他人的理解和尊重。沟通过程中，只有相互理解和尊重，善于换位思考，站在对方的处境设身处地考虑，才能实现心灵的沟通，营造良好的人际沟通氛围。相反，人际沟通中若损害他人的自尊心，就不可能再进行良好的沟通，往往会导致沟通的失败，甚至可能会因此付出惨重的代价。

（二）诚实守信

"人而无信不知其可"，中华民族始终将诚实守信作为立身处世之本。为人真诚，信守承诺，是做人的基本品格，也是处世的重要原则。在人际沟通过程中，应以诚相待，诚心诚意，言行一致，表里如一。真诚并非全盘托出自己的想法，而是侧重于当下的态度和观点表达，也并不意味着百无禁忌，应尽量避免涉及对方隐私或者敏感的问题。

（三）平等互利

古人云："勿以身贵而贱人"。人际沟通中，既要自尊，又要彼此尊重，在精神上相互理解，平等相待，才能建立心与心之间的沟通桥梁。同时，人与人之间的沟通交往，仅通过语言说服别人与自己达到某种共识还不够，应该培养互惠互利的观念，将双赢的思维方式和交流方式渗透于人际沟通与交往中，才能使双方的感情进一步加深。

（四）宽容体谅

宽容是中国传统文化中"厚德载物"精神的体现，其实质是宽宏大量、豁达大度。人际沟通要求双方要心胸开阔、宽宏大量，将原则性和灵活性运用其中，从而达到以谦恭容忍、豁达超然的风度来解决处理各种分歧、误会和矛盾，运用诙谐幽默、委婉劝导、与人为善的方式，缓解彼此之间的紧张气氛、消除彼此之间的隔阂。事实证明，心胸开阔、态度宽容、谦让得体、诱导得法的人际沟通方式，能够促进沟通交流并赢得彼此的配合与尊重。

第二节　语言沟通能力

语言沟通是指以词语符号为载体实现的沟通，主要包括口头沟通、书面沟通和电子沟通等。[①]口头沟通是沟通者运用口头语言进行的信息传递与交流，比如会议、报告、演讲等形式；书面沟通则通常指借助文字书写的方式进行的信息传递和交流，例如通知、文件、报刊等形式；电子沟通则是借助计算机与电子通信技术的沟通形式，包括传真、电子邮件等。人类生存的各个方面都离不开交流和沟通，而语言沟通是人与人之间交流思想、联络感情最直接、最便捷的方法。良好的语言表达与沟通能力能够促进工科大学生提高素质、开发潜力，帮助工科大学生更好地驾驭人生、追求事业，更是他们通往成功之路的必备技能。

一、语言沟通原则

恰当委婉的语言表达，能够提升友情、爱情、亲情的沟通。同样一句话，能有千百种说法，主要看以什么方式，用什么方法去表达。不同的语言表达会让沟通的效果不一样。要想与人进行良好的语言沟通，需要注意和掌握一些基本的原则。

[①]陈翰武.语言沟通艺术.武汉大学出版社，2006.01.

（一）话要说得清楚

话要说得清楚是沟通中首要的一环。语言表达要清楚、明确，不能含糊不清、模棱两可，造成不必要的误解。话说出来一是要清楚表达自己的意思，二是能说服对方接受自己的想法，即便对方不同意，也不会产生反感情绪，这就是沟通的效果。如果词不达意会影响沟通效果，特别是在一些正式场合，例如演讲等，必须要讲清楚，因为你没有第二次去澄清自己观点的机会。

（二）话要说得有力

有力的说话方式是直接表明观点的有效途径。语言沟通中应注意言简意赅，主次分明，当面对不同的交流接收者时，要运用最适合最恰当的沟通语言。同时，说话有力会使说话者情感更加丰富、更具吸引力和说服力，容易感染听众。

（三）话要说得得体

语言表达得体是指在语言沟通中话语内容得当，表现形式得体。应根据语言环境和沟通目的等，充分运用此时、此景，以最佳的方式来传递最适当的信息。得体的语言沟通是最好的沟通，来源于知识、修养、阅历，以及由此产生出来的智慧等。

（四）话要说得真挚

在语言沟通中，信息传送者的感情直接影响沟通表达效果，也影响着信息接收者的理解和接受。人际沟通交流过程中，诚恳真挚的态度是语言沟通得以实现的基础，热情的赞许、诚恳的批评，能使对方容易接受，唯有入情入理、坦诚真挚的语言表达，才能够更具感染力，深入人心，引起共鸣。

二、语言沟通技巧

沟通不仅仅是一门简单的学问、更是一门讲究方式方法的艺术。合理地运用沟通技巧不仅能让沟通者彼此之间增进了解，更能让双方在心情舒畅中产生情感共鸣。沟通的具体技巧方法，因人、因事、因时、因地而异，没有绝对适用于任何情况的技巧，下面介绍几种良好的沟通技巧，仅供参考。

（一）言之有物

沟通的双方都想从交谈中获得自己想要的知识，增长见识，提高自身的水平。因此，在交谈中，交谈双方在表达自己观点时，应思路清晰、有思想、有主旨、有内涵，切忌空洞无物、废话连篇。用材料做依据，用事实做依托，外加流畅的语言表达，将达到最佳的沟通效果。在交谈时，要将自己内心想要传递的能够正确反映客观事物，恰当揭示客观事理的信息，准确无误地传送到对方大脑中去，贴切地表达自身的思想感情。

（二）言之有理

言之有理说的是与人沟通时，凡事应实事求是，切忌废话连篇，更不能胡编乱造，体现谈话者的话语知识性和客观性，只有这样，才能得到听话人的认可。

但这还不是言之有理的全部内涵。言之有理还要求在更高层面上，用理打动人，用理改变对方头脑中固有的思想观念，要通过对具体问题的具体分析，揭示事物的规律和相对真理，让对方认理、服理。

行事要"合情合理""通情达理"，可见"情"与"理"是密切相连的，说理常常少不了动情。语言沟通中，人们彼此的情感是互相作用、相互影响的，只有情相通、心相近，道理才能在对方的心灵上产生共鸣，才能发挥真正的作用。因此要向对方说理，必须要先了解对方的心理与情感需求，站在对方的角度考虑，从思想感情上接近、沟通，产生"自己人"效应，说理才可能奏效。

（三）言之有文

语言沟通表达要生动活泼，新颖别致。在日常沟通交流中，语言要生动、形象、具体、活灵活现。在取喻明理的时候，要注意使用形象描述，注意使用能引发听众联想的"具象性"语言。"具象性"与"抽象性"相对，这样的语言容易激发听众联想起自己熟悉的事物，调动起他们曾经体验过的情感，对所说的内容产生亲和感，易于理解，乐于接受，具有奇妙的效果。同时，在交谈中善于运用幽默，不仅能把话说得生动活泼，意味无穷，而且能缩短交谈双方的心理距离，促进双方关系和谐融洽，达到意想不到的效果。

（四）言之有礼

在与他人进行语言沟通时，应以礼相待，要注意礼节礼仪。礼貌的沟通交谈，会使整个沟通过程轻松愉快。讲话者要态度谦虚、语气友好、吐字清晰、内容适宜。同时，沟通是双向的，必须保持听与说的反馈关系，保持心与心的对话。倾听的能力是一种艺术，更是一种生活技能。中国有句俗话说的好，"会说的不如会听的"[1]"上帝给了你两只耳朵，一张嘴，就是让你多听少说"，[2]都说明倾听的重要性。故而，在与人沟通交谈过程中，应用心倾听，形成一个对他人信任、对他人亲切、对他人礼貌、对他人友善的交谈氛围，为交谈奠定良好的基础。

（五）言之有度

说话怎样是"失度"？怎样是"有度"？一般来说，对人出言不逊，无理嘲弄；或揭人忌讳；或该说的没说，不该说的说了；或言过其实；或说话与场合不协调等，都是"失度"的表现。反过来，"有度"就是在保证不伤害对方自尊心的基础上，清楚地去表达自己的观点、自己的意愿，既能达到劝诫对方的效果，又能达到让对方愉快接受的目的；既能做到幽默诙谐，生动活泼，又能做到恰如其分，恰到好处。说话要达到这一境界，学会说话，尤其是学会委婉含蓄地说话是非常重要的。在言语活动中委婉含蓄地表达被称为"软化"艺术，掌握了这种艺术，有助于把话说得"有度"。

第三节 非语言沟通能力

在人际交往沟通中，通常通过语言来表达信息的内容部分，而将非语言作为提供解释内容的框架。实际上，非语言沟通是对语言沟通信息交流的一种补充。作为一种特定的形象语言，它可以产生语言沟通所不能达到的效果，起到语言文字所不能替代的作用，是一种人与人之间心灵深处的交流和相互感应。

---

[1]海平. 会听不如会说. 新世界出版社，2010.2.
[2]李岳. 赢在倾听. 广东经济出版社，2006.1.

一、非语言沟通概述

非语言沟通是相对于语言沟通交流而言的，是指使用非语言文字符号进行沟通交流的一种方式，如利用体态、眼神、面部表情、语气、语调等方式进行信息交流和沟通。据相关研究，在人类交谈沟通时，所获取信息的交流沟通过程中，高达93%的沟通是非语言的，其中55%是通过面部表情、身体姿态和手势传递的，38%是通过声调传递的。[1]在日常学习、工作、生活中，我们也都在自觉或者不自觉地使用各种非语言沟通来代替语言沟通，一个眼神、一个手势、一个微笑、一次拥抱，既可以省去过多的"颇费言辞"的解释和介绍，又可以达到"只可意会，不可言传"的效果。事实上，在人际沟通交流过程中，语言沟通与非语言沟通关系密切，而且经常是相伴而生的。

二、非语言沟通技巧

（一）丰富的情态语言

情态语言主要表现为眼、眉、嘴、面部肌肉的变化。眼睛是心灵的窗口，能够最直接、最深刻、最丰富地表现人的精神状态和内心活动，目光接触是人际交往中最能传神的非语言沟通；眉宇间的肌肉皱纹能够表达人的情感变化，柳眉倒竖表示愤怒，横眉冷对表示敌意，挤眉弄眼表示戏谑，低眉顺眼表示顺从，扬眉吐气表示畅快，眉头舒展表示宽慰，喜上眉梢表示愉悦；嘴部表情主要体现在口形变化上，伤心时嘴角下撇，欢快时嘴角提升，委屈时撅起嘴巴，惊讶时张口结舌，愤恨时咬牙切齿，忍耐痛苦时咬住下唇；厌恶时耸起鼻子，轻蔑时嗤之以鼻，愤怒时鼻孔张大、鼻翼翕动，紧张时鼻腔收缩、屏息敛气；整体面部肌肉松弛表明心情愉快、轻松、舒畅，肌肉紧张表明痛苦、严峻、严肃。[2]一般来说，面部各器官是一个有机的整体，能协调一致地表达出同一种情感。

（二）合理的空间距离

人与人进行沟通时，一定要注意保持合适的空间距离，在沟通过程

---

[1] 桂世双. 大学生人际交往指导. 西南交通大学出版社，2007.4.
[2] 熊玲. 大学生礼仪与沟通教程. 哈尔滨工程大学出版社，2011.11.

中有着看不见但实际存在的心理界限，这就是所谓的"个人领域意识"。如果空间距离过近，可能会给对方以入侵或者威胁之感，进而使对方建立防御心理。当你站着与人沟通时，如果发现对方本能地后移，就说明你站的离对方太近，而超越界限的空间距离则可能显得过于疏离。因此，可以根据空间距离，推断人与人之间的交往关系。在交往中，根据交往对象和目的，选择和保持合适的空间距离是极为重要的。

（三）恰当的语气语调

一般来说，人在高兴、激动时，语调往往欢畅上扬；悲伤、抑郁时则低沉下降；平静时温和平稳；愤怒时则快速宽厚。从一句话的字面上看，往往难以判定其真实的含义，而它的弦外之音则可以传递出不同的信息。恰当的语调、音速和语速可以完整正确地传递人与人之间的信息和情感，加深沟通的程度。副语言可以单独表达清晰的信息，当语言信息与副语言信息相互矛盾时，副语言信息才能展示个性感情，也更加真实有效。

（四）优雅得体的态势

人际交往中，姿态的好坏能体现一个人是否有教养。优雅得体的姿态可以给对方留下良好的第一印象。态势是说话者传情达意的又一重要手段，是另一种沟通"语言"，它包括说话者的姿态、手势、身体动作等，既可以帮助说话，又可以诉诸对方视觉的因素。态势作为一种沟通语言，我们在说话中应怎样正确地运用它呢？

1. 态势要美观

站立说话时，身体要站直，挺胸收腹，重心放在两腿之间，两臂自然下垂，形成一种优美挺拔的体态，使对方感觉到你的有力和潇洒，留下良好的印象。坐着说话时，上身要保持垂直，可轻靠在椅背上，以自然、舒适、端正为原则，双手可以放在腿上，或抱臂。

2. 态势要确切精炼

说话时，我们运用态势语言的主要目的是沟通感情，补充或加强话语语气，帮助对方理解。因此，态势要精炼，不要太"花"，要以少胜多、恰到好处。例如手势动作，如果不间断地随便使用，或者多次重复使用同一种手势，就有可能丧失它的功效。

3. 态势要得体

说话时要根据环境和对象运用各种态势语言。在长辈和上司面前不要用手指指点点，更不要勾肩搭背，否则就会被看作是一种失礼行为。在同辈和亲朋好友面前可以随意一点，但也要掌握分寸，切忌用手指点他人的鼻子和眼睛。要时刻注意你的各种态势应与你的说话内容默契配合，自然灵活，恰到好处。

第四节　演讲与技巧

在我们的现实生活中，大到国家元首，小到班级班干部，都离不开劝服和鼓舞他人，也就是需要在公共场合说话，这就是演讲，又叫演说。演讲就是一个人在公共场合下，针对某个问题，鲜明、完整地发表自己的见解和主张，客观地阐明事理或者抒发情感的传播活动。它的基本模式为一个人讲、多个人听，以讲为主，以演为辅，讲演结合。讲，就是运动语言沟通方式表达出要发表的意见或者需阐明的事理，以期达到说服公众的目的。演，包含演绎和表演两种意义，特指运用非语言沟通行为来体现和辅助语言沟通表达的内容，给人以艺术化的具体表象，强化语言沟通表达的效果。

一、演讲的要素

演讲是一个双向沟通过程，演讲者通过语言、声音、态势等将信息传递给听众；听众则通过声音、眼神、注意力、态势等反馈信息，因此，演讲的基本要素包括以下三点：

（一）信息

信息由演讲者与听众共享。演讲中的信息，主要是语言信息。词语描述主要是抽象的概念，由于听众阅历不同、观察事物角度不同，对同一词义的理解就不可能完全一致，这就要求演讲者找到沟通的共同参照物，达到沟通的共识。

（二）演讲者

演讲者是信息的发源地，主要以语言来传递信息，但还包括其他形式，例如动作、手势、姿态、表情等传递非语言符合的辅助信息，甚至演讲者的生理特征、衣着装饰等也会对信息传递产生一定的影响。优秀的演讲者，要善于表达自己的思想，言简意赅、有条有理；要正确地认识自己，培养自信；要提升随机应变的能力，克服恐惧，更要具有较高的语言表达和临场发挥水平。

（三）听众

在演讲过程中，听众是一个情况各异的信息接收群体，要想使演讲被大部分人所理解，演讲者必须在演讲前对听众有充分的了解。

二、演讲的技巧

一人之辨，重于九鼎之宝；三寸之舌，强于百万之师。古往今来，纵观东西，演讲这门优雅精湛的艺术，不仅展现个人的语言表达能力，也是思维逻辑、领导素质和沟通能力的重要体现。

（一）克服演讲心理障碍

演讲是集语言艺术和非语言艺术于一身、一对多的沟通形式，容易给演讲者带来紧张、胆怯等心理压力及障碍。因此，演讲者要事先做好准备，充分掌握演讲的主题、论证等材料，提前了解听众对象的大概情况，以便更好地迎合听众的口味和欣赏水平；上台后要精神饱满、富有朝气，表情自然，镇定自信，给自己一些积极的心理暗示，"凭我雄厚的实力和预先所做的充分准备，我能行"；同时，运用好非语言沟通的技巧，如手势高低起伏、眼神统摄全场、凝望听众等，有效地运用辅助语言沟通及调动演讲的现场效果。

（二）精心设计演讲开头

"好的开端等于成功的一半"。演讲者根据演讲的内容、主题、类型及其演讲的经验与风格，选择恰当的语言表达方式，使演讲达到先声夺人、引人入胜的效果。很多名人演讲时都很注意开篇的语言效果，常常运用：进入情景，即兴发挥；接过话头，顺势发挥；巧用实物刺激听众；借助故事导入话题；自我贬抑增进沟通；引用名人名言等方式吸引听众的注意。

（三）快速把握听众心理

演说必须融合听众心理，符合听众的知识结构，否则就会成为独角戏，无法抓住听众的心，使演讲效果大打折扣。

1. 选听众最关心的话题。演讲成功的要素之一是缩短演讲者与听众的心理距离。事实证明，如果是涉及听众所熟知并相关的话题，听众便能很快接受演讲者的观点，演讲成功的大门就徐徐开启了。

2. 用真诚的情感来感染听众。演讲与对话都是人际交往与沟通的必要手段。一个演讲者如果缺乏真诚的情感，即便他的演讲内容是多么精妙的题材，只是一味机械地、平淡地去讲述的话，是不可能让听众为之感动的。演讲者必须带有强烈的情感，释放出激情与活力，才能带动、感染听众，达到预期的效果。

3. 让听众进行角色扮演。演讲者将听众吸引到演说的情景中去，让他们扮演某个角色，这对提高听众兴趣，是一种上乘之法。有时为了达到让听众扮演一个角色的效果，可以向观众提问，或者让听众重复一遍演讲者的话，然后举手回答。如果用演讲稿的方式去演说，那么观众的反应肯定不会很强烈，应该把听众当作是你共同的事业合作伙伴。演说者如果要观众参与其中，就要使他要表达的论点更加吸引人。

（四）合理运用幽默的力量

在发表演讲这个极为复杂的领域里，没有什么比引起听众发笑更为复杂、更为难得的事情了。幽默是一种一触即发的事，跟个人的特点和性格有很大的关系。毕竟，故事本身很少是有任何差别的，听众所感兴趣的是说故事者的叙事方式。

（五）妥善结尾让人回味无穷

演讲要获得全面成功，一定要精心设计、妥善结尾。结尾是对整个演讲的总结，要顺理成章、深刻精彩。合理的结尾可以起到对演讲内容、主题进行强化和提升的作用。结尾既有文采又坚定有力，既概括全篇又耐人寻味，才能使全篇演讲得以升华，收到良好的效果。

三、演讲口才能力培养

演讲的才能尽管受到天赋的影响，但更重要的是后天的训练、培养。

只要通过正确的训练，人人都可以成为一名出色的演讲者。

古希腊著名的演讲家德摩斯梯尼，年轻时总是沉默寡言，每每与人交谈，总是发音不清楚，组织语言的逻辑混乱，还伴有疲软无力，耸肩的坏习惯。而在当时的雅典，想要成为一名出色的演说家，不仅需要自信地发出洪亮、清晰的声音，还需加上自身优美的姿势。所以在常人看来，他似乎没有一点当演说家的天赋。当他第一次登台演讲的时候，他的演说都还没有结束，就被听众轰下了讲台。失败和嘲笑并没有让他气馁，为了成为卓越的政治演说家，他进行了异常刻苦的学习和训练。为了提高自己的嗓音，他把鹅卵石含在嘴里，迎着呼啸的大风讲话；为了克服气短这一缺陷，他边攀登陡坡，边大声吟诗；甚至悬起两把剑来去除自己演说时爱耸肩的毛病。他还在家里悬挂了一面大镜子，经常对着镜子进行练习，以克服以上的缺点。经过坚持不懈的长期努力，他终于成为著名的演讲家、雄辩家。

拥有一流口才，获得演讲的成功，其实不需要采取德摩斯梯尼那般近乎苛刻残酷的训练方法，只要掌握一定的技巧，循序渐进地训练，就能激发自己无限的潜能，超越最初的自我，实现最终的目标。

（一）读

要口才好，必须要见多识广，有丰富的知识体系。读书使人头脑开阔、思维敏捷，因此，要多读书、读好书。"读"指的是朗读，是用嘴去大声读，而不是用眼睛默默地看。同时，要尽量做到"速读"，也就是快速的朗读，这样可以更好地锻炼出口齿伶俐、语音准确、吐字清晰的效果。

（二）背

背是读的发展，是熟悉记忆的必要手段，也是培养记忆力最好的方法。要多背名篇名段，久而久之，印记在脑海里的东西就丰富、深刻、巩固了，这样才能做到演讲时朗朗上口、滔滔不绝。

（三）诵

诵是背的艺术化，需要把演讲者的感情倾注到字里行间，要有抑扬顿挫、高低快慢和喜怒哀乐的色彩。

（四）讲

多讲，反复讲，不仅能熟记事物，而且能练习胆量，若养成习惯，持之以恒，则可以使口齿清晰、发音准确。

（五）练

在练习演讲时，要设法想象面前就是听众。演讲开始前，要巡视"听众"，保持与"听众"的目光接触；要一次性将演讲的内容讲完并计算演讲时间、分析演讲效果；一次练习结束后，要根据需要增删演讲内容，为下一次演讲做准备。

第十五章 人际交往与协作能力

人际交往与协调能力是一个人得以立足于社会的基础能力，因此，社会各界普遍认为人际协调能力对于人的素质提升非常重要。工科大学生经常需要从他人那里获取信息，学习他人解决问题的方式方法，沟通协调问题，合作完成工作，所以对工科大学生进行人际交往与互相协作能力的培养是十分必要的。

第一节 大学生人际交往能力

人际交往也称人际关系，是指运用语言或非语言符号交换思想、交流意见、表达情感和需要的过程，是通过人际沟通形成和发展起来的，反映了人们彼此之间的关系。脱离人际沟通，就不可能建立和发展人际关系。人际沟通是一切人际关系、人际交往赖以建立和发展的前提和根本途径。

人际交往存在于我们人生的每个阶段，出色的人际交往能力和人际关系是生存和发展的重要基础。大学生作为社会中的一个特殊群体，从成长阶段来说，他们正处于从学校走向社会的过渡期，大学阶段最重要的是专业知识的学习及综合能力的提升，包括人际交往能力的培养。在大学校园里，离开家长的庇佑，身处陌生的环境求学和生活，人际关系就成了大学生的重要课程。当代大学生每天都要花费大量的时间进行人际交往，他们正在经历一个渴望交往的重要时期。一个人人际关系的好坏直接关系到其个人的获得感和幸福感的多少，因此，提高大学生的交际能力对于其自身的发展至关重要。

一、大学生人际交往现状

卡耐基曾说过，在一个管理者走向成功的过程中，他拥有的专业知识对其做出的贡献不到15%，而交际能力所做的贡献却超出85%。然而，现在有不少大学生不善交际，不会交际，甚至害怕交际。据某高校调查，普通大学生在校园生活中的最大问题便是人际交往问题。影响大学生人际交往的主要原因有：胆怯、自卑、害羞、不善于言谈、缺乏交际技巧、不喜欢参与社交活动、对人冷漠等。这些障碍出现的比例最高为80%，最低为35%。大学生同学间的关系问题较师生关系问题更为突出。

第一，习惯以自我为中心。随着社会的转型化发展，在经济全球化、信息全球化、教育大众化环境下成长起来的"90后"大学生，个人观念、自我意识更加突出。现在大部分的大学生都是独生子女，备受亲人溺爱，形成了以自我为中心的性格。他们在和他人交往时，一味强调自身的需要和利益，忽略他人的感受。在集体生活中，不能站在大家的立场上去考虑问题，集体观念淡薄，一定程度上影响了构建和谐的人际关系。

第二，沉迷网络，交往范围过于狭窄。部分大学生沉迷于网络，不与同学、家长、老师交流，更是缺乏与社会的接触。现今社会是个网络化程度相当高的社会，信息接收终端更智能、便携，信息传递速度更迅速、广泛。上网再也不受制于特定环境，一部手机就能轻松解决一般的上网需求。网络已经融入大学生的日常生活，甚至有人把网络当作生活的主要部分，忽视现实的人际关系。时间久了就使他们退缩孤僻、自我封闭、人际关系出现淡漠与疏离。

第三，人际交往心理成熟化背后的障碍与问题。大学生无论是在学习还是生活中，人际交往与之前的任何阶段相比，都有了跨越性的提升与进步。大学生在与室友、同学、伙伴、朋友、老师、家人、情侣等各种关系中，交往能力和交往心理都日益成熟起来。然而，大学生人际交往的能力还是尚有待提高。一定数量的大学生在社交场合中会感觉紧张与窘迫；在与异性单独相处时，语言表达词不达意，进而导致害怕交往，更有甚者几乎选择不与人交往；在遇到不愉快的事情时，选择憋在心里。可见，在大学生人际交往表象成熟的背后，一直隐藏着一些问题，有待我们及时发现与解决。

二、大学生人际交往技巧

美国心理学家巴克说："人生需要友情，人生需要交往，人生需要自我的形象推销与展示。"不论是在大学校园里还是将来从事任何工作,大学生学会处理各种人际关系、掌握人际交往技巧、学会人生公关显得尤为重要。

(一)展示良好的精神面貌

精神面貌是大学生社交形象的基础,良好的精神面貌主要表现在两个方面,即良好的道德品质和热情、自信、大度的个性特征。待人接物是确立一个人有无良好形象的核心。热情、自信、大度这些个性特征会增加人际间的吸引力,赢得公众的好评,从而获得友谊。

(二)讲究得体的仪表举止

仪表举止包括着装打扮、言语谈笑、行为举止等方面。交谈时,首先能够表达出自己的核心思想,语言简练、准确、一针见血,切勿空话、废话及哗众取宠。其次,要做到言之有礼,谈吐文明,学会聆听,耐心倾听对方的讲话。再次,把握谈话技巧,交谈中的话题内容和形式应适应对方的知识范围,合乎对方的心理需要和兴趣。行为举止主要指的是站、坐、行的姿态,这些日常生活中最常见、最基本的动作里,都包含着对一个人社交形象的评估。

(三)学会交谈技巧

学会倾听是一项很重要的交往技巧。哲学家黑格尔说过,有些情况下,如果你说了许多话但却没有去倾听他人的话,那你就相当于做了两件错事。第一,尤其在同行和比你强的人在场时,你暴露了自己的无知;第二,由于你不停地霸占话语权,你失掉了向别人尤其是向专家学习的机会。

(四)克服社交恐惧症

人际交往常见的社交恐惧症主要表现为:敏感、害怕,极力回避与人接触,总是担心自己会在别人面前出丑,在参加任何活动之前,都会感到极度焦虑、心理脆弱。克服社交恐惧症,首先要增强自信心,克服交往心理障碍。其次,要正视自己的不足,不苛求完美,允许自己出错。再次,要不断学习沟通的艺术,提高自身的社交沟通能力。

(五)学会大胆说"不"

说"不"是人际交往中一个很重要的环节。古希腊哲学家毕达哥拉斯说过:说最短最老的字——'好'或者'不',都需要最谨慎的考虑。

对于许多人来说，拒绝别人是一件难办的事情。当别人对他们提出要求时，他们不好意思张口说"不"，因为这样很可能会伤害对方的感情，造成两个人关系的疏远。但有时如果答应别人的要求，自己又确实有难处，或者会丧失许多东西。许多人在这种事情面前都十分苦恼。学会说不吧！那样你的生活将会美好很多。而且，巧妙地拒绝他人能显示出你对他人、对自己的尊重。学会说"不"，才能赢得真正的交流，理解。所以，学会对别人说"不"，学会拒绝别人，并给别人留有余地，是非常重要的。

（六）学会与不同的人交往

大学生的人际活动有着十分丰富的内容，这也代表着大学生在人际活动中肯定要和不同的人打交道，可能包括室友、学长、老师、学校领导，等等。这里就大学生在校期间男女同学之间的交往，以及如何处理与家长、教师的关系做些介绍。

1. 男女同学交往要有"度"

现在大学生的基本年龄是18到22岁，伴随着心理的成熟必然会发生一些变化。向往异性，喜欢结交异性朋友，这既是交往的需要，又是个性全面成熟和发展的需要。大学生在人际交往中，决不可忽视男女同学之间的交往。那么，男女同学之间应该怎样交往呢？首先要建立广泛的友谊圈，使男女同学都处在一个融洽和来往自如的环境中。然后可以通过丰富多彩的集体生活，如学习小组、学生社团、文体活动等，养成互敬互爱、互帮互学的良好习惯。同时要把握好男女同学交往的"度"，做到热情但不失态、坦诚但不粗率，正确处理好友情与爱情的关系，严明友情与爱情的界限。

2. 处理好舍友间的人际关系

宿舍是大学生在校期间学习、生活和休息的地方。作为在校大学生，宿舍的和谐与安定，是检验每一位学生集体生活能力的重要内容。大学生要自觉遵守学校宿舍相关管理规定，保持个人宿舍卫生，尤其要处理好与舍友间的关系。首先，要正确看待自己与舍友之间的不同，尊重舍友、尊重自己。宿舍成员之间的差异是客观存在的，许多差异之处无所谓好坏之分，没有必要过分计较。其次，要反省自己，学会换位思考，凡事多为他人着想一点，从改变自身做起，改善舍友关系。再次，要心胸宽广，理解包容。俗话说得好"海纳百川,有容乃大",作为新时代的大学生切莫捡了芝麻丢了西瓜,一定要珍惜大学时光,努力学习。最后,要以诚待人,学会赞扬赞美他人,同时加强沟通和交流、理解和信任,及时消除误会隔阂。

3. 处理好与教师的人际关系

古往今来,尊师重道是中华民族的传统美德。尊师重道是指尊敬师长,认真听取老师的谆谆教导。教师为了使学生成才而传授知识、启发智力、培养能力;学生为了自己成才而学习知识、开发智力、锻炼能力。因此,每一个大学生都应该尊重教师,这是处理好师生关系的核心。而教师与学生的人际关系,是一种较为特殊的人际关系。美国心理学家詹姆斯·柯默指出,"如果没有一个良好的人际关系的话,学习的效果会大打折扣!"所以,每位大学生都应从身边小事做起,例如见到老师主动打招呼,上课认真听讲,不睡觉,不玩手机,给予老师充分的尊重等,从而与老师建立良好的师生关系。

三、大学生人际交往礼仪

中国自古以来就被称为"衣冠上国,礼仪之邦"。中国古代著有"三礼":《礼记》《仪礼》《周礼》。孔子曰,"不学礼,无以立"。荀子曰:"人无礼则不生,事无礼则不成,国无礼则不宁。"在社会里,只有注重礼仪、遵守礼仪的基本规则,才能获得良好的人际关系。所以当代大学生更要懂得礼仪的重要性,自觉学习各种礼仪知识,勇于承担历史责任与时代使命,争做有礼仪修养的"六有"大学生。

(一)常用基本礼仪

1. 个人礼仪

在人际交往过程中,一个人的言谈举止、仪表仪态所提供的信息量往往大大超过语言行为。在面对面的交流中,通过语言传达的信息一般只占三成左右,其他信息大多通过肢体语言等非语言方式传达,而且在跨文化的交流中沟通双方对非语言交流的依赖程度更甚。因此,掌握良好的个人礼仪,在人际交往过程中具有重要的作用。

2. 言谈礼仪

与他人交流、谈话时，双方要互相对视，注意力集中，要善于倾听，切勿随意干扰别人讲话，这不仅是基本的礼貌要求也是对对方的尊重。交流过程中不能向四周张望或者低头玩手机，也不要做一些不得体的小动作，如咬指甲、抓衣服、身体摇晃等。如果是与多人同时谈话，要顾及在场的每一个人，不能只关注某一个人或某几个人，影响谈话气氛。

3. 举止礼仪

合适的行为举止应体现在日常与人的沟通交流中，这不仅有利于在人际交往中获得他人的好感，还能够为自己树立良好的个人形象。我们在日常生活中要注意规范举止礼仪，要站有站相、坐有坐相、行有行相。站立时，要挺胸抬头，身体直立，肩膀放松，双眼平视前方；注意不可低头、勾腰，不斜倚在墙、门等物体上，勿将手插入口袋，也不能将两手夹在腰上或者交叉放在胸前。行走过程中，身体要挺立，头正肩平，平视前方，步伐均匀；注意不要摇头摆脑、东张西望。坐着的时候，要身体端正、立腰，肩膀端正，双手相靠放于腿上；切忌不得将一条腿放到另一条腿上或者抖腿。

4. 服饰礼仪

《弟子规》中有言："衣贵洁，不贵华；上循分，下称家。"[1]说的是穿的衣服贵在整洁大方，而不在于华丽；着装要符合自己的身份，还要和自己的家庭经济条件相匹配。大学生作为无经济来源的特殊群体，在着装时更要遵循这一教导。

大学校园是礼仪的圣堂，不仅教育部对大学生的衣着做出了相关规定，颁布了《高等学校学生行为准则》，各所大学也制定了相关的学生行为规范，明确提出大学生在进入教室、图书馆等地时应衣着大方得体，在参加集体活动以及在各种公共场合时，不得穿着暴露、不雅、不适宜学生穿着的服装。同时，大学生还应掌握时间（Time）、地点（Place）和场合（Occasion）三者兼顾的 T.P.O 原则，在日常学习、生活和工作的各种场合，体现出自己的文化修养和高尚情操。

---

[1] 李毓秀（清代）.弟子规.

（二）校园交往礼仪

身居高等学府，应为礼仪之人。以礼待人应是每一个当代大学生所具有的基本品质。任何一位走向社会的成功人士，都具备着高等的礼仪修养，这种素养在形成的过程中，大学校园发挥了极为重要的作用。大学生校园礼仪主要有：

1. 课堂礼仪

遵守课堂纪律是学生最基本的礼貌。学生要衣着整洁，大方得体，不应一味追求时尚，或过于暴露；应在上课铃响前走进教室，做好课前准备；课堂上若有问题应举手示意，起立发言，遵守纪律，尊重老师，不应吃食物、玩手机、睡觉、聊天以及做其他与听课无关的事情；下课铃响，需行注目礼，秩序井然地走出教室。

2. 尊师礼仪

学生在校园内与老师相遇时，应主动向老师打招呼；进入老师办公室时，应先叩门，经允许后方可进入；在老师的工作、生活场所，不能随便翻动老师的物品；学生不应在老师背后评头论足，要自觉尊重老师的个人行为习惯。

3. 同学礼仪

同学来自五湖四海，同吃、同住、同学、同乐四年，各自的性格、习惯、心理、经历等都有着很大的差异，彼此朝夕相处更需讲究礼仪，这是获得良好人际关系的基本要求。俗话说"良言一句三春暖，恶语伤人六月寒"，与同学相处时，要谨言慎行，不说长道短；要温文尔雅，不出口伤人；要就事论事，不揭人之短；要合理退让，不争吵不休；要言必行，行必果，说话、办事讲信用；要相互尊重，以礼相待，把握分寸，乐于助人，从而建立和谐和睦的人际关系网，度过一段美好难忘的大学时光。

4. 公共场所礼仪

学校的公共场所很多，如图书馆、阅览室、食堂、大礼堂、操场、广场、教室、楼道等。

大学生应树立良好的公共环境意识，自觉保持环境整洁，不乱扔纸屑、果皮，不随地吐痰，不乱倒垃圾；处于吃饭、借书、开会等活动排队时，要遵守先来后到的秩序，不随意插队、抢位；要爱护公共财物、花草树木、爱护教学设备和设施，不乱涂、乱画、乱抹、乱刻；要自觉节约资源，如节约用水、用电和爱惜粮食等。

学生还没有经历社会化过程，但也要尝试学会在各种场合与各类人打交道，除在校园内遵守礼仪外，在其他各种场合，也要掌握"十会"，即：会打招呼、会致意、会问候、会微笑、会鼓掌、会道歉、会道别、会谦逊、会道谢、会礼让。

（三）求职面试礼仪

在越来越激烈的社会竞争中，求职已成为每个大学生必须面对、无法逃避的一项重要关卡。如何在求职中立于不败之地，成为每一位毕业生最关心的话题。大学生在找工作大潮中，无论是外表举止还是内在修养都要体现礼仪规范。那么，在求职礼仪中，大学生都需要特别注意什么呢？

1. 面试准备

第一次见面，面试官一般会以自己的经验和阅历，凭着求职者的外在形象来判断面试者的身份、学识、个性、气质、品质、素养等，并形成一种特殊的心理定式，这种心理定式再加上个人的情绪定式就定格为"第一印象"。因此，面试前应在精气神、仪容仪表、服装发型、言谈举止方面，做好充足的准备，争取为面试官留下良好的印象。

2. 面试过程

首先，任何情况下都要注意进房先敲门。进门后，给面试官行标准的见面礼，会给人留下深刻的印象，体现出施礼者良好的修养。标准的见面礼，一般采用鞠躬的方式，正确的鞠躬方式在于，先问好再鞠躬，让面试官看到面试者完整的礼仪细节。交谈过程中，要态度从容，有礼貌。注意把握谈话的重点，思路清晰，语言连贯，内容简洁。同时，眼睛平视，神情专注，面带微笑，切忌边说话边整理头发。需要时适度配合手势，但不宜过多。

3. 面试结束

面试结束时，礼貌地与面试官握手致谢，轻声起立并将座椅轻轻推回原位置，在退场时行告别鞠躬礼。面试24小时之内最好给招聘方打个电话或写电子邮件再次表示谢意。这不仅是礼貌之举，还可以增加被录取的机会。

（四）会议礼仪

会议礼仪，是召开会议前、会议中、会议后参会人应遵守的行为规范，懂得会议礼仪对会议的顺利召开和执行会议精神有很大的促进作用。

1.会议座次礼仪

会议座次礼仪的规则：或遵循国际惯例，以右为上；或中央高于两侧，居中为上；或适用于所有会议场合，前排为上；或远离房门为上，以远为上；或良好视野为上，面门为上。

主席台座次：中国惯例是，以本人为基准，左为尊，即左为上，右为下。

当领导人数为奇数时，1号领导居中，2号领导排在1号领导左边，3号领导排右边，其他人依次排列。从台下的角度看，是9、7、5、3、1、2、4、6、8的顺序；从主席台上的角度看，是8、6、4、2、1、3、5、7、9的顺序。

当领导人数为偶数时，1号领导、2号领导同时居中，2号领导排在1号领导左边，3号领导排右边，其他人依次排列。从台下的角度看，是7、5、3、1、2、4、6、8的顺序；从主席台上的角度看，是8、6、4、2、1、3、5、7的顺序。

第二节　团队沟通协作能力

《西游记》是我国四大名著之一，作为中国古典神魔小说，讲述了唐僧师徒历经九九八十一难，最终取得真经、修成正果的故事，表现了惩恶扬善的古老主题。这是一个非常坚强的、成功的团队，唐僧师徒目标清晰、分工明确。面临诸多挑战时，团队不同角色间积极沟通，德者领导团队，能者攻坚克难，智者出谋划策，劳者执行有力，发挥团队协作能力，最终实现团队终极目标。[1]所谓团队协作能力，指的是建立在团队基础之上，展现团队精神，互补互助来达到团队最大工作效率的能力。它要求团队成员，不仅要有个人能力，更需具备各尽其能、协调合作的能力。

---

[1]李大俊，吴代春.浅谈《西游记》西天取经团队的用人搭配[J].管理学家，2014.

一、团队沟通概述

（一）团队的含义

团队指有"口"有"才"的人和一群有"耳"听的"人"组成的群体。团队（Team）是由员工和管理层组成的一个共同体，旨在充分发挥每一个成员的知识和技能协同工作，解决问题，以达到共同的目标。高效率团队的构成要素总结为5P，分别为目标（Purpose）、人（People）、定位（Place）、权限（Power）、计划（Plan）。

（二）团队精神的含义

团队精神，又称"团队意识"或"团结协作精神"，总的来说就是整体意识、合作精神和奉献精神的集中体现。团队精神的基本是尊重团队个人的爱好和成就，核心是协同合作，最高境界是全体成员的向心力、亲和力和凝聚力，共同推进团队运作和发展，提高团队的整体效能。团队精神的实现方式是良好的沟通与优秀的激励机制。沟通是团队协同合作，树立共同目标的必然途径，激励团队成员积极性也要依赖良好的沟通能力。随着时代发展，团队精神越来越受到重视，大学生作为建设祖国的栋梁之材，更需要增强团队协作能力的教育。培养大学生的团队精神已成为当代教育者们的共识。社会各行各业也把"是否具有团队精神"作为招聘的关键指标。时代要求个体在具备必要的自身能力外，还必须具备团队协作精神与能力。

（三）团队沟通的定义

团队沟通是伴随着团队这一组织结构而产生的，一般较为通行的定义说法是，按照一定的目的，由员工和领导组成的共同体在特定的环境中相互交流、相互促进的过程。团队中有效沟通是非常重要的，它可以促进团队成员间的相互了解，提高团队内部成员士气，增进团队人际关系的团结和谐，增强团队凝聚力；它既能提高团队领导者改进管理的积极性，又可以增强团队成员的主人翁精神和工作热情，使团队蓬勃发展，工作更富成效；团队沟通还可以充分利用集体智慧，加速问题解决，增强团队创造力，提高团队决策水平，保障团队目标顺利实现。

二、团队协作原则

（一）平等友善

人际关系中，和谐相处的第一步便是团结友善，尊重他人。团队中的成员在合作时，真诚相待，平等礼貌，既尊重他人，又尽量保持自我，才能赢得他人的信任与欣赏，才能为团队营造出和谐融洽的氛围。

（二）善于沟通

一个人身处团队中，良好的表达能力是必备的技能之一。作为一个团队，成员间的有效交流是保持团队旺盛生命力的必要条件。要善于表达自己的意见和想法，敢于沟通、勤于沟通、善于沟通、持续沟通，使每一位团队成员从自身做起，充分发扬团队精神。

（三）谦虚谨慎

团队协作中，即使你在某一个方面比其他人能力强，但也不能因此盛气凌人，骄傲自大。法国哲学家罗西法古曾说过："如果你要得到仇人，就表现得比你的仇人优越，如果你要得到朋友，就要让你的朋友表现得比你优越。"对自己要轻描淡写，要学会谦虚谨慎，只有这样，才会永远赢得他人的青睐与支持。[1]

（四）化解矛盾

有人的地方就有纷争和矛盾。团队的有效性常常需要结合不同的个体，因此必须允许不同看法、风格、想法的表达，这些不一样的声音不可避免地给团队队员带来矛盾，甚至造成团队成员之间的竞争，团队成员间应该积极有效地沟通，及时化解冲突，但千万不要把这种"小不同"演变成"大对立"，甚至成为敌对关系。

（五）接受批评

良药苦口利于病，忠言逆耳利于行。善于接受批评是一种高情商的表现。要以宽广的胸怀对待别人的批评，并从中寻找积极成分，促进自身更好地成长与发展。如果他人对你的错误大加抨击，不要与之争执、纠缠不休，而要从积极方面理解他的抨击。

---

[1] 李志敏.卡耐基人际关系.远方出版社,2007.1.1.

（六）创造能力

随着经济的飞速发展和市场环境的不断变化，创造力对一个团队发展的关键性作用日益增强。培养一个团队的创造能力，不应该安于现状，应尝试发掘每个成员的发展潜力，培养团队的认知多样性，促进队伍的创造力。

三、大学生团队精神培养

2004年8月，中共中央国务院16号文件《关于进一步加强和改进大学生思想政治教育的意见》中对大学生的思想政治现状做出了客观的评价，在肯定大学生主流积极健康向上的同时，也指出某些大学生不同程度地存在政治信仰迷茫、理想信念模糊、诚信意识淡薄、团结协作观念较差等问题。"90后"大学生富有个性、个人意识强、个人主义至上，看问题和处理事情较为自我，不能从大局出发，不善于沟通、不懂得合作、缺少团队精神，班级和宿舍凝聚力均不强。有些学生沉迷于网络，不参与到团体中，退缩，冷漠，缺乏责任感，缺乏热情和活力，漠视教师的权威，淡化同学间友情，缺失集体荣誉感。因此，培养当代大学生团队精神具有重要的现实意义。

（一）营造和谐的团队氛围

人才的培养与环境息息相关。培养大学生团队精神，有利于塑造良好的人格，提高综合素质,有利于提高大学生团队合作的主动性和创造性。大学生的团队精神表现出强烈的归属感、认同感和集体荣誉感。班级是学校管理的基本结构单位。可以通过加强班级组织建设，以主题班会、班级或团支部集体活动等形式，让学生从实践中体验团队精神，培养互助互信的团队氛围。同时，要在班集体中处理好竞争与合作的关系，倡导良性竞争，彼此关爱，和谐相处的风气，引导学生正确感受竞争与合作、个人和集体的关系，增强集体荣誉感，更好地培养、体现团队精神。

（二）引导社团的团队意识

高校大学生社团组织是开展大学生思想政治教育的重要阵地，这些社团、协会是学生基于共同兴趣倾向而组建形成的，社团成员可以在组织内结合自身特长及专业优势，积极开展各种健康向上的活动。通过有目的、有计划地正确引导大学生社团组织,能够加强学生的团队合作意识,培养学生的团队精神。此外,共同的价值观念和目标是团队精神建设开展成功与否的首要标准,因此,一个社团一定要遵循明确、科学、合理的原则形成共同的团队目标,打造共同的团队意识。

(三)加强团队成员间沟通交流

只有有效沟通的团队才是高效、有凝聚力和战斗力的。大学校园里容易营造形成开放坦诚的沟通氛围,使团队成员间能充分沟通想法和意见。团队中每个学生要积极发表自己的意见,同时也要接受其他人的想法,通过语言的、非语言的沟通技巧进行有效沟通,增进成员间的了解,加强团队成员的团结与协作。意见相左时,团队成员需从大局出发,以全局为重,求同存异,互谅互让,为了团队共同目标而妥协折中,最终达到双赢的效果。

第十六章 个人管理能力

个人管理是指个体通过自我意识来省查自己言行，进行自我教育的行为过程。是个体充分发挥主体性，自主发展，把行为规范内化为自觉行动的过称，是自我意识能动性的表现,特别是工科大学生提高综合能力、促进自我可持续发展的一项重要能力。

第一节 时间管理能力

时间管理就是有效地利用时间资源，从而取得个人重要目标。时间管理能使工作系统化和条理化，使工作更有效率。时间管理是为提高时间的利用率和有效性，而对时间进行合理计划控制、有效安排的管理过程。[1]时间管理有以下特征：不可逆转性，时间是一维矢量，在宏观上具有无限性；不可储存性，时间是客观存在且无法储存，在微观上具有有限性；公正平等性，时间对每一个人都一视同仁、一样公正、平等。

一、大学生时间管理现状

大学生时间管理行为是一个包括想法、行动和控制的整合过程。目前，在大学生时间管理方面还存在很多问题，表现在以下几方面：

（一）时间管理满意度低，缺乏信心，执行力低

在快节奏的现代生活中，大学生经常处于一种"很忙"或"很茫"状态，学习、生活中没有目标，随波逐流，不能围绕一个中心展开自己的学习、生活。很多大学生不善于根据自己的情况安排好计划，或者虽然制订了计划但是不能按时完成计划。另外，大学生身边的社会关系（同学、朋友等）也影响着他们的时间管理情况。

---

[1] 杜丽，张青，肖屏.护理本科生时间管理倾向与一般自我效能感及焦虑的相关性研究[J]中华护理杂志，2012，47（5）：430—432.

（二）时间安排不合理

大学生群体做事多数不愿按部就班，喜欢"凭感觉"，在学习和工作中不愿按计划使用时间，从而使效率低下，浪费大量时间。大学生群体普遍存在不能很好利用零散时间的现象，多数人把时间花费在了睡觉、上网、打游戏上。还有一些大学生表面上看似很是忙碌，时间安排的也很紧张，但实际上自己也不知道自己真正做了些什么。

（三）时间管理存在个体差异

有研究表明，对周一到周五课余时间的安排，大一、大二、大三的学生表现出了明显的不同，大一选择了学生会等社团活动，大二、大三选择了上网。无论他们选择的理由是什么，我们可以看出在时间管理上，受到年级、性别等因素的影响，大学生的时间管理存在着差异。从性别因素分析，男生女生的时间管理差别比较小，但是女生比男生具备更好的时间管理信心及时间管理能力。从年级来说，大一新生相对来说更具有时间管理的倾向性，随着年级的增长，压力的增大，追求成功的动机有所下降，时间管理的倾向呈下降趋势，但是到了大三，学生的时间价值观念和时间管理倾向又明显提高，甚至高于大一学生。研究还表明，成绩优秀的同学在自我效能方面明显高于其他学生。

二、大学生时间管理技巧

歌德说过："善于利用时间的人，永远有充裕的时间"。大学生有的时候可能会遇到这样的情况，在规定的时间内要完成所有的事情，这时有人就抱怨，怎么事情都凑到了一起。如果有太多的事情要做，却只有很少的时间，既想让自己做的事情更条理，又不知如何着手，那你就应该好好学习时间管理了。

（一）正确看待时间管理

无论你是大几的学生，无论你现在学习如何，有一种资源是你做任何事情都需要的，那就是时间。作为大学生，要积极看待时间管理的作用，这种积极的心态将影响你的大学生活。虽然找到适合自己个性化的时间管理方法需要一定的时间，但正确的观念、积极的践行是加速这个过程的必备基础。

（二）采纳有效的时间管理方法

1. 对自己的习惯做出准确评价

大学生可以通过时间日志来了解自己的情况。时间日志要准确地记录每天做的事情，至少连续记录一周，通过记录和评价，大学生会了解自己的时间利用情况，这将帮助其明确下一步努力的方向。

2. 认真制订并执行工作计划

凡事预则立，不预则废，大学生要将自己要做的事情列出清单，而且一定要列书面计划。计划包括日计划、周计划、月计划等。

3. 确定适合自己的时间管理系统

时间管理系统包括：你需要什么，何种日志，留多大空白做记录等。有的大学生可能靠日志、笔记本等就可以把工作做好，还有一种比较有效的方法是活页记事簿。大学生可以根据自己的情况量身定制适合自己的时间管理系统。

4. 要巧干不要久干

时间是有限的，一天只有 24 小时，所以提高工作效率尤为重要。大学生生活中，除学习外，还应该有其他的活动，要注意提高时间效率，在适合的时间做适合的事情。

5. 掌握关键管理策略

优先顺序：决定哪件事情必须先做，哪些事情可以延缓处理等，明确任务的等级：A 类任务——非常重要的事情；B 类任务——重要的事情；C 类任务——不太重要的事情；D 类任务——不重要的事情。根据任务类型的不同，大学生要采取不同的解决态度。有几条基本法则：将你一天中三分之二的时间用来解决 A 任务，五分之一的时间用在 B 任务上，六分之一的时间用在 C 任务上，剩下的时间是否用来解决 D 任务由你自己决定。例如，你在策划一项活动时，首先要搞明白主要矛盾和次要矛盾，将 60% 的时间用于处理较重要及紧迫的事情（主要矛盾），其次 20% 的时间用于处理一般事务（次要矛盾），剩下 20% 可以保留作为弹性时间备用，这样可以确保活动在规定时间内顺利完成。

6. 设置任务的最终期限

在时间管理中，大学生要学会设置任务的最终期限，这可以让你认识到自己可以控制自己的时间和资源。

三、大学生休闲时间管理

随着社会的发展，跨专业求职就业也越来越普遍，就业压力的加大迫使大学毕业生选择跨专业求职，选择了与自己专业毫不相关的工作职位。对于跨专业求职的大学生来说，无论是"逼上梁山"，还是自主选择，他们都在用爱好和勇气开辟一条不同寻常的就业道路。在新的行业领域里，他们经历到了别样的风景，感受到了别样的人生。机会不仅青睐有准备的人，而且青睐全方面发展的人。爱好兴趣广泛、拥有多种技能的人才在求职过程中一定会拥有更多的筹码，也将必然成为求职场上的佼佼者。

（一）休闲时间的管理与开发原则

休闲时间与休闲活动是有机统一在一起的，时间管理与活动管理同样是有机结合在一起的。作为大学生，必须重视休闲时间的管理和开发，而在选择自己的休闲活动时，应遵循以下几个原则：

1. 张弛有度，身心健康

由于各方面压力，大学生生活往往陷入忙、盲、茫的困境中。大学生休闲活动会起到松弛身心、拓宽视野、调节心理、促进身心健康及自身发展的作用。

2. 学会交往，积淀人脉

交往是人的基本需求，大学生应借助休闲活动，扩大自己的交际圈，学习人际交往的知识，拉近人与人之间的关系距离，促进感情交流，积淀人脉。

3. 开放休闲，激发创造

休闲的生命是开放的、真实的，也是创造的。大学生的休闲活动应接触更多的新事物、新思想，自由地进行探索，发散思维，激发创造力。

4. 拓展学业，完善自我

休闲的表现是时间上的空闲，但绝不是无聊、空虚。大学生在可以自由支配的时间里，要去更广阔的领域中探索发现新奇事物，对心理、文化素养等方面进行新投资，拓展个人视野，不断完善自我。

5. 潜能发挥，实现自我

休闲作为一种特殊文化形态，通常以渗透、融合、感染等多种形式影响人的生活方式与生命质量。

（二）大学生休闲时间管理的方法

1. 树立远大的人生理想

理想是人生的航标灯，它能给予人们精神上与情感上巨大的力量，使人们奋发向上，激发强烈的责任感和使命感。大学生如何管理和开发休闲时间，是大学生面临着的很现实的问题。大学生青春期阶段，活泼好动，容易在休闲活动中坠入"吃喝玩乐"误区，影响其自身发展。因此，大学生要保持对人生积极向上的态度，树立宏伟的人生理想。

2. 树立正确的休闲观，端正休闲动机

懂得休闲是一种人生智慧。大学生要学会合理、科学、有效地利用时间，选择生活态度，欣赏生命和生活，发掘自己的创意并进行发明创造，这些理性的休闲素养将会对其生活起到积极的作用。

大学生首要任务是学习，学习是一项脑力劳动，它艰难痛苦且相对枯燥。在结束一天的紧张学习生活后，选择简单的休闲活动，如聊聊天、上上网、看看报纸放松自己，缓解大脑疲劳，这是很好的放松方式。但是，纯粹为消磨时间而消磨时间，就是消极的休闲态度，将使得大学生的休闲活动盲目、随意和无价值，进而降低休闲生活的质量。

休闲是人的一种崭新的生活方式、生命状态，与每个人的生存质量息息相关。合理而健康的休闲是人的一笔巨大的再生性财富，它对于恢复体力和精力，陶冶人们美的气质与情操，促进人的个性自由和多维发展，对于促进社会的精神文明建设都具有重要的意义。[1]《你生命中的休闲》的作者杰弗瑞·戈比认为，我们生活在飞速发展的社会中，应把休闲看作是在外在压力下的一种相对自由的生活。休闲能使个体以自己所喜爱的方式本能地感到价值。休闲，从根本上是对生命之意义和快乐的探索。

3. 学会时间管理，做到自我管理

《有效的管理者》作者杜拉克曾说："认识你的时间，是每个人只

---

[1]赵砚芬. 大学生休闲管理新理念初探 [J]. 山东文学月刊, 2008（11）.

要肯做就能做到的,这是一个人走向成功的有效的自由之路。"著名的物理学家爱因斯坦认为,人的差异在业余时间里。大学生在第一课堂中的学习是大同小异的,个人的知识、能力、业绩、综合素质等方面的差距,很大程度上决定于对休闲时间的管理与开发。大学生必须注重管理时间,学会控制自我,不为外界所干扰;做好计划,养成良好的生活习惯,把时间合理地分配到不同的方面,包括学习、工作、生活等,而且要使它们融洽。

4. 培养适合的休闲方式

休闲作为一种生活方式,历来受到人们的重视。大学生的休闲生活应使其在智力、体力、技能、心理、友谊等方面都能有所收获,各方面都能得到有益的锻炼和提高。同时,大学生的休闲方式应切合实际,切忌玩物丧志,应基于自己的素质、能力、兴趣爱好、经济等因素,找到适合自己的休闲方式,应该着重培养自学能力、自我控制能力、适应能力等。

5. 提高自身休闲生活的品位和水平

大学生应基于年龄、性别、身体健康情况、经济、兴趣等因素,选择适当的休闲方式,使娱乐与工作、学习能互相协调,促进自我全面发展。

6. 充分利用和发挥休闲的功能

休闲有以下功能:放松、娱乐和个人发展。大学生应该努力使自己的休闲功能具备以上三种,让休闲与学习工作相得益彰,而不是使休闲只有放松这一个功能。

第二节 学习管理能力

学习管理是利用管理学的方法,通过计划、组织、领导、控制等手段,把学习程序化,流程化,规范化,找到适合自己的最佳方案,从而完成高效学习。

一、学习能力培养

"改变世界之前,需要改变的是你自己的观念,而不是环境在决定你的命运。"我们学习的根本任务是发展和改变自己，一个人的学习观念对其学习生活产生着重要的影响。从中学到大学，是人生的重大转折，尤其在学习的内容、方法和要求上，比起中学的学习发生了很大的变化。有些学生进入了大学校门，仍采用中学时期的学习方法，虽然付出相当多的时间和精力，但仍事倍功半，学生要想真正学到知识和本领，除了继续发扬勤奋刻苦的学习精神外，还要适应大学的教学规律，掌握大学的学习特点，选择适合自己的学习方法。[1]

(一) 构建新的学习理念

当前，我们正处在一个信息技术迅速发展的时代，世界科技发展异常迅猛，国际市场竞争越来越激烈，如何使自己成为一名高素质人才，不仅是我们每个大学生应该深思的问题，同时也是一个国家民族值得考虑的课题，其关键是要构建一种新的学习观念，并加以推广应用。

传统的学习观念与现代的学习观念是两种根本不同的学习观念，方法总是服务于一定的目的，不同的历史时代，学习的目的也不相同。对于中华民族五千年的传统文化，我们一直以来都说要"取其精华，去其糟粕"，而我们的学习观念也要在历史发展的潮流中与时俱进，不断更新，逐渐从传统中跳出来，寻求一种新的适合现代人学习的学习观念。这种新的学习观念应该包括端正的学习态度、明确的学习目标和多样化的学习方式，并在具体的学习过程中树立终身学习观念，培养和锻炼独立自主的学习能力和创新能力。

(二) 重视课内、外的学习

习近平总书记曾寄语，"广大青年要如饥似渴，孜孜不倦地学习，既多读有字之书，也多读无字之书，注重学习人生经验和社会知识。""青年人正处于学习的黄金时期，应该把学习作为首要任务，作为一种责任、一种精神追求、一种生活方式，树立梦想从学习开始、事业靠本领成就的观念，让勤奋学习成为青春远航的动力，让增长本领成为青春搏击的能量"。作为当代大学生，要读好人间两本书——勤读有字之书，善悟无字之书。有字之书乃是书本知识，无字之书乃是生活实践。有字之书，使人明智、聪慧、深刻、庄重。无字之书，使人执着、友善、宽容、警醒。

---

[1]熊小红.浅谈大学生科学的学习方法[J].新教育时代电子杂志：教师版，2016(40).

只有同时读懂了这两种书，才能持久地拥有那种自然而然的青春，才能让自己的芳华岁月在为国家、为人民的奉献中焕发出绚丽光彩。

（三）学会自主、主动学习

所谓自主学习就是学生自主地、主动地学习。这种学习理念是基于对"学生是学习主体"的认识，这是一种适应时代特点、符合教育规律的学生观和学习观。一旦树立了自主学习的学习理念，学生就会逐渐意识到自己是学习的主人，要靠自己的努力，在学习过程中发挥主观能动性，激发创造性思维。

学生只有学会自主学习，有学习的欲望，才能在学习过程中不断地自我认知、自我选择、自我培养和自我控制。学生根据自己现有的学习基础、兴趣爱好、专业特点等作出科学准确的评价，调整、优化自身知识能力结构，制定学习计划，主动积极地培养自己、提升自己。同时，在学习实践过程中，还要不断修正、调整学习目标，合理分配和调节时间，逐步增强自我教育的意识，探究学习的方法和规律，从而不断更新知识，适应迅猛发展的新时代。

【案例】

有这样一则寓言故事：鹰妈妈在搬家时不慎从空中掉落了一只鹰蛋，恰好鹰蛋落在了鸡妈妈家的附近。鸡妈妈碰巧遇到了，以为是自己遗落的蛋，就把鹰蛋搬回家放在窝里孵化起来。小鹰孵出后，成天和周围的小鸡们一起生活，生活习惯和小鸡都是一样的。在母鸡的保护下，小鹰根本不知道自己会飞。有一天，在空中盘旋飞翔的母鹰看到了这只小鹰，知道是自己遗落的孩子，就想冲下来把小鹰带走。但没想到，小鹰看到母鹰飞下来和其他小鸡一样吓得浑身发抖，和小鸡一样"咕咕咕"直叫。母鹰情急之下，用爪子抓走小鹰，但是小鹰一直挣扎。母鹰非常气愤，一怒之下要把这个"不肖子"扔了。在这个生死关头，奇迹出现了，小鹰发现了自己可以飞，他本来就是搏击长空的鹰啊！

【案例分析】

大学生们，你们有从父母的翅膀下走出来，做一只翱翔天空的鹰的能力。不要有太多的怀疑，要自信地迈出自己的步伐，树立正确的学习观念，奋勇向前。

二、掌握科学的学习方法

我国大教育家孔子在几千年前就指出主动学习的重要性,即知之者不如好知者,好知者不如乐之者。大学的学习生活不再是中学式被动的填鸭教育,而是需要发挥自己的主动性,利用多种资源和渠道,搭建自身知识架构,提升各方面综合能力的自主式学习生活。

(一) 了解大学学习特点

在大学阶段,学习知识的广度和深度大大增加,专业方向更加明确,需要发挥学生学习的主动性和创造性。大学主要以学分制为基础。学生可以根据自己的兴趣和需求选择相关的课程,学习的自主性大大增强。与此同时,学习资源和途径也更加多样化,熟练使用图书馆和互联网是大学生必备的学习技能。广泛接触相关知识,掌握科学的学习方法,注重培养独立思考、分析问题、解决问题的能力,是大学学习的一个重要特征。

(二) 确定明确的学习目标

目标是前进的方向。有人曾说,没有目标的人生叫流浪,有目标的人生叫航行。而我们每个人都是一艘艘帆船,航行在人生广袤无垠的大海中。如果没有目标,没有理想,任何时候的风都是逆风,最终必定要沉没海底。学习亦是如此,如果没有坚定的学习目标,就不可能有学习的热情和动力。在高中,大学就像黑暗中的灯塔,指引着我们前进的方向。进入大学后,天亮了。我们感到困惑,不知道该去哪儿。这正是大多数一年级新生思想的真实写照。怀揣着憧憬和梦想进入大学校园后,许多同学失去了目标,对未来感到迷茫,不自主地会有一种失落感、松懈感,很难再保持中学时期那样的求知欲了。怎样快速适应大学学习生活,制定新的学习目标,找准自己的位置,直接关系到是否能顺利渡过大学生活,圆满完成学习任务。

大学不同时期所设的目标是不同的,例如在大一探索期内,主要通过社团活动、学习公共课程、向他人咨询来加强专业认识,对自己的学习生涯进行剖析和自我定位;大二,通过网络、招聘活动、实习等来拓展自己职业生涯的视野;大三,则要缩小范围强化实践和创新;大四,要做出自己生涯的抉择,在实践中检验自己的积累和准备。当我们设定好了目标,就要从中获取学习的快乐并更加快乐地学习,只有我们感到学习能产生快乐,我们才愿意花时间和精力去钻研,才会用既定的目标激励自己不断进取。

（三）大学学习的基本方法

在大学学习中,正确的方法是成功的一半。把握好预习、听课、复习、作业等重要环节,可以为进一步获取知识打下良好的基础。

1.预习时把有疑问的内容及时记下来,以便增加听课的针对性,既提高了听课效率,又提高了自学能力,是学习中非常重要的环节。

2.听课是获取知识的最佳捷径,教师课堂所传授的知识,是经过长期学习和教学实践的精华所得。课堂上要集中注意力,全神贯注,多动脑,充分理解,对关键点做好笔记,要尽量在课堂上弄懂老师所讲内容,把老师所讲内容反复思考,消化吸收,变成自己的东西。

3.课后复习是巩固掌握所学知识必不能缺少的环节。在复习过程中要仔细梳理课堂笔记,对照课本和参考书,进行归纳和补充。要及时补缺补漏,系统地掌握知识结构。

4.独立完成作业。做作业是巩固、消化知识的有效途径,要做到举一反三、触类旁通,从而养成良好学习习惯。

综上,科学的学习方法可概括如下：课前须预习,听课要入脑,温故而知新,作业切勿抄,重点做笔记,动脑多思考,消化再吸收,考试无苦恼。

未来社会的竞争是科技的竞争,是人素质的竞争。如何行之有效地把自己培养成一名高素质的人,已经成为摆在我们大学生面前的一个重大问题。我们要在新的学习观念下转变学习态度,树立终身学习理念,拓宽学习面,带有目的、注重基础地快乐学习。唯有如此,在知识更新速度不断加快的社会中,大学生的价值才能得以保持和提升。

三、专业能力培养

在高校中,所谓专业是学校根据社会分工的需要而设置的不同学业门类,是与未来职业紧密联系的具有科学完整的课程结构的知识体系。

不同的专业在知识和能力要求上不尽一致，但每个专业都有其较为系统、固定的要求。因此，大学生所学专业，一经确定就相对稳定。大学生要想学有所成，一进入大学就必须注意培养专业兴趣，树立牢固的专业思想。唯有如此，才能集中精力学好专业知识，提高专业能力，奠定坚实的专业基础，为未来职业做好知识和能力积累。

（一）培养专业兴趣

报考大学的每个学生，都希望考上一个理想的专业，国家尊重考生的志愿，允许根据个人的兴趣爱好选择自己的专业，因此，各高等院校在录取新生时，尽可能地照顾个人的专业意向，录取符合条件的第一志愿考生。从实际情况看，大多数新生对自己的专业是满意的，这为调动学生的学习积极性创造了条件，但也有部分新生不如意，造成这种不如意的原因，有的是对专业缺乏深入了解，有的是被高考分数所限，有的是由于录取名额限制等。

进入了大学，有更广的知识面和接触面以后，也许会发现自己的真正兴趣并不在本专业上，这都是正常的现象。一般来说，每个大学生都有一个专业，这个专业方向的确定，具体地体现了社会主义建设的需要，基本上规定了每个大学生将来为社会主义建设服务的方向。大学生的中心任务就是学习和掌握与自己专业有关的各种专业和技能，准备就业后为社会主义现代化建设服务。因此，要想成为对社会有用的合格人才，就必须热爱所学专业，在专业学习上花大力气、下苦功夫。但是，目前有些大学生，由于种种原因对自己所学专业不热爱，思想长期不稳定，结果贻误了宝贵时光，影响了学习效果。那么如何正确对待专业与志趣的矛盾呢？

1.服从社会需要

事业的存在和发展是确立专业的基础。马克思主义认为，人是社会的人，每个人都处在一定的社会关系之中，任何人都必须以社会存在为前提，不能脱离社会生活和需要而独立存在，也不可随意超越社会发展的规律去自我设计和安排。基于这个基本原理，不管被录取到什么专业，都必须把个人的志趣与社会、时代的需要结合起来，服从社会需要。

2. 行行出状元

社会主义事业是一个有机的整体，社会需要各行各业、各种各样的人才。因为社会分工的复杂性，人才需要多样化，必然出现一部分同学报考专业与录取专业不一致的情况。但俗话说：只有没出息的人，没有没出息的工作。行行出状元，就是这个道理。

3. 培养专业兴趣

在现实生活中，个人的兴趣爱好不是天生的，也不是单一的，它是在社会实践中产生的，也是可以在实践中培养和转移的。通过学习，可以认识本专业的研究对象、任务、热点和规律，了解本专业发展的历史和现状以及研究的内容和方法等。也可以在学习实践中，了解自己所学专业在国家建设中的地位和作用。社会是由各行各业按照不同分工组成的内在联系的整体。专业虽有难易之分，但无贵贱之分。只有认识、理解自己所学专业的地位和作用，才能深刻感受到学习和从事这一专业的社会价值，才会以锲而不舍的毅力、坚忍不拔的精神为之奋斗。进而把个人的专业理想升华到社会理想的高度，突破个人兴趣的狭隘界限，将其提升到为振兴中华、献身事业的高度来认识。

（二）巩固专业思想

进入大学后，通过专业介绍以及一段时间的学习之后，一般都面临着巩固专业思想的问题。进一步加深对专业的了解是巩固专业思想的前提。每个大学生都应早下决心，努力巩固专业思想，不能犹豫不决。如果长期安不下心，大学一年级的基础课就会受到严重影响。例如，有的同学因专业问题，不安心学习，最后五门功课不及格。学习上的一步被动，将会招致步步被动，甚至对今后几年的学习带来无穷的后患。

我们知道，人们认识事物总是循序渐进的，即由表及里，由现象到本质，由知之较少到知之较多。因而任何专业知识，都是由浅到深，由简到繁的。比如数学这门学科，就是由最简单的加减乘除，发展到高等数学。我们在学习这门知识时，必须经历一个由浅入深的过程，由知之不多到知之较多，在体验一个个难题被解决，一座座科学堡垒被攻克的乐趣后，自然会对它产生一种挚爱的情感，专业思想也就渐渐巩固了。在高等学校也会常常遇到这样的情形，有的同学刚踏进大学门槛就想改变所学专业，认为这个专业不符合他的专业理想。但是，经过不断地深入学习，慢慢地又改变了原来的认识，对自己所学的专业产生了感情。这种实例证明，青年学生的专业思想是在学习中产生并不断深化的。那些所谓所学专业与自己兴趣不符的同学，只要端正学习态度，坚定信心，安心于现在学习的专业，其专业思想会在学习中不断得到巩固和加强。

热爱所学专业，积极树立专业思想，是大学生成才的前提。因此，每一个渴望成才的大学生，都应热爱所学专业，努力学习科学文化知识，使自己成为社会主义建设的专门人才！

第三节　消费管理能力

在一定社会经济条件下，为了达到某种既定的目标，依据一定的原则，运用一定的管理手段，对大学生的消费行为、消费过程、消费结果进行引导、控制、协调，对提高大学生的综合能力具有重大意义。

一、大学生消费现状

大学生消费调查：50名调查对象中38名是"月光族"。

"网贷两千元，没想到三个月利滚利欠款竟达十万元！本报3月8日、9日曾连续报道了某高校大二学生小菲（化名）借校园贷，结果欠款从2000元变成了惊人的10万余元的事件。来自公安部门的调查显示，大学生使用校园网贷的主要用途有投资、创业，旅游、休闲，交学费、培训费，购买奢侈品、高档化妆品、衣服鞋帽，购买高档数码电子产品等多个大类。而一家数据调查研究机构的调查结果显示，大学生月均消费1212元，三成以上学生曾出现生活费不够花的情况，39%的学生表示身边有人使用校园贷。"（2017年4月24日广州日报）

两千元的网贷短短三个月的时间变为了十万元，惊人的网贷利息让人愕然，校园网贷用途显示的调查结果，更是值得深思。大学生在校期间生活费不够花、月消费较高、消费用途广泛等现象普遍存在。不可否认，近几年来，我国经济迅速发展，物价水平也有了一定程度的上涨，同时，大学教育相对宽松，学生有了较多的个人空间，生活也变得相对丰富。

但是，这并不能成为大学生高消费、随意网贷的理由。

二、大学生合理消费观

大学生要树立正确、合理的消费观，追求积极、健康向上的生活方式，科学消费，理性消费。要尽量避免网贷，即使选择网贷也要科学辨别，避免陷入"利滚利"的高利贷怪圈。大学生个人消费要结合自身经济条件，尤其是家庭经济情况困难的大学生，要养成坚持艰苦朴素的生活习惯，顽强拼搏，奋发向上；要积极投身社会实践，艰苦创业，自强不息，干出属于自己的一番事业，为努力开创属于自己的一片蓝天而提供强大的精神动力和智力支持。

资料1

2018年1月，网传南京师范大学教务处原副处长、泰州学院党委书记郭宁生及其儿子双双自杀身亡。自杀起因系其子投资"钱宝网"崩盘而欠下巨额债务，郭宁生为替子还债不仅卖掉两套房产，还向同事、亲朋借债数百万元无力偿还所致。据悉，郭父子在"钱宝网"投资金额高达三千万，最终因钱宝倒下，儿子跳楼自杀，父亲服药自尽。就在惨剧发生前的数日，"钱宝网实际控制人张小雷因涉嫌违法犯罪，于2017年12月26日，向南京市公安机关投案自首。"南京警方发布的这则消息宣告了这家交易金额超过500亿的平台崩盘，也击碎了包括郭父子在内的千万个"宝粉"（钱宝投资人）及家庭的梦。

资料2

"1+1+1"理财模式

美国著名经济学家詹姆斯菲尔德对美国大学生理财规划，提出了专门的"1+1+1"模式：

● 学会贷款——用明天的钱圆今天的梦，大学期间的学杂费、生活费是一笔不小的支出，如果财务状况较为紧张，不妨去申请助学贷款。因为大学生贷款利率此市场利率优惠，这样既可以减轻家庭负担，又可以培养自己的独立意识和责任意识。中国的助学贷款一般有两种，一种是国家助学贷款，对经济确实困难的学生，经学校和银行等部门的审批，政府给予贴息贷款；另一种是商业性助学贷款，由家长提出申请，只要符合银行的贷款条件,就可获得贷款。助学贷款手续更简单、操作更方便、利率更优惠,贷款的资金将直接存储到客户的活期储蓄账户或银行卡中,无论期限长短,均只执行一年期贷款利率。贷款到期后,大学生可按照实际需求选择适合的还款方式。

●学会兼职——让"增值"为以后的超前消费埋下伏笔。据美国一份对9所州立大学生的调查显示,约有56%的大学生有较为稳定的兼职工作,曾经或打算兼职的同学超过了90%。从经济投资学来说,兼职是一项不需要预付任何资本的纯增值方式,几乎没有什么风险性。找一份合适的校外兼职,会进一步扩充自己的财务本金。这种理财"增值"方式,应该成为大学生理财的一个重要组成部分。

●学会投资——为今后的个人理财"投石问路"。如今,美国大学校园里已经涌现出为数不少的学生股民,他们涉足股市并不全是为了挣钱,更重要的是为了解投资市场,为今后步入社会的个人理财积累一定的经验。大学生投资没必要局限于股票行业,可适当向其他投资方式倾斜。投资可起用小额资金,资金来源可从兼职所得和父母赞助两方面入手。尽管大学生做投资具有一定风险,但作为一种大胆尝试,能为今后的个人理财起到"投石问路"的作用,对于他们理财意识的扩展也有着积极的意义。

休闲、交友可以选择简单的低消费方式;投资、创业、旅游等业余爱好也要结合自身经济条件;购买高档奢侈品、高档化妆品等却不是一个在校学生应该追求的消费观念。因为大学生在校期间几乎还未经济独立,大多数人还需依靠父母的资助,即使有的学生可以通过兼职取得一定收入,但收入也是有限的,动辄一两千的消费也难以自足。因此,高消费、随意网贷不是大学生的理性消费选择。

大学生是一个没有固定收入来源的群体,每个月却有固定的支出项目。为合理支配有限的生活费,大学生应当把每个月的固定支出项目单独列出来,计算出总额。这一部分固定支出确定后,可以再将剩下的资金进行合理分配。如果发现剩余能够自由分配的资金不足,可以选择"开源节流"的方式,让自己的口袋充盈起来。比如,勤快的大学生可以靠多做兼职来赚钱;学霸们则可以努力学习,年终的时候争取拿到丰厚的奖学金。这些都是"开源"的方式。除此之外，大学生还应当学会记账，然后将不必要的开销节省下来，做到合理"节流"。

当然，学校和社会也应肩负起相应责任。学校应开设相关课程，引导大学生树立正确的观念，强化理性消费，不盲目攀比，争取营造一个良好的学习氛围，为大学生以后的成长成才奠定坚实基础。政府相关部门要严厉查处打击"利滚利"式的高额网贷行为，净化网络环境，避免更多的人陷入网贷危机。

附 录

国家学生体质健康标准（2014）[①]

1.《国家学生体质健康标准》（以下简称《标准》）是国家学校教育工作的基础性指导文件和教育质量基本标准，是评价学生综合素质、评估学校工作和衡量各地教育发展的重要依据，是《国家体育锻炼标准》在学校的具体实施，适用于全日制普通小学、初中、普通高中、中等职业学校、普通高等学校的学生。

2.本标准的修订坚持健康第一，落实《国家中长期教育改革和发展规划纲要（2010—2020年）》《国务院办公厅转发教育部等部门关于进一步加强学校体育工作若干意见的通知》（国办发〔2012〕53号）和《教育部关于印发<学生体质健康监测评价办法>等三个文件的通知》（教体艺〔2014〕3号）有关要求，着重提高《标准》应用的信度、效度和区分度，着重强化其教育激励、反馈调整和引导锻炼的功能，着重提高其教育监测和绩效评价的支撑能力。

3.本标准从身体形态、身体机能和身体素质等方面综合评定学生的体质健康水平，是促进学生体质健康发展、激励学生积极进行身体锻炼的教育手段，是国家学生发展核心素养体系和学业质量标准的重要组成部分，是学生体质健康的个体评价标准。

4.本标准将适用对象划分为以下组别：小学、初中、高中按每个年级为一组，其中小学为6组、初中为3组、高中为3组。大学一、二年级为一组，三、四年级为一组。

5.小学、初中、高中、大学各组别的测试指标均为必测指标。其中，身体形态类中的身高、体重，身体机能类中的肺活量，以及身体素质类中的50米跑、坐位体前屈为各年级学生共性指标。

---

① 附录1出自教育部关于印发《国家学生体质健康标准(2014年修订)》的通知.体育教学，2014.09.15.

6. 本标准的学年总分由标准分与附加分之和构成，满分为120分。标准分由各单项指标得分与权重乘积之和组成，满分为100分。附加分根据实测成绩确定，即对成绩超过100分的加分指标进行加分，满分为20分；小学的加分指标为1分钟跳绳，加分幅度为20分；初中、高中和大学的加分指标为男生引体向上和1000米跑，女生1分钟仰卧起坐和800米跑，各指标加分幅度均为10分。

7. 根据学生学年总分评定等级：90.0分及以上为优秀，80.0～89.9分为良好，60.0～79.9分为及格，59,9分及以下为不及格。

8. 每个学生每学年评定一次，记入《（国家学生体质健康标准）登记卡》（附表1～6）。特殊学制的学校，在填写登记卡时可以按规定和需求相应地增减栏目。学生毕业时的成绩和等级，按毕业当年学年总分的50%与其他学年总分平均得分的50%之和进行评定。

9. 学生测试成绩评定达到良好及以上者，方可参加评优与评奖；成绩达到优秀者，方可获体育奖学分。测试成绩评定不及格者，在本学年度准予补测一次，补测仍不及格，则学年成绩评定为不及格。普通高中、中等职业学校和普通高等学校学生毕业时，《标准》测试的成绩达不到50分者按结业或肄业处理。

10. 学生因病或残疾可向学校提交暂缓或免予执行《标准》的申请，经医疗单位证明，体育教学部门核准，可暂缓或免予执行《标准》，并填写《免予执行<国家学生体质健康标准>申请表》，存入学生档案。确实丧失运动能力、被免予执行《标准》的残疾学生，仍可参加评优与评奖，毕业时《标准》成绩需注明免测。

11. 各学校每学年开展覆盖本校各年级学生的《标准》测试工作，《标准》测试数据经当地教育行政部门按要求审核后，通过"中国学生体质健康网"上传至"国家学生体质健康标准数据管理系统"。测试和数据上传时间由教育行政部门确定。

12. 本标准由教育部负责解释。

男生测试项目及标准

等级	单项得分	肺活量/mL 大一大二	肺活量/mL 大三大四	坐位体前屈/cm 大一大二	坐位体前屈/cm 大三大四	立定跳远/cm 大一大二	立定跳远/cm 大三大四	50米跑/s 大一大二	50米跑/s 大三大四	1000米跑/s 大一大二	1000米跑/s 大三大四	引体向上/次 大一大二	引体向上/次 大三大四
优秀	100	5040	5140	24.9	25.1	273	275	6.7	6.6	3'17"	3'15"	19	20
	95	4920	5020	23.1	23.3	268	270	6.8	6.7	3'22"	3'20"	18	19
	90	4800	4900	21.3	21.5	263	265	6.9	6.8	3'27"	3'25"	17	18
良好	85	4550	4650	19.5	19.9	256	258	7.0	6.9	3'34"	3'32"	16	17
	80	4300	4400	17.7	18.2	248	250	7.1	7.0	3'42"	3'40"	15	16
	78	4180	4280	16.3	16.8	244	246	7.3	7.2	3'47"	3'45"	14	15
	76	4060	4160	14.9	15.4	240	242	7.5	7.4	3'52"	3'50"	14	15
	74	3940	4040	13.5	14.0	236	238	7.7	7.6	3'57"	3'55"	13	14
	72	3820	3920	12.1	12.6	232	234	7.9	7.8	4'02"	4'00"	13	14
	70	3700	3800	10.7	11.2	228	230	8.1	8.0	4'07"	4'05"	12	13
及格	68	3580	3680	9.3	9.8	224	226	8.3	8.2	4'12"	4'10"	12	13
	66	3460	3560	7.9	8.4	220	222	8.5	8.4	4'17"	4'15"	11	12
	64	3340	3440	6.5	7.0	216	218	8.7	8.6	4'22"	4'20"	11	12
	62	3220	3320	5.1	5.6	212	214	8.9	8.8	4'27"	4'25"	10	11
	60	3100	3200	3.7	4.2	208	210	9.1	9.0	4'32"	4'30"	10	11
不及格	50	2940	3030	2.7	3.2	204	205	9.3	9.2	4'52"	4'50"	9	10
	40	2780	2860	1.7	2.2	198	200	9.5	9.4	5'12"	5'10"	8	9
	30	2620	2690	0.7	1.2	193	195	9.7	9.6	5'32"	5'30"	7	8
	20	2460	2520	−0.3	0.2	188	190	9.9	9.8	5'52"	5'50"	6	7
	10	2300	2350	−1.3	−0.8	183	185	10.1	10.0	6'12"	6'10"	5	6

女生测试项目及标准

等级	测试项目 单项得分	肺活量/mL 大一大二	肺活量/mL 大三大四	坐位体前屈/cm 大一大二	坐位体前屈/cm 大三大四	立定跳远/cm 大一大二	立定跳远/cm 大三大四	50米跑/s 大一大二	50米跑/s 大三大四	1000米跑/s 大一大二	1000米跑/s 大三大四	引体向上/次 大一大二	引体向上/次 大三大四
优秀	100	3400	3450	25.8	26.3	207	208	7.5	7.4	3'18"	3'16"	56	57
优秀	95	3350	3400	24.0	24.4	201	202	7.6	7.5	3'24"	3'22"	54	55
优秀	90	3300	3350	22.2	22.4	195	196	7.7	7.6	3'30"	3'28"	52	53
良好	85	3150	3200	20.6	21.0	188	189	8.0	7.9	3'37"	3'35"	49	50
良好	80	3000	3050	19.0	19.5	181	182	8.3	8.2	3'44"	3'42"	46	47
及格	78	2900	2950	17.7	18.2	178	179	8.5	8.4	3'49"	3'47"	44	45
及格	76	2800	2850	16.4	16.9	175	176	8.7	8.6	3'54"	3'52"	42	43
及格	74	2700	2750	15.1	15.6	172	173	8.9	8.8	3'59"	3'57"	40	41
及格	72	2600	2650	13.8	14.3	169	170	9.1	9.0	4'04"	4'02"	38	39
及格	70	2500	2550	12.5	13.0	166	167	9.3	9.2	4'09"	4'07"	36	37
及格	68	2400	2450	11.2	11.7	163	164	9.5	9.4	4'14"	4'12"	34	35
及格	66	2300	2350	9.9	10.4	160	161	9.7	9.6	4'19"	4'17"	32	33
及格	64	2200	2250	8.6	9.1	157	158	9.9	9.8	4'24"	4'22"	30	31
及格	62	2100	2150	7.3	7.8	154	155	10.1	10.0	4'29"	4'27"	28	29
及格	60	2000	2050	6.0	6.5	151	152	10.3	10.2	4'34"	4'32"	26	27
不及格	50	1960	2010	5.2	5.7	146	147	10.5	10.4	4'44"	4'42"	24	25
不及格	40	1920	1970	4.4	4.9	141	142	10.7	10.6	4'54"	4'52"	22	23
不及格	30	1880	1930	3.6	4.1	136	137	10.9	10.8	5'04"	5'02"	20	21
不及格	20	1840	1890	2.8	3.3	131	132	11.1	11.0	5'14"	5'12"	18	19
不及格	10	1800	1850	2.0	2.5	126	127	11.3	11.2	5'24"	5'22"	16	17

男生体重指数（BMI）单项评分表（单位：千克/米²）

等级	单项得分	大学
正常	100	17.9 ~ 23.9
低体重	80	≤ 17.8
超重		24.0 ~ 27.9
肥胖	60	≥ 28.0

女生体重指数（BMI）单项评分表（单位：千克/米²）

等级	单项得分	大学
正常	100	17.2 ~ 23.9
低体重	80	≤ 17.1
超重		24.0 ~ 27.9
肥胖	60	≥ 28.0

图书在版编目（CIP）数据

工科大学生素质修养导论 / 苗汝昌，林美玫，诸葛福民主编. —沈阳：辽海出版社，2018.7

ISBN 978-7-5451-4923-4

Ⅰ. ①工… Ⅱ. ①苗… ②林… ③诸… Ⅲ. ①工科（教育）—大学生—素质教育—研究 Ⅳ. ①G640

中国版本图书馆 CIP 数据核字(2018)第 169866 号

责任编辑：刘 波 海美丽
责任校对：汉 风
封面设计：费兆灵

出 版 者：	辽海出版社
	地址：沈阳市和平区十一纬路 25 号
	邮政编码：110003
	电话：024—23284469
	E-mail:haiml389@163.com
印 刷 者：	日照市东港区兴安印刷有限公司
发 行 者：	辽海出版社

幅面尺寸：170mm×240mm
印　　张：16.5
字　　数：169 千字

出版时间：2018 年 7 月第 1 版
印刷时间：2018 年 7 月第 1 次印刷
定　　价：48.00 元

版权所有　翻印必究